Ina Rösing

Ist die Burnout-Forschung ausgebrannt?

Ina Rösing

Ist die Burnout-Forschung ausgebrannt?

Analyse und Kritik der internationalen Burnout-Forschung

3. Auflage

Asanger Verlag • Kröning

Die Autorin
Ina Rösing, Jg. 1942, Prof. Dr., Experimentalpsychologin (Promotion), Wissenschaftssoziologin (Habilitation), Psychotherapeutin, Professorin am Klinikum der Universität Ulm, Direktorin der Abteilung Kulturanthropologie, Mitglied der Heidelberger Akademie der Wissenschaften. Derzeitiger Forschungsschwerpunkt: Vergleich von Belastungssyndromen in drei Kulturen: "Seelenverlust" in den Anden, "Seelenverlust" im Himalaya und Burnout, Posttraumatische Belastungsstörung, Chronic Fatigue Syndrome und Postmoderne Anomie in der westlichen Kultur.
Am Hochsträß 8, 89081 Ulm (Germany)
Tel: +49 731 5002-56 50 / 51 / 45 / 57
Fax: +49 731 5002-56 49, 57 27
e-mail: kulturanthropologie@medizin.uni-ulm.de

Layout: Silvia Gray, Beate Graßdorf-Mendoza
Übersetzung der englischen Zitate: Silvia Gray

Umschlaggestaltung:
liveo grafikdesign, Angelika Krikava, info@liveo.de, www.liveo.de

Druck und Bindung:
PBtisk s.r.o., Czech Republic

Bibliographische Informationen der Deutschen Nationalbibliothek:
Die Deutsche Nationalbibliothek verzeichnet diese Publikation in der Deutschen Nationalbibliographie; detaillierte bibliographische Daten sind im Internet über http://dnb.d-nb.de abrufbar.

3. Aufl. 2011

ISBN 978-3-89334-409-3

VORBEMERKUNG

Das vorliegende Buch steht im Kontext eines umfassenderen Projektes mit dem Titel

Burnout, Buschgeister und Belastungssyndrome.
Krankheitskonzepte in drei Kulturen.

In diesem Projekt wird das Krankheitsbild des »Seelenverlustes«, welches man in vielen Kulturen kennt, mit verschiedenen Belastungssyndromen der westlichen Medizin und Kultur verglichen.

Da meine eigenen ethnologischen Forschungsregionen die Anden (Kallawaya-Region der Apolobamba-Kordillere Boliviens) und der Himalaya (tibetische Kultur Ladakhs) sind, werden in diesem Projekt die Konzepte

1. Seelenverlust in den Anden und
2. Seelenverlust im Himalaya

untersucht und sie werden mit folgenden Krankheitsbildern und Konzepten der westlichen Kultur verglichen:

3. Burnout
4. Posttraumatische Belastungsstörung
5. Chronic Fatigue Syndrome
6. Postmoderne und Anomie

Diese sechs Arten von Belastung werden nach ihren Symptomen, ihren zugrundeliegenden Ätiologien (verursacht durch Viren? Buschgeister? Götter? eine verquere Persönlichkeitsstruktur? Gesellschaftsverfassung?), ihrem Krankheitsstatus und ihrer Krankheitslegitimation sowie ihren Therapien verglichen – nicht nur um ggf. die transkulturellen Gemeinsamkeiten, sondern auch vor allem die heilungs-relevanten Unterschiede herauszuarbeiten.

Das Gesamtprojekt ist ein Beitrag zur Ethnomedizin, d. h. zum Verständnis der Konzepte von Gesundheit, Krankheit und Heilung in verschiedenen Kulturen. Es ist auch ein Beitrag zur Kritik fremder und eigener Medizinkulturen.

Im Kontext dieses Gesamtprojektes habe ich mich besonders ausführlich mit dem »westlichen« Burnout-Konzept und der internationalen Burnout-Forschung beschäftigt, weil hier nach meinen Voruntersuchungen die meisten transkulturellen Vergleichsmöglichkeiten liegen.

Diese eingehende Beschäftigung mit der Burnout-Forschung ist auf der Basis einer kulturanthropologischen und wissenschaftssoziologischen Analyse dieses Forschungsbereiches zu einem eigenständigen, abgeschlossenen Buch geworden, das deshalb auch gesondert publiziert werden soll. Dies erscheint um so nützlicher, als die letzte zusammenfassende Darstellung der Burnout-Forschung fast fünf Jahre zurückliegt und vor allem, weil diese vorangehende Darstellung die Burnout-Forschung keiner GRUNDSÄTZLICHEN Kritik unterzog – so daß diese in den folgenden Jahren mit unermüdlicher Monotonie weiter fortgeschritten ist.

Mir scheint eine Grundsatzkritik, wie sie in diesem Band vorgenommen wird, erforderlich, um dem so wichtigen Forschungs- und Praxis-Bereich des Burnout neue Impulse zu geben.

DANKSAGUNG UND WIDMUNG

Die Inspiration zu dem Gesamtprojekt, in welches die vorliegende Arbeit eingebettet ist, erwuchs aus meiner langjährigen ethnologischen Feldforschung in den Anden und im Himalaya. Diese kulturanthropologische Forschung wurde fast zwei Jahrzente lang durchgehend Drittmittel-finanziert, weshalb den Geldgeber-Institutionen mein erster Dank gebührt: *Deutsche Forschungsgemeinschaft, Robert Bosch Stiftung, Volkswagen-Stiftung.*

Am Universitätsklinikum Ulm gilt mein erster Dank unserem derzeitigen Dekan der Medizinischen Fakultät, *Prof. Dr. Reinhard Marre*, der meiner Forschung nicht nur ein stetiges Interesse entgegengebracht hat, sondern – wie kein Dekan je zuvor – auch durch unkonventionelles Denken und weise Entscheidungen die praktischen Arbeitsmöglichkeiten und die öffentlich erkennbare Anerkennung meines kleinen Institutes entscheidend verbessert hat. Auch Frau *Dipl.-Inf.-Wiss. Simone Fuchs*, Forschungsreferentin im Dekanat, möchte ich in diesem Zusammenhang für ihre höchst kooperative und kompetente Arbeit herzlich danken.

Ausdrücklicher und umfassender Dank gilt auch dem Kaufmännischem Direktor des Universitätsklinikums Ulm, *Albert Schira*, für zwei Jahrzehnte unterstützender Offenheit für die speziellen Probleme meiner Forschung. Seit all diesen Jahren hatte ich immer das Gefühl, daß Albert Schira diese Probleme schneller, klarer und besser versteht als sonst irgend jemand am Universitätsklinikum Ulm.

Mein nächster Dank gilt meinem Arbeitsteam. An erster Stelle möchte ich *Silvia Gray* nennen, meine langjährige, vorzügliche, unentbehrliche Mitarbeiterin. Mit ihr und meinen beiden neuen Mitarbeiterinnen *Beate Graßdorf-Mendoza* und *Edith Robinson-Kollmetz* habe ich zur Zeit das beste Team meiner gesamten Berufszeit. Ich danke allen dreien von Herzen und weiß, daß ich meine wissenschaftliche Arbeit nur mit ihrer Hilfe leisten kann.

Das Gleiche gilt auch für meine beiden akademischen Mitarbeiter, die *Ärztin Ursula Wolf* und meinem jungen ethnologischen Kollegen *Dr. Frank Seeliger*. Ihre Erfahrung, ihre Findigkeit und ihr Einsatz bei der Literaturbeschaffung sowie bei der wissenschaftlichen Verwaltung der Fachliteratur in unseren komplizierten Computersystemen ist in höchstem Maße dankenswert. Inzwischen hat *Brunhilde Settele* einen Teil dieses Arbeitsbereiches übernommen, sie hat auch bereits vielfältig zu der vorliegenden Arbeit beigetragen und mich überzeugt, daß ich zur Zeit in Bezug auf meine Mitarbeiterinnen ein Glückskind bin. Auch »Brunuku« meinen herzlichen Dank!

Wir könnten an unserem Institut weder die Literaturbeschaffung noch die computergesteuerte Literaturverwaltung bewältigen ohne die *Mitarbeiter der Universitätsbibliothek* – hier möchte ich allen ausdrücklich danken – und ohne unseren Sotfware-Fachmann, *Richard Bahcic*, der in seiner Unermüdlichkeit, großen Erfahrung und Kreativität für jedes der verzwickten Programm-Probleme bisher eine Lösung gefunden hat. Ich danke ihm von Herzen – ohne Richard kann ich schon keine Bücher mehr schreiben.

Ich danke auch meinem Verleger, *Dr. Gerd Wenninger* vom Asanger Verlag, sowie den Kollegen *Prof. Dr. Victor Savicki* (Western Oregon University), *Prof. Dr. Wilmar Schaufeli* (Universität Utrecht) und *PD Dr. Matthias Burisch* (Universität Hamburg), daß sie alle – allein auf der Basis erst weniger Seiten des vorliegenden Buches – so positiv und konstruktiv auf dieses Projekt reagiert haben. Herrn Kollege W. Schaufeli danke ich auch sehr herzlich für seine sofort in Angriff genommene, systematische Durchsicht einer (noch unfertigen) Fassung des Manuskriptes. Einige Versehen und einige harte Worte sind dank seiner sorgfältigen Kritik behoben. Was bleibt, ist selbstverständlich alles in meiner Verantwortung. Auch Herrn Burisch verdanke ich nützliche Hinweise und vor allem eine lebendige Diskussion.

Auf der persönlichen Ebene gilt mein größter Dank meinem Mann, *Prof. Dr. Reinhardt (Ré) Rüdel*: Mich für zwölf Wochen nahezu unerreichbar in eine Arbeitsklausur abtauchen zu lassen und mich dabei liebevoll, mit Interesse an meiner Arbeit und Kontinuität aus der Ferne zu begleiten – das soll ihm erst einmal einer nachmachen! Ohne Rückzug entsteht bei mir kein Buch. Da Ré mir diesen Rückzug ermöglichte und ihn beschützte, verdanke ich das Entstehen dieses Buches vor allem auch ihm. Ihm gilt auch mein Dank für die erste kritische Lektüre des Buches.

Mein Klausurort, an dem dieses Buch geschrieben wurde, war Wintermoos. Ich danke *Adi* und *Resl Vogl* für den Schutz vor aller Störung, den sie mir dort sicherten, ich danke der *Familie Schubert/Fontius* für die Rücksicht, welche sie auf meine versunkene Arbeit genommen haben. Ich danke auch einigen Freunden, die mich in der Arbeitsklausur immer wieder einmal mit einer kleinen Botschaft versorgten: *Sigurd, Karin, Richard, Dauffi, Edi, Friwi, Babuku, Jürgen, Fa.*

Wie in der Vorbemerkung dargelegt, ist meine Analyse zu Burnout in ein größeres Projekt des transkulturellen Vergleichs von Belastungssyndromen eingebettet. Als Überschrift dieser Belastungssyndrome gilt für mich das in den Anden und im Himalaya wohlbekannte Krankheitskonzept des »Seelenverlustes« – es ist eine so ausdrucksvolle Metapher für krankmachende Belastung und die kleinen und großen Beschädigungen der Seele. Weil es also auch im vorliegenden Buch in diesem Sinne um »Seelenverlust« geht, möchte ich mein Buch über Burnout denjenigen »Seelen« zueignen, die nicht nur in den fernen Bergen von Anden und Himalaya, sondern eben auch bei uns am leichtesten »verloren« gehen und die in der Schule und vielleicht auch im künftigen Beruf ihrer Zartheit wegen am leichtesten ausbrennen können:

David Peter
Dennis Gray
Benjamin Kollmetz
Patrick Mendoza
Lisa Settele
Janine Mendoza
Simon Settele
Felix Seeliger

Diesen Kindern der »KuA-Familie« – nach Alter notiert – ist dieses Buch mit Herz und Seele gewidmet.

Ina Rösing, Wintermoos, Oktober 2002

INHALTSVERZEICHNIS

VERZEICHNIS DER VERWENDETEN ABKÜRZUNGEN

BM	Burnout Measure. Ein (eher selten verwendetes) Meßinstrument für Burnout
CFS	Chronic Fatigue Syndrome
COR	Conservation of Resources. Eine Streß- und Coping Theorie
CWV	Cultural Work Value Scale. Ein Meßinstrument zu transkulturell unterschiedlichen Arbeitswerten
DIMDI	Das Deutsche Institut für Medizinische Dokumentation und Information (DIMDI) ist der wichtigste Anbieter aller medizinischen Literatur-Datenbanken in Deutschland.
DSM	Diagnostic and Statistical Manual of Mental Disorder der American Psychiatric Association
ERI	Effort Reward Imbalance. Eine Gleichgewichtstheorie in der Arbeitspsychologie
ICD	The International Statistical Classification of Diseases and Related Health Problems der Weltgesundheitsorganisation
JD-C	Job Demands-Control. Eine Theorie der Arbeitsmotivation und des Arbeitsstresses
JD-R	Job Demands-Resources. Eine Theorie der Arbeitsmotivation und des Arbeitsstresses
LISREL	Statistische Methode der Strukturanalyse
LOT	Life Orientation Test. Meßinstrument zu Optimismus
MBI	Maslach Burnout Inventory. Das am häufigsten verwendete Burnout-Meßinstrument

MBI-D	Maslach Burnout Inventory – Deutsche Fassung
MBI-ES	Maslach Burnout Inventory – Educational Survey
MBI-GS	Maslach Burnout Inventory – General Survey
MBI-HSS	Maslach Burnout Inventory – Human Services Survey
MMPI	Minnesota Multiple Personality Inventory. Ein viel verwendetes Meßinstrument zur Persönlichkeitsdiagnose
Medline (SilverPlatter)	Eine Literaturdatenbank zu Medizin und Randgebiete. Hersteller ist US National Library of Medicine (NLM), Verlag SilverPlatter Information Inc.
OLBI	Oldenburg Burnout Inventory. Ein (eher selten verwendetes) Meßinstrument für Burnout
Psyndex	Eine Literaturdatenbank zur Psychologie und psychologisch relevanter Aspekte aus Nachbardisziplinen. Hersteller ist das Zentrum für Psychologische Information und Dokumentation (ZPID), Universität Trier.
PsycINFO	Eine Literaturdatenbank zur Psychologie und psychologierelevanten Gebieten. Hersteller ist die American Psychological Association
PTSD	Posttraumatic Stress Disorder
SIT	Stress Inoculation Training. Trainingsverfahren zur Reduktion von Streß-Effekten
SOC	Sense of Coherence. Eine Meta-Ressource der Streß- und Lebensbewältigung mit salutogener Perspektive
TBI	Test Beruflicher Desillusionierung

VERZEICHNIS DER ÜBERSICHTEN UND ABBILDUNGEN

Kapitel 2:

Kapitel 3:

Kapitel 4:

Kapitel 5:

Kapitel 6:

Kapitel 7:

KAPITEL 1

Einleitung: Ziel, Relevanz, Datenbasis

1. ZIELSETZUNG DER VORLIEGENDEN STUDIE

1998 veröffentlichten SCHAUFELI & ENZMANN in einer Monographie die bisher umfassendste Gesamtdarstellung der nunmehr etwa dreißig Jahre umspannenden Forschung zu Burnout. Dieser Band gibt nicht nur einen exzellenten Überblick über die bis zu diesem Zeitpunkt erarbeiteten theoretischen Ansätze, methodischen Entwicklungen und substantiellen Ergebnisse dieses empirischen Forschungsbereichs, sondern zeigt auch eine Fülle von Defiziten, Forschungswidersprüchen und Forschungslücken auf.

Kern der Kritik ist: zu wenig Theorie, zu schlichte Empirie, zu enges Meßinstrumentarium, zu wenig transnationale Forschung. Im praktisch relevanten Bereich von Diagnose und Therapie werden vor allem das Fehlen klinischer Diagnosekriterien und evaluierter Therapieansätze beklagt.

Seit der Review von Schaufeli und Enzmann sind fast fünf Jahre vergangen. Weiterhin blüht und gedeiht die Burnout-Forschung. Das Thema ist äußerst populär.

Wurde die Kritik von Schaufeli und Enzmann in dieser fortgesetzten Ergebnisproduktion aufgegriffen? Gibt es inzwischen mehr theoriegeleitete Forschung? Ist die Enge der Meßansätze überwunden? Gibt es klinisch verläßliche Schnittpunkte der Diagnose? Mehr transnationale Forschung? Mehr Evaluation der Therapieansätze?

Mein erstes Ziel mit dem vorliegenden Buch ist es, diese Fragen anhand einer Analyse der neuesten Burnout-Forschung zu beantworten. Zu diesem Zweck bringe ich den Stand der Forschung auf die Gegenwart (Januar 2003). Die Bilanz ist ziemlich negativ.

Gerade deshalb, so scheint mir, muß die Kritik an diesem Forschungsbereich – dies ist mein zweites Ziel – auf eine viel grundsätzlichere Ebene gehoben werden als es die Burnout-Forscher, Schaufeli und Enzmann eingeschlossen, bisher getan haben. Ich führe zwei grundsätzlichere Ebenen der Kritik ein: die wissenschaftssoziologische und die kulturanthropologische.

Beide kritische Perspektiven liegen mir vom Fach her nahe. Ich bin Wissenschaftssoziologin (Habilitation) und Kulturanthropologin (mit meiner Forschung der letzten zwei Jahrzehnte).

Die wissenschaftssoziologische Perspektive trägt einige kritische Hypothesen zur Frage bei, warum sich die Burnout-Forschung so entwikkelt, wie sie es tut bzw. warum sie sich eigentlich so wenig entwickelt. Das hat, wie ich zeigen werde, wohl doch etwas mit außerwissenschaftlichen Bedingungen wie Reputationsdruck, aber auch mit dem Druck in Richtung auf billige, einfache, »sichere« Forschung zu tun.

Die kulturanthropologische Perspektive deckt die enorme ethnozentrische Schräglage dieses Forschungsbereichs auf und zeigt, daß dies nicht nur an verpaßten Chancen liegt, sondern vor allen Dingen auch an seinen konzeptionellen Grundlagen.

Es ergibt sich aus beiden kritischen Perspektiven nun allerdings nicht nur einfach eine »Dekonstruktion« der bisher so selbstsicheren Burnout-Forschung – selbstsicher, d. h. recht frei von grundsätzlicher Kritik an der Art des Forschungsfortschrittes – sondern, so meine ich, auch eine Fülle von Anregungen, wie sich die Burnout-Forschung über den Stand von 1998, aber auch über den von 2002 hinausentwickeln kann.

Drittens möchte ich – verallgemeinerbar – eine bestimmte Art der Forschungskritik exemplifizieren. Beide kritischen Perspektiven erscheinen mir nicht nur für die Burnout-Forschung relevant, sondern auch für viele andere »blühende« Forschungsbereiche der empirischen Psychologie. Sie zeigen Schwächen auf, die keinesfalls nur für die Burnout-Forschung, sondern auch für weite Bereiche heutiger psychologischer Forschungspraxis gelten. Diese kritischen Perspektiven werden einmal EXEMPLARISCH auf den Bereich von Burnout angewandt, zumal Burnout ein Thema von besonderer Wichtigkeit ist; Burnout ist nicht nur sehr verbreitet, sondern hat auch eine hohe gesellschaftliche Relevanz – auch wenn dies den Burnout-Forschern manchmal gänzlich zu entfallen scheint. Deshalb lohnt die Beschäftigung mit Burnout.

Im folgenden möchte ich einige kurze Schlaglichter auf die gesellschaftliche Relevanz dieses Belastungssyndroms werfen.

2. DIE GESELLSCHAFTLICHE RELEVANZ DER BURNOUT-FORSCHUNG

Burnout gibt es in vielen Bereichen. Am meisten aber ist Burnout untersucht worden in bezug auf Beruf. Was ist Burnout im Beruf? Eine ernst zu nehmende Krankheit? Oder ein Begriff, hinter dem ein Berufstätiger seine Lustlosigkeit, Faulheit und Arbeitsunzufriedenheit versteckt? Kann Burnout irgendein öffentliches Interesse, eine öffentliche Relevanz beanspruchen?

Um diese Fragen zu beantworten, muß zunächst einmal der alltagssprachliche Gebrauch von Burnout von dem wissenschaftlichen Burnout-Begriff unterschieden werden. Auf beide werde ich im Verlauf des Bandes noch ausführlicher eingehen. Hier sei vorab der Burnout-Begriff zunächst einmal wissenschaftlich definiert, um dann anhand einiger Forschungsergebnisse, denen der so definierte Begriff zugrunde liegt, die Relevanz von Burnout aufzuzeigen.

> Burnout im Beruf. Eine Definition
>
> Burnout ist ein Zustand emotionaler Erschöpfung am Beruf. Er geht einher mit negativen Einstellungen zum Beruf, zu den Inhalten oder den Mitteln des Berufs (Zynismus) oder zu den Partnern oder Klienten im Beruf (Depersonalisation). Hinzu kommt ein erheblich reduziertes Selbstwertgefühl in bezug auf die eigene berufsbezogene Leistungsfähigkeit. Burnout ist ein sich langsam entwickelndes Belastungssyndrom, das nicht selten wegen der kreisförmigen, gegenseitigen Verstärkung der einzelnen Komponenten (emotionale Erschöpfung führt zu geringerem Selbstwertgefühl, welches nur zu mehr emotionaler Erschöpfung führt usw.) zur Chronifizierung neigt.

Die angeführte Definition liegt – da sie in einem Instrument der Messung von Burnout operationalisiert ist (vgl. unten) und weil dieses Meßinstrument geradezu monoman die gesamte Forschung bestimmt – nahezu aller derzeitiger Burnout-Forschung zugrunde, wie ich noch zeigen werde.

Mit diesem Meßinstrument wurden auch Burnout-Prävalenzen in vielen Berufen erfaßt, und diese Ergebnisse zeigen eine eindrückliche Verbreitung von Burnout.

Zunächst einmal ist Burnout also rein quantitativ keine vernachlässigbare Größe, insbesondere da sie mit reduzierter Arbeitskraft, gesundheitlichen Problemen, geringerem Einsatz und ganz erheblichem subjektiven Leiden einhergeht.

Daß Burnout gesellschaftlich relevant ist, möchte ich an vier Vignetten zeigen:

(1) Burnout in der Schule

(2) Burnout im Kontext von Leben und Tod

(3) Burnout im Kontext von Ordnung und Gewalt

(4) Burnout im Krankenhausalltag

2.1 Burnout in der Schule

Neben Berufen der Krankenversorgung (Ärzte, Psychotherapeuten, Krankenschwestern, Pfleger, Sozialarbeiter) ist der im Zusammenhang mit Burnout am meisten untersuchte Beruf der des Lehrers. Er wird als besonders belastend angesehen und Lehrer gelten als besonders Burnout-gefährdet (vgl. den Überblick über die internationale Burnout-Forschung an Lehrern von VANDENBERGHE & HUBERMAN 1999).

WEBER, WELTLE & LEDERER (2002) haben die vorzeitige Dienstunfähigkeit und Frühpensionierung von Gymnasiallehrern in Bayern untersucht und sehen ihre Ergebnisse als einen Hinweis auf ein großes sozial-medizinisches und gesellschaftliches Problem (vgl. auch FORSTHUBER 2001): Zu viele Gymnasiallehrer würden – lange bevor sie das Pesionsalter erreichen – aufgrund von Krankheit berufsuntauglich. Und Burnout hat einen erheblichen Anteil an dieser düsteren Statistik.

Ausgangspunkt ihrer Untersuchung war die systematische Analyse aller 11.528 Begutachtungen von verbeamteten Lehrern, die in Bayern in den Jahren 1996 bis 1999 unternommen wurden. Aus diesem Gesamt wurden die 655 begutachteten Gymnasiallehrer identifiziert und einer Spezialauswertung unterzogen.

Von diesen 655 (nur für 1996 bis 1998 erfaßten)[1] Anträgen auf Dienstunfähigkeit und Frühpensionierung wurden 80% anerkannt. 45%

1 1999 wurden Gymnasiallehrer in der Statistik nicht mehr gesondert ausgewiesen.

von diesen anerkannten Fällen wurden aufgrund psychosomatischer Gesundheitsstörungen – überwiegend depressive Störungen und Burnout – frühpensioniert, 13% aufgrund von Muskel/Skelett-Erkrankungen und 12% aufgrund von Herz-Kreislauferkrankungen. Von den anerkannten Fällen hatten 56% schon eine Rehabilitationsmaßnahme hinter sich. Der Zustand von 70% der Frühpensionierten wurde als so schwerwiegend angesehen, daß sie auch außerhalb ihres Berufes als arbeitsuntauglich eingestuft wurden.

Auch wenn der Untersuchungsansatz, welcher diese Ergebnisse nicht auf die Anzahl der Lehrer insgesamt bezieht, keine Kausalinterpretation der Art zuläßt, daß es der Berufsstreß sei, welcher zu Burnout und zur Frühinvalidität führe, so sind diese Ergebnisse, wie die Autoren zusammenfassen, doch alarmierend (S. 81-82):

> Auch wenn sich ... der provokative Slogan »Gymnasium macht krank« in dieser Form nicht aus unserer Studie ableiten läßt, können die vorliegenden Ergebnisse in Verbindung mit systemunabhängigen Beobachtungen aus verschiedenen Ländern, Erkenntnissen aus anderen deutschen Untersuchungen sowie weitgehend fehlenden psychischen Auffälligkeiten zum Zeitpunkt der Lebenszeitverbeamtung (...) durchaus als gewichtiges Argument für die *Bedeutung arbeitsbedingter Faktoren bzw. beruflicher Belastungen in der Genese und Manifestation psychischer/psychosomatischer Erkrankungen von (Gymnasial-)Lehrkräften* gewertet werden oder, um es erneut plakativ zu formulieren: »Gymnasium kann durchaus krank machen«.
>
> Besorgniserregend ist ferner die *deutliche Vorverlegung der Ruhestandseintritte,* insbesondere bei dienstunfähigen Gymnasiallehrerinnen. Für die Gesellschaft resultieren hieraus nicht nur erhebliche ökonomische Konsequenzen, in Zeiten eines aufkommenden Lehrkräftemangels sind lebens- und berufserfahrene Pädagogen und Pädagoginnnen eigentlich *unersetzbar*. Darüber hinaus sollte auch nicht vergessen werden, dass hinter einer krankheitsbedingten Frühpensionierung immer auch (ein häufig sehr belastendes) Einzelschicksal steht.
>
> Die Ergebnisse unserer Studie müssen daher alarmieren, darüber hinaus begründen sie auch einen *dringenden Handlungsbedarf.* (WEBER, WELTLE & LEDERER 2002:81-82)

2.2 Burnout im Kontext von Leben und Tod

Im Februar 2002 erschien in der Fachzeitschrift *Journal of Clinical Oncology* eine japanische Untersuchung von MORITA, AKECHI, SUGAWARA et al. Das Ergebnis muß nachdenklich stimmen, wenn nicht gar schokkieren.

Die Autoren werteten die Angaben von 697 japanischen Krebsärzten (was weniger als 50% der angeschriebenen Ärzte waren) zu ihren Einstellungen gegenüber Sedierung von Sterbenskranken und zu ihrer Sedierungspraxis aus. Drei Stufen der Sedierung wurden unterschieden

- milde Sedierung
- gelegentlich tiefe Sedierung
- kontinuierlich tiefe Sedierung

sowie zwei Hauptanlässe der Sedierung: physische Schmerzen und psychisches Leiden. Nach Angaben der Ärzte verwenden – um nur ein Beispiel der Ergebnisse zu geben – 66% der Ärzte »kontinuierlich tiefe Sedierung« bei physischen Schmerzen und 38% geben an, diese bei psychischen Leiden anzuwenden (MORITA, AKECHI, SUGAWARA et al. 2002:760).

Daneben wurden in dieser Untersuchung auch eine Reihe psychologischer Variablen erhoben. Eines der wichtigsten Ergebnisse ist: Ärzte mit weniger Selbstvertrauen in bezug auf die psychologische Betreuung der Patienten und ausgeprägterem Burnout (gemessen mit MBI, vgl. Kap. 3) benutzen häufiger die kontinuierliche tiefe Sedierung.

Hierzulande wird die Frage einer bei uns eher zu geringen Sedierung vielfältig diskutiert. Zurückhaltung in der Sedierung wird im allgemeinen mit dem Verweis auf »Abhängigkeit« und die »Tugend der Tapferkeit« begründet. Ich möchte in diesem Zusammenhang weder diese (zum Teil fragwürdige) Argumentation beleuchten, noch die quantitative Sedierungspraxis. Im Kontext der japanischen Studie ist ein anderer Punkt viel wichtiger:

Die Ergebnisse könnten bedeuten, daß die eigene subjektive Verfassung des Arztes seine ärztliche Entscheidung mit beeinflußt. Die Entscheidung über die Sedierung eines schwerkranken oder sterbenden Menschen möchte man jedoch ganz gewiß nicht vom Burnout-Zustand und dem subjektiven Selbstwertgefühl des Arztes oder seiner Unsicherheit in bezug auf den Umgang mit Sterbenden abhängig wissen. Und heißt das Ergebnis, so muß man fragen, daß Sedierung vielleicht nicht den leidenden Patienten, sondern den (gewiß auch leidenden) Arzt entlastet? (Vgl. auch die nicht minder nachdenklich stimmenden Ergebnisse zur Einstellung von ausgebrannten Ärzten zur aktiven Sterbehilfe in PORTENOY, COYLE, KASH et al. 1997 und GRASSI, MAGNANI & ERCOLANI 1999.)

2.3 Burnout im Kontext von Ordnung und Gewalt

KOP & EUWEMA (2001) (vgl. auch KOP, EUWEMA & SCHAUFELI 1999) untersuchten 358 Polizisten in den Niederlanden. Gemessen wurde Burnout mit dem in der Forschung üblichen Meßinstrument (MBI, vgl. Kap. 3) und außerdem wurden die Polizisten auf ihren Streifenfahrten begleitet und beobachtet und auch nach ihren Einstellungen gegenüber dem Einsatz von Gewalt befragt.

Im Vergleich zu anderen Berufsgruppen zeigen diese Polizisten geringere Werte in bezug auf die Burnout-Komponente »emotionale Belastetheit«, aber deutlich höhere Werte in bezug auf »Depersonalisation«: Ihr Klientel sehen sie relativ distant, depersonalisiert.

Zwischen Burnout auf der einen Seite und den Einstellungen zum Einsatz von Gewalt, der selbst berichteten Anwendung von Gewalt sowie der beobachteten Verwendung von Gewalt zeigen sich eine Fülle von signifikanten Beziehungen: Ausgebranntere Polizisten haben eine positivere Einstellung gegenüber Gewalt. Und das zeigt sich dann auch in der Praxis: Die ausgebrannteren Polizisten verwenden tatsächlich mehr Gewalt.

Auch das ist ein Ergebnis, das sehr nachdenklich machen muß: Ist es vielleicht weniger die jeweilige objektive Situation als die persönliche Verfassung des Polizisten, welche das Maß der Gewalt bedingt?

2.4 Burnout im Krankenhausalltag

LEITER, HARVIE, FRIZZELL & CHURCHILL (1998) untersuchten nicht nur mehrere hundert Krankenschwestern und -pfleger nach Burnout und anderen Variablen, sondern auch die Zufriedenheit der Patienten. Patienten sind deutlich unzufriedener mit vielen Aspekten der Pflege in Abteilungen mit ausgebrannterem Pflegepersonal. Sie sind nicht nur mit dem ausgebrannten Pflegepersonal weniger zufrieden, sondern auch mit den Ärzten (ob ausgebrannt oder nicht) und anderen Aspekten des Krankenhauses. Es ist also nicht auszuschließen, daß sich Burnout ganz alltäglich auf das Wohlbefinden der zu versorgenden und betreuenden Menschen auswirkt. Dann würden beide Seiten leiden: der ausgebrannte Mensch ebenso wie derjenige, der auf dessen Dienste angewiesen ist.

Ob wir Burnout vom Leiden des betroffenen Menschen her sehen oder von der versicherungsökonomischen Seite oder dem möglichen Leiden der Anempfohlenen – Schüler, Kranke, Sterbende, Verhaftete usw. – es ist allemal ein gesellschaftlich und menschlich relevantes Thema.

3. DATENBASIS DES BUCHES

Ich verfolge seit mehreren Jahren – anhand von *Current Contents*, Zeitschriftenauswertungen, Literaturdiensten und Datenbasen – die Burnout-Forschung ganz systematisch und habe möglichst alle Forschungsbeiträge gesammelt. Die Vollständigkeit habe ich dann anhand von Medline (SilverPlatter), PsycINFO und anderen Datenbasen systematisch überprüft und ggf. ergänzt.

Meine Analyse der Burnout-Forschung ist zeitlich eingegrenzt: Sie beginnt mit den Forschungsarbeiten, die im Jahr der Veröffentlichung der Review von SCHAUFELI & ENZMANN (1998) erschienen sind – und setzt einen Schlußstrich mit Januar 2003.

Außerdem habe ich auch einige ältere Forschungsergebnisse mit aufgenommen, die mir wichtig erscheinen und von den genannten Autoren übersehen oder nicht behandelt wurden.

Ich habe mich überwiegend auf Beiträge in Fachzeitschriften konzentriert und nur solche Arbeiten berücksichtigt, die einen wohl definierten wissenschaftlichen Burnout-Begriff zugrunde legen. Das schließt alle Arbeiten (einschließlich der unzähligen kleinen Editorials in Fachzeitschriften) aus, welche den Begriff Burnout nur alltagssprachlich verwenden oder bloße Meinungsäußerungen darstellen. Es schließt auch Arbeiten zu einigen verwandten Forschungsbereichen aus wie Forschung zu Arbeitsstreß, Organisationsstreß, Arbeitsbelastung. Diese Begriffe sind deutlich abgrenzbar (vgl. Kapitel 4.3).

Auf keinen Fall werden in dem vorliegenden Buch alle Neuerscheinungen zitiert, auch wenn ich wohl die Mehrzahl gelesen und analysiert habe. In manchen Teilbereichen der Burnout-Forschung werde ich erschöpfend zitieren, d. h. alle mir bekannten Arbeiten und auch deren Kommunikationsnetz (Zitatennetz) prüfen und zeigen, wie weit sie in fortschreitender Forschung aufgegriffen wurden. In anderen Forschungsbereichen würde eine vollständige Aufzählung keinerlei Informationsgewinn beinhalten: Es gibt einige Bereiche der Burnout-Forschung, für welche man die Arbeiten nur noch in der Kategorie »mehr vom Gleichen« verbuchen kann.

Meine vorliegende Darstellung, Analyse und Kritik basiert also zwar auf einer möglichst vollständigen Erfassung, ist aber in der Darstellung selektiv. Die Selektivität wird, wo ausgeübt, stets deutlich gemacht und begründet.

Es gibt ein übergeordnetes Selektionskriterium der vorliegenden Darstellung, welches durch die Einbettung meiner Burnout-Analyse in das weitere Projekt, aus dem sie stammt, bedingt ist (vgl. Vorbemerkung): Ich gebe bei der Darlegung von Korrelaten und Folgen des Burnout dem INDIVIDUUM mehr Gewicht als der Organisation. Doch sind diese Entscheidungen im Text stets vermerkt und die Gesamtdiagnose der Burnout-Forschung ist von dieser Schwerpunktsetzung nicht tangiert.

Nur am Rande habe ich, ebenso wie seinerzeit SCHAUFELI & ENZMANN (1998) Burnout-Bücher behandelt, weil es mir im vorliegenden Zusammenhang nicht um Gesamtüberblick geht, sondern um die Forschungsfront. Neue wichtige Beiträge werden jedoch erwähnt. Weniger habe ich mich auch für alle hoch speziellen Diplomarbeiten und Dissertationen interessiert. Arbeiten zu bestimmten Berufsgruppen ohne allgemeinere Diskussion sowie die ungeheure Fülle an Burnout-Ratgeberliteratur habe ich ausgelassen.

Zusammenfassend: Meine nachfolgende Darstellung und Analyse basieren auf dem zumindest intendierten Gesamt der Burnout-Forschung in den Sprachen Deutsch, Englisch, Französisch, Italienisch, Niederländisch und Spanisch soweit sie in Fachzeitschriften von 1998 bis Januar 2003 erschienen ist und empirische Forschung zum wissenschaftlichen Burnout-Konzept darstellt.

4. PLAN DES BUCHES

Der vorliegende Band hat nach diesem einleitenden Kapitel sechs Kapitel. Die ersten vier sind etwas kürzer und führen erst einmal in Geschichte, Entwicklung, Stand und Fragestellungen der Burnout-Forschung ein.

Im ZWEITEN Kapitel werde ich den Begriff und die Begriffsgeschichte von Burnout nachzeichnen, um dem Forschungsbereich auch seine historische Dimension zu belassen. Das Kapitel endet mit einer kurzen Übersicht zum quantitativen Stand der jüngsten Burnout-Forschung und dem Stand der Institutionalisierung.

Im DRITTEN Kapitel behandle ich die Symptomatik, Definition und Messung von Burnout, wie sie der nahezu gesamten derzeitigen Burnout-Forschung zugrunde liegen – einschließlich der neueren Entwicklungen.

Im VIERTEN Kapitel geht es um ein sehr wichtiges, aber von der Datenbasis her noch eher dürftig behandeltes Thema, um die Frage nach der Differentialdiagnose von Burnout, d. h. der Unterscheidung von Burnout auf der einen Seite und naheliegenden Begriffen wie Depression, Arbeitsunzufriedenheit, Arbeitsstreß auf der anderen. Ich betrachte auch den derzeitigen Stand von Burnout als Krankheitskonzept – was auf dem Stand der Diskussion recht kurz abzuhandeln ist.

Im FÜNFTEN Kapitel fasse ich wesentliche Ergebnisse der Burnout-Forschung zu Ursachen und Folgen zusammen sowie theoretische Forschungs-Ansätze und Behandlungsmodelle von Burnout.

Kern des Bandes sind dann die ausführlicheren Kapitel sechs und sieben.

Das SECHSTE Kapitel geht aus von zwei der durch vorangehende Kapitel deutlich gewordenen Problemen der Burnout-Forschung: 1. der unverbundenen Additivität ihrer Beiträge und 2. der »Pathologisierung« von Burnout. Ich behandle diese Defizite und ihre möglichen Gegentendenzen in jüngster Forschung vor allem unter dem kritischen Blickwinkel der Wissenschaftssoziologie:

Unverbundene Additivität ist durch Theorie überwindbar – also sichte ich eingehend neuere theoretische Ansätze, einmal im Bereich der Gleichgewichtsmodelle und zum anderen im Bereich der Emotionstheorien (mehr Theorie ist in der Burnout-Forschung nicht auszumachen).

Die »Pathologisierung« von Burnout wird zunächst dokumentiert – dann aber geht es auch um die eingehendere Sichtung von Gegentendenzen – etwa aus dem Bereich der Coping-Forschung oder aus der sogenannten neuen Positiven Psychologie. Ich werde den Einfluß von persönlichkeitsverankerten Meta-Ressourcen auf Burnout untersuchen, wie Selbstwirksamkeit (*self-efficacy*), Widerstandsfähigkeit (*hardiness*) sowie den salutogenen Ansatz mit dem »Kohärenzgefühl« (*sense of coherence*). Aus der Positiven Psychologie wurden Variablen wie Optimismus, Humor und Spiritualität in der Burnout-Forschung aufgegriffen, und es sind auch »Gegenpole« von Burnout formuliert worden, z. B. Arbeits-Engagement.

Schwerpunkt des SIEBTEN Kapitels ist die kulturanthropologische Kritik. Ich zeige auf, welche kulturanthropologischen Chancen die Burnout-Forschung verpaßt hat, aber auch welche grundsätzlichen Barrieren bereits in den Begriff selbst eingebaut sind.

Aber auch hier bleibt es nicht bei Kritik. Ich suche stets nach Gegentendenzen und Lichtblicken – die sich freilich ihrerseits die kulturanthropologische Hinterfragung gefallen lassen müssen.

Auch habe ich im siebten Kapitel noch an einigen wenigen Stellen die Grundsatzkritik an der Burnout-Forschung durch eine ethische Kritik und eine Kritik an den Grundwerten der Forschung ergänzt.

Im ACHTEN und letzten Kapitel stelle ich noch einmal eine lange Liste der unbezweifelbaren großen Vorzüge und Verdienste der Burnout-Forschung zusammen, gefolgt von einer Liste ihrer Mängel und nicht genutzten Chancen.

Das Buch bleibt aber nicht mit Diagnosen stehen, sondern versucht auch aufzuweisen, in welcher Richtung diese überwunden werden könnten.

Dabei geht es nicht in erster Linie um den Aufweis von weiteren fruchtbaren Forschungslinien – das habe ich in allen vorangehenden Kapiteln immer wieder getan –, sondern um die Benennung zweier, meines Erachtens noch fundamentalerer Aufgaben: Die Rückkehr zu den *basics*, den Wurzeln, dem Kern, der Sprache, der Bedeutung des Leidens an Burnout für das Individuum und – nicht Rückkehr, sondern überfälliger Beginn einer bewußten, konsequenten und radikalen Forschungsplanung und Forschungskoordination im Bereich von Burnout, einer Selbsterneuerung und konsequenten Selbstbestimmung des Faches.

Abschließend verweise ich sowohl auf die Zielgerichtetheit als auch auf die Relativität meines Ansatzes.

Ich habe die Burnout-Forschung aus gutem Grund zum Gegenstand einer Kritik gemacht, mit der ich – würde ich zur *scientific community* der Burnout-Forscher gehören, statt eine Fremde zu sein – wahrscheinlich meine Forscherzukunft riskieren würde: Burnout ist hoch relevant, weit verbreitet, vielfältig beforscht – Burnout ist ein wirklich bedeutsames und produktives Forschungsgebiet. Mit den besten Gründen also wendet man gerade ihm seine Aufmerksamkeit zu.

Das, was diese kritische Perspektive an Mängeln an der Burnout-Forschung identifiziert, muß dann allerdings relativiert werden. Es betrifft keinesfalls allein diesen internationalen Forschungsbereich. Dieser ist vielmehr nur exemplarisch zu sehen für den Zustand der Forschungspraxis in vielen anderen Forschungsbereichen der heutigen Psychologie. Die wissenschaftssoziologische und kulturanthropologische Kritik ist deshalb als paradigmatisch anzusehen für eine überfällige Kritik an vielen Bereichen der Psychologie insgesamt.

KAPITEL 2

Burnout: Begriff und Begriffsgeschichte

1. VORLÄUFER UND ERSTE BEITRÄGE

Burnout ist ein Begriff der Alltagssprache geworden. Meistens wird er im Zusammenhang mit dem Beruf verwendet: Man ist ausgebrannt an seinem Job. Es gibt aber auch Burnout in der Beziehung, Burnout im Leben: emotionale Erschöpfung, Desillusionierung, Selbstentfremdung, Entfremdung von anderen, Motivations- und Kraftverlust, Müdigkeit, Unlust, Verbitterung.

Burnout wurde in eindrucksvoller Weise literarisch beschrieben, lange bevor die Wissenschaft das Phänomen aufgriff und zu untersuchen begann. Uns fällt als erstes wohl der Protagonist in dem Buch *Die Buddenbrooks. Verfall einer Familie* von Thomas MANN (1979) ein oder auch der Roman *A Burn-Out Case* von Graham GREENE (1961).[1] Die Geburt des wissenschaftlichen Burnout-Begriffs – nach heute einheitlicher Geschichtsschreibung der Burnout-Forscher[2] – liegt jedoch im Jahr 1974.

1974 veröffentlichte der Psychiater Herbert J. FREUDENBERGER[3] seine sechsseitige Arbeit über "*Staff burn-out*". Freudenberger arbeitete als unbezahlter Freiwilliger an einer Free Clinic der alternativen psychiatrischen Gesundheitsversorgung, zusammen mit vielen anderen freiwilligen Helfern. Da er das Gefühl des Burnout selbst zur Genüge erfahren habe, schreibt er, und es allenthalben um sich herum beobachtete – begann er sich dafür zu interessieren, was Burnout eigentlich ist, wo es herkommt, ob manche Menschen anfälliger sind gegenüber Burnout als andere, und warum es ausgerechnet so häufig unter Freiwilligen in alternativen Selbsthilfe-Kliniken oder in Institutionen der Krisenintervention auftritt.

1 Für weitere Vorläufer aus Literatur und Medizin vgl. SCHAUFELI & ENZMANN (1998:2).

2 Zur Geschichte des Burnout-Begriffs und der Burnout-Forschung vgl. vor allem MASLACH & SCHAUFELI (1993), SCHAUFELI & ENZMANN (1998) sowie MASLACH, SCHAUFELI & LEITER (2001).

3 1999 erhielt Freudenberger die »Gold Medal Award for Life Achievement in the Practice of Psychology« von der American Psychological Foundation. Zur Laudatio vgl. ANONYM (1999). Er starb im gleichen Jahr. Nachruf vgl. CANTER &FREUDENBERGER 2001.

Freudenberger hat die Symptomatik eindrücklich beschrieben, und da ich Burnout mit anderen Krankheitsbildern – vor allem dem Konzept von »Seelenverlust« in fremden Kulturen – vergleichen möchte, will ich diese frühe und auf persönlicher Erfahrung beruhende Beschreibung etwas ausführlicher zitieren:

> *The dictionary defines the verb »burn-out« as »to fail, wear out, or become exhausted by making excessive demands on energy, strength, or resources.« And that is exactly what happens when a staff member in an alternative institution burns out for whatever reasons and becomes inoperative to all intents and purposes.*
>
> *The physical signs are easy to spot. For one, there is a feeling of exhaustion and fatigue, being unable to shake a lingering cold, suffering from frequent headaches and gastrointestinal disturbances, sleeplessness and shortness of breath. In short, one becomes too somatically involved with one's bodily functions...*
>
> *A staff member's quickness to anger and his instantaneous irritation and frustration responses are the signs. The burn-out candidate finds it just too difficult to hold in feelings. He cries too easily, the slightest pressure makes him feel overburdened and he yells and screams. With the ease of anger may come a suspicious attitude, a kind of suspicion and paranoia. The victim begins to feel that just about everyone is out to screw him, including other staff members...*
>
> *As to the person's thinking, that almost becomes a closed book. He becomes excessively rigid, stubborn, and inflexible. He almost cannot be reasoned with – he once again knows it all better than anyone else. He blocks progress and constructive change. Why? because change means another adaptation and he is jut too tired to go through more changes. Another behavioral indicator of burn-out is the totally negative attitude that gets verbalized. He becomes the »house cynic«. Anything that is suggested is bad rapped or bad mouthed. He knows it all because he has been through it all.* (FREUDENBERGER 1974:159-161)
>
> ÜBERSETZUNG
>
> Das Wörterbuch definiert das Wort »burn-out« folgendermaßen: »versagen, ermüden oder sich durch exzessive Anforderung an seinen Ener-

giehaushalt, seine Kräfte oder seine Ressourcen erschöpfen.« Und das ist auch genau das, was passiert, wenn ein Mitarbeiter in einer alternativen Institution – aus welchen Gründen auch immer – ausbrennt und unbrauchbar wird im Blick auf alle Pläne und Absichten.

Die physichen Zeichen sind leicht auszumachen. Es ergibt sich ein Gefühl der Erschöpfung und Müdigkeit, die Unfähigkeit, eine unterschwellige Erkältung abzuschütteln, ein Leiden an immer wieder auftretenden Kopfschmerzen und Verdauungsproblemen, Schlaflosigkeit und Kurzatmigkeit. Kurzum, man wird zu sehr involviert in seine eigenen physichen Funktionen...

Weitere Zeichen sind bei einem Mitarbeiter schnelles Aufbrausen sowie sofortige Irritation und Frustration. Der Burnout-Kandidat empfindet es als zu schwierig, seine Gefühle zurückzuhalten. Er bricht leicht in Tränen aus, der leichteste Druck gibt ihm ein Gefühl der Überlastung, und er wird sofort laut und heftig. Mit der leichten Erzürnbarkeit geht manchmal eine Haltung des Mißtrauens und der Paranoia einher. Das Opfer beginnt zu meinen, daß fast jeder darauf aus ist, ihn reinzulegen, andere Mitarbeiter eingeschlossen...

Seine Gedankenwelt wird fast zu einem verschlossenen Buch. Er wird zunehmend starr, stur und unflexibel. Man kann kaum vernünftig mit ihm reden – er weiß wieder einmal alles besser als alle anderen. Er blockiert Fortschritt und konstruktive Veränderungen. Warum? Weil Veränderung eine weitere Anpassung bedeutet, und er ist einfach zu müde, um weitere Veränderungen mitzumachen. Ein weiterer Verhaltens-Indikator von Burnout ist die total negative Einstellung, die verbalisiert wird. Er wird zum »Haus-Zyniker«. Alles, was vorgeschlagen wird, wird scharf kritisiert und schlechtgeredet. Er weiß alles, weil er alles schon mitgemacht hat.

Und wie kommt nach Freudenberger dieser Zustand zustande? Ausbrennen kann nur etwas, was zunächst einmal gebrannt hat, d. h. wo man »Feuer und Flamme« war. Ausbrennen können nur Menschen, die sich engagiert haben:

... it is precisely because we are dedicated that we walk into a burn-out trap. We work too much, too long and too intensely. We feel a pressure from within to work and help and we feel a pressure from the outside to

give. When the staff member then feels an additional pressure from the administrator to give even more, he is under a three-pronged attack. (FREUDENBERGER 1974:161)[4]

ÜBERSETZUNG

... Gerade weil wir engagiert sind, fallen wir in die Burnout-Falle. Wir arbeiten zu viel, zu lange und zu intensiv. Wir fühlen einen inneren Druck zu arbeiten und zu helfen, und wir spüren einen äußeren Druck zu geben. Und wenn dann ein Mitarbeiter auch noch zusätzlich den Druck des Vorgesetzten empfindet, daß er noch mehr geben soll, gerät er unter einen dreifachen Angriff.

Ebenfalls etwa Mitte der siebziger Jahre beschäftigte sich Christina Maslach, Sozialpsychologin an der University of California, mit der Frage, wie Menschen in emotional fordernden Berufen – Ärzte, Krankenschwestern, Pfleger usw. – mit belastenden Situationen umgehen. Sie ließ sich leiten von Begriffen wie *detached concern* (LIEF & FOX 1963) und *dehumanization in self defense* (ZIMBARDO 1970), die damals als Schutzmechanismen gegen belastende Berufserfahrung vor allem in der Krankenversorgung diskutiert wurden. Aus diesen ihren ersten Gesprächen schienen ihr drei Themen besonders bedeutsam: die emotionale Erschöpfung und Ausgelaugtheit, welche ihre Gesprächspartner beklagten, dann die Fülle der negativen Gefühle und Wahrnehmungen gegenüber den Patienten und der bohrende Zweifel an der eigenen professionellen Kompetenz.[5] Bald darauf erschienen ihre ersten Arbeiten zu Burnout,[6] und zusammen mit Freudenbergers Arbeiten war damit der Begriff plötzlich auf dem wissenschaftlichen Parkett.[7]

Und eben jene drei Burnout-Themen – emotionale Erschöpfung, negative Einstellung gegenüber Patienten, beruflicher Selbstzweifel –, die

4 Vgl. auch die späteren Arbeiten von Freudenberger, besonders FREUDENBERGER (1975) und (1983) sowie das Buch FREUDENBERGER & RICHELSON (1980).

5 Vgl. MASLACH (1998) zu ihrer eigenen Forschungsentwicklung.

6 Vgl. MASLACH (1976, 1978a, 1978b, 1982a, 1982b) sowie ihr Buch *Burnout: The Cost of Caring* (1982c).

7 Die Untersuchung der »Entdeckungszusammenhänge« der frühen Burnout-Forschung durch ROOK (1998) ist eine schöne Ergänzung der Burnout-Geschichtsschreibung.

sich aus Maslachs ersten Interviews mit belasteten Ärzten, Krankenschwestern und Pflegern herauskristallisierten, sollten eine bis heute die gesamte internationale Burnout-Forschung aller Länder bestimmende Karriere haben (vgl. unten).

Doch ehe ich die wissenschaftliche Entwicklung des Burnout-Begriffs nachzeichne, muß ich auch noch kurz auf seine alltagssprachliche Entwicklung eingehen, zumal kein Zweifel besteht, daß der wissenschaftliche und der populäre Begriff sich gelegentlich gegenseitig heftig auf den Füßen standen und stehen.

2. ALLTAGSSPRACHE, POP PSYCHOLOGIE, VERWANDTE WISSENSCHAFTLICHE BEGRIFFE

Zumindest in dem Land, in welchem die Burnout-Forschung ihren Ausgang nahm und noch immer einen ihrer Schwerpunkte hat – USA –, wurde der Burnout-Begriff ab den siebziger Jahren auf breiter Ebene öffentlich aufgegriffen. Hatte er nicht eine gewisse *evocative power* (MASLACH, SCHAUFELI & LEITER 2001:398), um in der populären Presse immer wieder brandneue Nachrichten über Brände und Ausgebrannte in immer wieder anderen Feldern der Berufswelt Aufmerksamkeit erheischend darzustellen?

So wurde Burnout zum *catch word* der alltagspsychologischen Konversation und Presse. Und als Christina Maslach zusammen mit der Kollegin Jackson bei einer Fachzeitschrift den »wissenschaftlichen Durchbruch« einreichten – die Ergebnisse zur Entwicklung eines wohlgetesteten Messinstrumentes zu Burnout –, lehnte die Zeitschrift den Artikel ab mit dem Argument, man veröffentliche keine *pop psychology* (MASLACH & JACKSON 1984:139). Daß Burnout zum Modebegriff, zum *faddish concept,* geworden war, behinderte zunächst die ernsthafte Forschung (BURKE & RICHARDSEN 2001:327).

Wir werden später sehen, wie diese ernsthafe Forschung aussieht und wie sie In- und Outsider beurteilen. Der deutsche Burnout-Forscher Matthias Burisch arbeitet zwar selbst unbeirrt weiter wissenschaftlich an diesem Thema, aber ist dem alltagssprachlichen Begriff und den Fortschritten der Burnout-Forschung gegenüber doch außerordentlich kritisch. Für ihn ist der Burnout-Begriff ein *fuzzy set*, eine »randunscharfe Menge«, ein schwabbeliger Begriff, den zu definieren der Aufgabe gleiche, die genauen Grenzen einer großen Wolke zu beschreiben (BURISCH 1993:79, vgl. auch die vernichtende Zusammenfassung in BURISCH 2002:1). Für populäre Beiträge aber eignen sich solche Wolkengebilde besonders gut – wie man es auch von dem Streß-Begriff her kennt, der deshalb auf alles paßt, weil er fransig ist, ausufernd und vage.

Die Autoren der bisher besten Gesamtdarstellung der Burnout-Forschung, SCHAUFELI & ENZMANN (1998), sehen die Entwicklung des Burnout-Begriffs zum *hot topic* folgendermaßen:

> *Typically, the first publications on burnout were anecdotal and appeared in journals, magazines, and periodicals not only for professionals such as teachers, social workers, nurses, physicians, and managers, but also for pharmacists, fire-fighters, and librarians. Stimulated by these publications, public interest grew enormously and burnout became a hot topic. In further popularizing the subject, the mass media played a crucial, albeit debatable, role. That is, burnout ended up as the buzzword or catchphrase of the late 70s and early 80s. Meanwhile, the concept was stretched to encompass far more than it did originally. This blurred, all-encompassing meaning of burnout and the unempirical nature of the clinical approach led academic critics to disparage the concept of burnout or even dismiss it entirely. Initially, the popularity of burnout was not surprisingly inversely proportional to the scholarly interest it evoked.* (SCHAUFELI & ENZMANN 1998:6)
>
> ÜBERSETZUNG
>
> Charakteristischerweise waren die ersten Publikationen zu Burnout anekdotenhaft und erschienen in Zeitschriften, Magazinen und Zeitungen nicht nur für Berufe wie Lehrer, Sozialarbeiter, Krankenschwestern, Ärzte und Manager, sondern auch für Pharmazeuten, Feuerwehrleute und Bibliothekare. Durch diese Veröffentlichungen stimuliert wuchs das öffentliche Interesse enorm, und Burnout wurde zu einem heißen Thema. In der weiteren Popularisierung des Themas spielten die Massenmedien eine entscheidende, wenn auch strittige Rolle. Durch diese

nämlich wurde Burnout in den späten 70er und frühen 80er Jahren ein Mode- oder Schlagwort. Derweil wurde das Konzept ausgeweitet, so daß es viel mehr Bereiche als ursprünglich umfaßt. Diese verschwommene, allumfassende Bedeutung von Burnout und die nicht-empirische Art der klinischen Vorgehensweise führten wissenschaftliche Kritiker dazu, das Burnout-Konzept verächtlich zu machen oder es sogar vollständig abzulehnen. Es überrascht nicht, daß die Popularität von Burnout anfangs umgekehrt proportional zum akademischen Interesse war, das es hervorrief.

Auf der anderen Seite aber machen ernsthafe Burnout-Forscher sich den Modecharakter des Begriffs auch zu Dienste. Ein nachgerade abschreckendes Beispiel dafür ist Robert Golembiewski, einer der produktivsten Burnout-Forscher in den achtziger und neunziger Jahren. Der Forscher Golembiewski schreibt über Burnout, als sei er ein (schlechter) Werbefachmann.

In ihrem Buch *Global Burnout: A Worldwide Pandemic Explored by the Phase Model* (GOLEMBIEWSKI, BOUDREAU, MUNZENRIDER & LUO 1996) wird versucht, Burnout zum Kern der Weltprobleme und zum Schlüsselbegriff der Verhaltenswissenschaften hochzustilisieren, und das unter vollem Rückgriff auf die Sprache der *pop psychology*.

Einleitend bekennen er und seine Mitautoren:

> *»Epidemic« is too mild for what this volume reports. We settle on the term »pandemic« which Webster's 1974 New Collegiate Dictionary defines as »occurring over a wide geographic area and affecting an exceptionally high proportion of the population.« Even »pandemic« may be too mild a label, however.* (GOLEMBIEWSKI, BOUDREAU, MUNZENRIDER & LUO 1996:5)

ÜBERSETZUNG

> »Epidemieartig« ist ein zu milder Ausdruck für das, worüber dieser Band berichtet. Wir einigten uns auf den Begriff »pandemisch«, den Webster's 1974 erschienenes *New Collegiate Dictionary* so definiert: »in einem weiten geographischen Bereich vorkommend und einen außergewöhnlich hohen Bevölkerungsanteil betreffend«. Jedoch mag sogar »pandemisch« eine zu milde Bezeichnung sein.

Nach dieser damit ins höchst Akute getragenen sozialen Bedeutung des Burnout-Problems gestehen die Autoren, daß sie anfangs selbst skeptisch waren gegenüber dem Begriff:

> *We were all initially biased toward debunking the notion of burnout. To be sure, the concept had made a splashy entrance into the public consciousness a decade or so earlier, but it then had less substance than star quality. Its spectacular appearance on the social scene had its serious downsides, amidst all the attendant hoopla. Indeed, researchers often had to devote time to establishing that burnout is more than just a darling of pop psychology, more than an equivalent of the fashionable fly of a summer's social commentary. Hence our fundamental suspicion, at the beginning. Since the term »burnout« was being applied to everything, we reasoned, the probability was strong that nothing much could be explained by it in rigorous terms.* (GOLEMBIEWSKI, BOUDREAU, MUNZENRIDER & LUO 1996:5)
>
> ÜBERSETZUNG
>
> Anfangs neigten wir dazu, dem Begriff Burnout den Nimbus zu nehmen. Sicherlich, das Konzept hatte vor etwa einem Jahrzehnt einen glanzvollen Einzug in das öffentliche Bewußtsein erlebt, aber damals hatte es weniger Substanz denn Starqualität. Sein spektakuläres Erscheinen auf der sozialen Bühne hatte seine ernsthaften Schattenseiten bei all dem Rummel. Tatsächlich mußten Forscher oft viel Zeit investieren, um darzulegen, daß Burnout mehr ist als nur ein Liebling der Pop Psychologie, mehr als das Äquivalent eines modischen Sommer-Kommentars aus dem gesellschaftlichen Leben. Daher unsere anfänglichen fundamentalen Zweifel. Da der Begriff »Burnout« auf alles angewandt werde – so argumentierten wir –, sei die Wahrscheinlichkeit groß, daß damit nicht viel in präziser Weise erklärt werden könne.

Dennoch aber haben Golembiewski und seine Kollegen den Begriff offensichtlich gerne aufgegriffen. Warum? Er sei einfach das zentrale Thema der Welt – zumindest der Arbeitswelt:

> *Rather than being ephemeral, we now see burnout as a* CENTROID *in nature – as related to virtually everything of any concern in understanding people at their work (S. 6) ... a suitable metaphor for the life experien-*

ces of a growing number of people... (S. 12) (GOLEMBIEWSKI, BOUDREAU, MUNZENRIDER & LUO 1996)

ÜBERSETZUNG

Wir sehen Burnout jetzt eher als zentrales Phänomen, nicht als etwas Kurzlebiges – als buchstäblich in Beziehung stehend zu allem, was das Verständnis von Mensch und Arbeit betrifft... eine passende Metapher für die Lebenserfahrungen einer immer größeren Anzahl von Menschen ...

Und weiter:

Burnout appears to be a central topic in today's behavioral sciences, perhaps even THE *topic.* (GOLEMBIEWSKI, BOUDREAU, MUNZENRIDER & LUO 1996:11)

ÜBERSETZUNG

Burnout, so scheint es, ist heute ein zentrales Thema der Verhaltenswissenschaften, wenn nicht vielleicht sogar DAS Thema überhaupt.

Diese Einschätzung ist nun gewiß hoffnungslos übertrieben – zeigt aber, daß die Burnout-Forschung vielleicht auch noch nicht ihre *pop psychology*-Wurzeln abgelegt hat, sondern vielmehr durchaus auch pflegt.

In der wissenschaftlichen Literatur werden im Kontext von Burnout noch einige weitere Begriffe verwendet, die ähnliche Bedeutung haben.

Zwei Begriffe beziehen sich auf dasjenige Berufsfeld, für das der urspüngliche Burnout-Begriff entwickelt worden war:

1. *compassion fatigue* (ermüdetes Mitgefühl) (vgl. z. B. FIGLEY 1995; LEON, ALTHOLZ & DZIEGIELEWSKI 1999; RAINER 2000) und

2. *wounded healer* (zur Begriffsgeschichte vgl. MILLER 2000). Der Begriff hat einen transkulturellen »Klang« und läßt ebenso an die Berufungsmythen traditioneller Heiler in den Anden (durch Blitzschlag

werden sie berufen, vgl. RÖSING 1990) denken wie an die dramatischen Berufungskrankheiten tibetischer Schamanen (RÖSING 2003). Der »verletzte Heiler« kann nur heilen, wenn er seine Verletzung überwindet und (wieder) heil wird.

Der Begriff *workaholism* (»Arbeitswut«) ist ein weiterer Begriff, der auch in der wissenschaftlichen Literatur verwendet wird und eine der Risikobedingungen für Burnout umschreibt (vgl. BONEBRIGHT, CLAY & ANKENMANN 2000; BONEBRIGHT 2001), aber eher auf Manager-Berufe angewendet wird. Auch *vital exhaustion* wird als mit Burnout überlappender Begriff verwendet (SCHNORPFEIL, NOLL, WIRTZ et al. 2002).

Zwei weitere Begriffe stellen eine konzeptionelle Brücke zwischen Burnout auf der einen Seite und der Forschung zur Posttraumatischen Belastungsstörung (PTSD) auf der anderen dar: *vicarious traumatization* (stellvertretende Traumatisierung) (vgl. GLIDEWELL 2000) und *secondary traumatic stress* (»sekundärer traumatischer Streß) (vgl. HOLADAY, LACKEY, BOUCHER & GLIDEWELL 2001).

Beide Begriffe beziehen sich auf traumatische Belastungen, welche durch indirekte Teilnahme an traumatischen Ereignissen entstehen können. Psychotherapeuten z. B., die Folter- und Katastrophenopfer behandeln, können sekundär und indirekt von der Schrecklichkeit der Erlebnisse betroffen sein – also stellvertretende oder sekundäre Traumatisierung erleben. Dies gilt auch in hohem Maße für Menschen, die bei der Katastrophenhilfe eingesetzt werden (z. B. bei den Aufräumarbeiten nach dem 11. 9. 2001). Menschen, die über lange Zeit mit traumageschädigten Menschen arbeiten oder die Folgen von Gewalt und Tod erleben, können natürlich auch in einen gefährlichen Burnout-Zustand geraten. In ihrer Dissertation hat PICKETT (1999) versucht, *secondary traumatic stress, vicarious traumatization* und Burnout voneinander abzugrenzen und dann in einem integrierten Modell aufeinander zu beziehen.

Im vorliegenden Kontext möchte ich jedoch nicht näher auf diese verwandten Begriffe eingehen, sondern mich auf die Entwicklung des wissenschaftlichen Begriffs von Burnout konzentrieren.

3. BURNOUT ALS WISSENSCHAFTLICHER BEGRIFF

Die Burnout-Forschung hat sich in zwei Phasen entwickelt, einer »Pionierphase«, in welcher klinische Studien überwogen, und einer »empirischen« oder »Forschungsphase« (MASLACH & SCHAUFELI 1993, SCHAUFELI & ENZMANN 1998, MASLACH 2001b, MASLACH, SCHAUFELI & LEITER 2001), welche von experimentellen Ansätzen bestimmt ist.

3.1 Die »klinische« Phase

In der anfänglichen klinischen Phase standen deskriptive Studien im Vordergrund, illustrative Fallberichte, kurze Vignetten mit Blick vor allem auf die Symptome. Interviews, Beobachtungen, Fallbeschreibungen waren die bevorzugten qualitativen Methoden. Die Beiträge waren praxisbedingt (also nicht theoretisch gesteuert) und praxis- d. h. anwendungsorientiert und enthielten meist eine Fülle von Ad hoc-Vorschlägen für Burnout-Prophylaxe und -Besserung. Burnout-*workshops* florierten.

Forschung und Praxis bezogen sich in erster Linie auf die Berufsbereiche des Gesundheitssystems oder anderer Humandienstleistungssektoren, d. h. auf Berufsfelder, in welchen ein zentrales Moment der Arbeit die Beziehung zwischen einem »Anbieter« und einem bedürftigen »Klienten« ist. Wie dramatisch hier die Arbeitsbedingungen sein können – hohe quantitative Arbeitsbelastung, fordernde, kritische und schwierige Patienten, höchste eigene Ansprüche an eine menschliche, warme Einstellung, reduzierte Ressourcen usw. –, wurde in diesen frühen Arbeiten auf dramatische Weise deutlich und dies wurde auch entsprechend in die Öffentlichkeit getragen (MASLACH, SCHAUFELI & LEITER. 2001).

Diese Forschungsorientierung ist auch heute noch nicht ganz verschwunden (LACOURSIÈRE 2001): Immer wieder entdecken weitere Berufsgruppen das Problem von Burnout, schildern es deskriptiv, illustrieren es mit Vignetten, machen Vorschläge für die Besserung der Lage oder liefern Burnout-Forschungsreviews für bestimmte Berufsfelder.[8]

8 Vgl. zum Beispiel BENBOW (1998) für die Gerontopsychiatrie; GOELMAN & GUO (1998) für *early childhood care providers*; SINGH, MISHRA & KIM (1998) für Professoren; VANDENBERGHE & HUBERMANN (1999) für Lehrer; KALLUS & KELLMANN (2000) für Sportler und Trainer; MATHENY, GFROERER & HARRIS (2000) für Adleria-

3.2 *Die empirische Phase*

Zu Beginn der achtziger Jahre beginnt die empirische Phase – noch befinden wir uns fast ausschließlich in den USA. Der entscheidende Wendepunkt war die Veröffentlichung eines Burnout-Meßinstruments von MASLACH & JACKSON (1981a, 1981b). Es ist ein einfaches Papier und Bleistift-Verfahren mit einer Reihe von Fragen nach emotionaler Erschöpfung, Depersonalisation (Entfremdung vom Klienten, negative Einstellungen) und Zweifeln an der eigenen Berufskompetenz – eben jenen drei Themen, welche Maslach in ihrer frühen Forschung im *human service sector* der siebziger Jahre als zentral erkannt hatte.

Dieses Meßinstrument, das Maslach Burnout Inventory (MBI), wurde nach allen Regeln psychologischer Testkonstruktion erarbeitet und nach Reliabilität, diskriminativer, faktorieller und externer Validität überprüft und dann laufend verbessert und weiterentwickelt (vgl. Kapitel 3). MASLACH (1998) zeichnet diese Entwicklung detailliert nach.

Interviews sind aufwendig. CHERNISS (1995/1999) ist einem solchen Ansatz treu geblieben. Sonst sind qualitative Studien (vgl. z. B. REID, JOHNSON, MORANT et al. 1999) in der Burnout-Forschung äußerst selten. Auch teilnehmende Beobachtung (»Feldforschung«) ist aufwendig. Ein Fragebogen mit zwei Dutzend Fragen, deren Grad der Zutreffendheit man anzukreuzen hat, dagegen nicht. Folglich begann man in der Burnout-Forschung große Populationen zu untersuchen, über 1000 Befragte sind keine Seltenheit mehr. Meist bekommen sie den Fragebogen per Post, heute auch per e-mail, zugeschickt (vgl. z. B. LINZER, GERRITY, DOUGLAS et al. 2002, die 5704 Ärzte, oder AKHTAR & LEE 2002, die 9380 Krankenschwestern anschrieben).

Auch wurde in dieser Phase das Interesse über den Bereich des Gesundheitswesens hinaus in viele weitere Berufsfelder – Kirche, Militär, Computertechnologie, Firmenmanagement usw. – ausgedehnt.

ner in der Psychotherapie; SCHAUFELI & PEETERS (2000) für Gefängniswärter; VACHON (2000) für Hospizpfleger von Sterbenden; WEBER & JAEKEL-REINHARD (2000) für Arbeitsmediziner; BASSETT & LLOYD (2001) für Sozialarbeiter; KOOTTE (2001) für Hospiz-Helfer; LACOURSIÈRE (2001) für Drogentherapeuten; LLOYD, KING & CHENOWETH (2002) für Sozialarbeiter; WYNKOOP (2002) für den Bereich der Krisenintervention; HERSCHBACH (2002) für Krankenhausärzte.

Diese Ausweitung – noch eine neue Berufsgruppe und noch eine – hält bis heute an, von der Ballettänzerin bis zum Seemann sind alle dabei. Ein Beispiel ist die Untersuchung in einem »neuen« Untersuchungsfeld der norwegischen Forscher HELLESØY, GRØNHAUG & KVITASTEIN (2000): Sie erforschten Burnout – gemessen mit dem adaptierten MBI – in einer groß angelegten Studie (N = 2061) im Bereich der *off shore oil industry*, womit wir jetzt wissen, ob diese Berufsgruppe auch Burnout kennt, und wie dieser aussieht...

Diese Arbeit zeigt einen weiteren Trend dieser zweiten Phase der Burnout-Forschung an: Sie hat sich längst über die Grenzen der USA hinaus entwickelt. Heute ist einer der führenden Forscher Wilmar Schaufeli von der Universität Utrecht/Niederlande, auch Deutschland ist gewichtig mit Matthias Burisch vertreten sowie Polen und die skandinavischen Länder (vgl. die Autoren in SCHAUFELI, MASLACH & MAREK 1993). GOLEM-BIEWSKI, BOUDREAU, MUNZENRIDER & LUO (1996:16) führten 33 verschiedene Länder auf, aus welchen bis dahin Burnout-Forschung veröffentlicht wurde. Die Liste von A bis Z reicht von Australien über China, Hongkong, Irland und Israel nach Neuseeland, Saudi Arabien und Simbabwe.

Das Medium dieser Forschungserweiterung war die Existenz jenes standardisierten Meßinstrumentes MBI, das jeweils übersetzt und den Länderverhältnissen angepaßt wurde (für die deutsche Version des MBI vgl. BÜSSING & PERRAR 1992; vgl. auch REIME & STEINER 2001). Andere, auch auf Fragen und Kreuzchen aufbauende Meßinstrumente konnten sich daneben nicht gleichermaßen durchsetzen (vgl. das BM, Burnout Measure, von PINES, ARONSON & KAFRY 1981 und PINES & ARONSON 1988[9] sowie das deutsche OLBI, Oldenburg Burnout Inventory,[10] von EBBINGHAUS 1986).

9 Vgl. den empirischen Vergleich von BM und MBI von SCHAUFELI, BAKKER, HOOGDUIN et al. (2001).

10 Dieses Instrument ist bisher unveröffentlicht, wird aber gelegentlich verwendet, vgl. z. B. DEMEROUTI, BAKKER, NACHREINER & SCHAUFELI (2000).

4. STAND DER FORSCHUNG: QUANTITATIVE ASPEKTE

Mit der Einführung des MBI wurde die Burnout-Forschung empirisch. Sie wurde auch einfacher und wuchs enorm an Umfang. 1986 hatte KILPATRICK in seiner Übersicht etwa 700 Titel behandelt, in der Bibliographie von KLEIBER & ENZMANN (1990) sind 2496 Titel aufgeführt, SCHAUFELI & ENZMANN (1998) listen als die allerwichtigsten knapp 400 Titel auf.

Die letztgenannten Autoren haben auch eine Statistik der Burnout-Forschung bis 1996 vorgelegt – basierend auf 5.500 Veröffentlichungen, von denen 61 Prozent in wissenschaftlichen Zeitschriften erschienen, 10 Prozent als Bücher oder Buchkapitel, 17 Prozent als Dissertationen (der Rest »Sonstiges«).

Bemerkenswert an ihrer Statistik ist, daß 91% der Dissertationen das MBI benutzten (die Tausende von wissenschaftlichen Artikeln wurden nicht so genau ausgezählt, aber das Verhältnis dürfte nicht unähnlich sein).

Noch immer war 1998 die Gesundheitsversorgung mit 33,8% das am meisten vertretene Berufsfeld der Burnout-Forschung, gefolgt vom Bereich Schule und Erziehung (26,6%) und Sozialarbeit (7%).

Um einen quantitativen Eindruck von der gegenwärtigen Burnout-Forschung zu gewinnen, habe ich zunächst Burnout in zwei Datenbanksystemen abgefragt:[11]

4.1 PsycINFO

Für diese Datenbank werden regelmäßig ca. 1500 Fachzeitschriften der Psychologie und angrenzender Gebiete ausgewertet, aber auch Fachbücher und Dissertationen. Bei der Definition der Suchparameter kann man die Publikations-Sprachen nicht eingrenzen, es sind also auch japanische, polnische, türkische usw. Arbeiten einbezogen, was aber im Falle von Burnout nur einen ganz kleinen Prozentsatz ausmacht.

11 Bei dieser Arbeit hat mir Dr. Frank Seeliger sehr geholfen. Ich sage ihm meinen herzlichen Dank.

Ich habe zwei Suchstrategien verwendet.

Zunächst habe ich »Burnout« unter »*anywhere*« gesucht – dies schließt ein: Burnout kommt im Titel einer Arbeit vor, im Abstract, als inhaltlicher Deskriptor der Arbeit oder aber als Begriff in der zitierten wissenschaftlichen Literatur. Es hat sich aber sehr schnell folgendes ergeben:

- Arbeiten, bei denen Burnout nur in einer oder mehreren zitierten Referenzen vorkommt, sind kein Forschungsbeitrag zu Burnout im engeren Sinne, sie erwähnen Burnout bestenfalls am Rande, im Kontext der Interpretation oder Diskussion.
- Arbeiten, bei denen Burnout weder im Titel vorkommt noch von den Klassifikatoren der Datenbank als Deskriptor vergeben wurde, verwenden den Begriff in den allermeisten Fällen alltagssprachlich, es handelt sich nicht um Beiträge zur Burnout-Forschung im engeren wissenschaftlichen Sinne.

Diese beiden Aussagen habe ich im Detail anhand aller Arbeiten geklärt. Die folgende Übersicht dokumentiert das Ergebnis. Die Zahl unter »Gesamt« gibt das Gesamt der bei dieser Suchstrategie gefundenen Arbeiten wider.[12]

Übersicht 2.1: Burnout in der PsycINFO-Datenbank von 1998 bis August 2002 (»anywhere«)

Jahr	Gesamt	»Burnout« nur in den *references*	»Burnout« nur im Abstract
1998	178	25	55
1999	268	99	47
2000	343	163	35
2001	496	341	34
2002	211	122	6

12 Wobei alle diese und folgende Zahlen als Annäherung zu verstehen sind, da gelegentlich Fehlläufer vorkommen oder Arbeiten doppelt aufgeführt sind. Diese kleine Statistik geht nur bis August 2002, während die dem vorliegenden Buch zugrundegelegte Literatur das gesamte Jahr 2002 umfaßt.

Diese Zahlen vermitteln immerhin ein interessantes Phänomen, was den Burnout-Forschern (der engeren *scientific community*) immer auch ein gewisses Ärgernis ist: Burnout wird auch vielfältig alltagssprachlich verwendet (vgl. letzte Spalte), auch in wissenschaftlicher Forschung außerhalb von Burnout, und es wird sehr oft am Rande – und das heißt auch sehr oberflächlich – interpretativ aufgegriffen. Dies geschieht, prüft man die zitierten Arbeiten, meist »berufsgruppenspezifisch«, d. h. in Arbeiten zum Arbeitsstreß in einem bestimmten Berufsfeld.

Aufgrund dieser Prüfung habe ich die Suchstrategie eingegrenzt: und nur Burnout als *keyword* gesucht. Damit sind alle Arbeiten eines zu definierenden Zeitraumes erfaßt (wiederum wissenschaftliche Zeitschriften, Kapitel in Büchern, Fachbücher und Dissertationen), bei denen dieser Begriff im Titel vorkommt, im Abstract oder als einer der inhaltlichen Deskriptoren der Arbeit.

Nach dieser Suchstrategie ergeben sich folgende quantitative Ergebnisse für Burnout (erste Spalte):

Übersicht 2.2: Burnout-Forschung in den Datenbanken PsycINFO (»keyword«) und Medline (SilverPlatter) 1998 bis August 2002

	PsycINFO	Medline
1998	149	229
1999	171	301
2000	188	271
2001	168	197
2002	49	74

Diese kleine Statistik soll nur einen ersten annäherungsweisen quantitativen Eindruck vom Umfang der internationalen Burnout-Forschung geben. Sie ist ungeeignet, um sich ein genaueres Bild von diesem Forschungsbereich zu machen – das geht nur, wenn man wirklich in jede weit oder nah relevant erscheinende Arbeit tatsächlich hineinschaut. Denn:

Es gibt einige Arbeiten, die höchst relevant sind für die Burnout-Forschung, das Stichwort aber nicht verwenden – und (und diese Zahl ist unvergleichlich viel größer:) eine große Zahl von Arbeiten, welche

Burnout zwar im Titel und im Abstract und als Deskriptor haben – aber keinen nennenswerten Beitrag zur Burnout-Forschung darstellen, sondern zu jenem ermüdenden »Mehr vom Gleichen« gehören, welches diesen Forschungsbereich so deutlich auszeichnet.

4.2 Medline (SilverPlatter)

Medline (SilverPlatter) ist die zweite große Datenbank, die ich ausgewertet habe, um einen quantitativen Eindruck der Burnout-Forschung zu bekommen. Dieser Datenbank liegen ca. 3.900 wissenschaftliche Publikationen (wiederum Fachzeitschriften, Buchkapitel, Bücher, Dissertationen) zugrunde.

Bei dieser Datenbank kann man die Sprache der Veröffentlichung bei der Suchstrategie angeben. Ich habe vier Hauptsprachen eingegeben: Englisch, Französisch, Deutsch, Spanisch – womit mehr als 99 Prozent der Arbeiten in diesem Forschungsbereich erfaßt sind.

Unsere Suchstrategie basierte auf »*anywhere*« – was im Fall dieser Datenbank etwas anderes bedeutet als bei der PsycINFO-Datenbank: Burnout kommt im Titel, im Abstract oder bei den Deskriptoren bzw. Identifikatoren vor (das Ergebnis ist also mit der zweiten, obigen Suchstrategie in PsycINFO vergleichbar). Suchen nach einem Stichwort in den *references* einer Arbeit sind bei dieser Datenbank nicht möglich.

Das Ergebnis ist in der zweiten Spalte der Übersicht 2.2 eingetragen. Entsprechend der breiteren, vor allem die medizinischen Fächer einbeziehenden Datenbasis von Medline ergeben sich etwas größere Zahlen. Die Übersicht 2.2 zeigt, wieviele Arbeiten man pro Jahr zumindest sichten muß, um auf dem laufenden der Burnout-Forschung zu bleiben – wobei keinesfalls die Menge strapaziös ist, sondern im Fall der Burnout-Forschung deren eindrucksvolle Monotonie.[13]

13 Nach Medline erscheint es so, als ginge die Wachstumsrate nach 1999 etwas zurück, aber bei einer solchen Interpretation ist Vorsicht am Platz, weil man nicht weiß, ob sich ggf. auch die Auswahlkriterien der Medline-Klassifikatoren geändert haben.

Auch die Medline-Daten sind keinesfalls unbesehen zu verwenden. Um dies an den Daten 2002 (73 Arbeiten zu Burnout) kurz zu illustrieren:

Von den 73 Arbeiten ist eine ein Fehlläufer (handelt von Diabetes-Burnout), 2 Arbeiten sind doppelt vorhanden, 17 Arbeiten sind forschungsmäßig unerhebliche Beiträge, d. h. 1-2 oder höchstens 3 Seiten lange Editorials, bei 16 Arbeiten kommt Burnout nur als Identifikator vor (d. h. die Arbeit gehört nur im allerweitesten Sinne zum Themenfeld), bei 13 wird Burnout nur im umgangssprachlichen Sinn im Abstract verwendet.

Damit bleiben nur noch 21 relevante Arbeiten übrig. Bei genauerer Sichtung dieser Arbeiten sind 8 reine Prävalenz-Studien. Unter der Verwendung des MBI stellen sie in einer bestimmten Berufsgruppe (Studenten der Zahnmedizin, Radiologen usw.) fest, wieviele Personen im Untersuchungs-Sample welche Burnout-Werte haben.

Läßt man diese Arbeiten außer Acht – sie sind eher von berufsspezifischem Interesse, als daß sie einen Forschungsbeitrag lieferten – bleiben ganze 13 relevante Arbeiten von den 73 übrig. Von diesen 13 sind 8 ebenfalls mit der PsycINFO-Datenbank erfaßt. Die 5 NUR von Medline erfaßten Arbeiten sind in folgenden Zeitschriften erschienen:

- Gesundheitswesen
- Perceptual and Motor Skills
- Acta Psychiatrica Scandinavica, Supplement
- Journal of Nursing Scholarship
- Journal of Clinical Oncology,

wo man sicher nicht primär eine Burnout-Arbeit suchen würde, es sei denn von rein beschreibendem, berufsspezifischem Interesse.

Eine von diesen fünf nicht in PsycINFO erfaßten Arbeiten ist nun aber höchst relevant (MORITA, AKECHI, SUGAWARA et al. 2002) – so daß man nicht umhin kommt, auch Medline nach Burnout zu durchforsten, auch wenn die Auslese rein quantitativ gering ist.

Für den deutschsprachigen Raum habe ich noch die Datenbank Psyndex konsultiert, für welche deutsch- und englichsprachige Publikationen von Autoren aus deutschsprachigen Ländern aus ca. 540 Zeitschriften, Büchern, Berichten und Dissertationen ausgewertet werden. Im Januar 2003 habe ich ein Update der Burnout-Literatur bei DIMDI aus Medline, PsycINFO, PsyIndex und Medline Alert erstellen lassen, was unter Aussortierung aller Doubletten für den Zeitraum von zehn Wochen immerhin wiederum 131 überwiegend relevante Burnout-Arbeiten erbrachte.

5. ASPEKTE DER INSTITUTIONALISIERUNG

Unter wissenschaftssoziologischer Perspektive ist BURNOUT ein etablierter Forschungsbereich, aber kein formal institutionalisierter. Diese Unterscheidung ist natürlich eine Frage der wissenschaftssoziologischen Konvention. ETABLIERT bedeutet u.a.:

- Das Stichwort wird in allen Datenbanken geführt.
- Es kommt in relevanten Enzyklopädien, Wörterbüchern, Nachschlagewerken und Handbüchern vor.
- Es gibt eine identifizierbare *scientific community* (eine Anzahl von Forschern, die über viele Jahre hinweg zum Thema publizieren, immer wieder in Sammelbänden erscheinen, und von weniger bekannten und von neuen Autoren vielfach zitiert werden).
- In dieser *scientific community* gibt es einen relativ hohen Konsens in bezug auf die Definition und Abgrenzung des Gegenstandes sowie die bevorzugte Forschungsmethodologie.
- Es gibt eine beträchtliche Zahl von Dissertationen zum Thema.
- Es lassen sich eine Reihe relevanter Fachzeitschriften identifizieren, die immer wieder Arbeiten/Forschungsergebnisse zu Burnout publizieren, z. B.
  Psychology of Health and Medicine
  Anxiety, Stress and Coping
  Work and Stress
  European Journal of Work and Organizational Psychology
  International Journal of Human Ressource Management

Journal of Occupational Health Psychology

Stress and Health: Journal of the International Society for the Investigation of Stress

- Es werden in unregelmäßigen Abständen Fachkonferenzen zu Burnout abgehalten und Sonderhfte zum Thema in wissenschaftlichen Zeitschriften erstellt.

Alle diese Kriterien der Etabliertheit eines Forschungsbereichs treffen auf Burnout zu.

INSTITUTIONALISIERT ist die Burnout-Forschung jedoch nicht. Kriterien der Institutionalisierung sind u. a. eine oder mehrere der folgenden:

- Existenz einer internationalen wissenschaftlichen Fachgesellschaft
- eine Spezialzeitschrift für Burnout
- regelmäßige Konferenzen
- ein spezieller Universitätslehrstuhl zum Thema
- ein spezieller Studiengang.

Keines dieser Institutionalisierungskriterien ist im Falle der Burnout-Forschung gegeben.

Daß Burnout sich nicht im gleichen Maße institutionalisiert hat wie andere Belastungssyndrome – z. B. Chronic Fatigue Syndrome oder Posttraumatische Belastungsstörung – hat verschiedene, gute Gründe:

1. Burnout ist keine anerkannte, d. h. in den einschlägigen, offiziellen Handbüchern der Krankheitsdefinitionen DSM und ICD (vgl. unten, Kapitel 3, Abschnitt 3) vorkommendes Krankheitsbild. Es fehlt der legitime Krankheitsstatus.

2. Burnout ist ein sehr weitläufiger, vor allem auch alltagssprachlicher Begriff, auch das behindert die Institutionalisierung.

3. Burnout hat engen inhaltlichen Bezug zu einer Reihe anderer, schon längst institutionalisierter Forschungsbereiche, vor allem

   - die Streß- und Coping-Forschung (ZEIDNER & ENDLER 1996; BRYANT & HARVEY 2000; HILL RICE 2000; MATTHEWS 2000; SOMERFIELD &

McCrae 2000; Krohne 2001; Cooper, Dewe & O'Driscoll 2001; Siegrist 2001)

- die Organisations- und Arbeitspsychologie (vgl. Schaufeli & Buunk 1996; Burke & Richardsen 2001)[14]
- die Gesundheitspsychologie (Leiter & Maslach 1998, 2001; Klarreich 1998; Baum, Revenson & Singer 2001),

innerhalb derer Burnout nur einen Teilaspekt darstellt.

4. Burnout ist – neben allgemein wissenschaftlichem Interesse und allgemein praktischer Relevanz – immer auch berufsgruppen-spezifisch von Interesse. Oft erwachsen Forschungsbeiträgte zu Burnout aus dem jeweiligen Berufsfeld heraus und werden dann auch in den berufsspezifischen Zeitschriften veröffentlicht: Forschung über Krankenschwestern-Burnout in den Zeitschriften für Krankenpflege, Burnout bei Sportlern in Zeitschriften der Sportpsychologie, Burnout bei Priestern in pastoralpsychologischen und religionswissenschaftlichen Zeitschriften usw.

Ist es nun wichtig, ob ein Forschungsbereich institutionalisiert ist oder nicht? Institutionalisierung sichert einen regelmäßigen Wissenschaftskontakt (regelmäßige Tagungen), heftige Konkurrenz (um Platz in speziellen Fachzeitschriften, einen Sessel unter den mächtigen Referees der Fachzeitschriften, einen Posten in der Fachgesellschaft usw.) und – wegen der verschärften Konkurrenz – auch eine kritischere Selbst- und Fremdbewertung im institutionalisierten Fachbereich. Das alles trägt durchaus zur Qualität der Forschung bei.

Es ist zu vermuten, daß die Burnout-Forschung sich, wäre sie auf einigen der genannten Ebenen institutionalisiert, nicht mehr so viel Stillstand und Monotonie leisten könnte, wie sie es tut.

14 In ihrem Review-Artikel »Psychological burnout in organizations« im *Handbook of Organizational Behavior* (Golembiewski 2001, 2. Aufl.) haben Burke & Richardsen es sich jedoch etwas leicht gemacht; die Review ist einfach nicht auf dem Stand der Forschung. Nicht nur fehlt das Buch von Schaufeli & Enzmann (1998), was bis heute die beste Zusammenfassung der Burnout-Forschung ist, sondern auch Beiträge nach 1997. Unter knapp 200 Arbeiten ist überhaupt nur eine einzige von 1998 zitiert, jüngere Arbeiten fehlen ganz.

Natürlich birgt Institutionalisierung in einem kleineren Forschungsbereich auch Gefahren – die *scientific community* kann zur Sekte werden mit wohl funktionierenden *gate keeping*-Funktionen, welche unerwünschte Konkurrenten ausschließen. In der Burnout-Forschung dagegen kann jeder junge Forscher einsteigen, der einzusteigen gewillt ist. Das sieht man auch an den sehr zahlreichen Dissertationen zu Burnout – eine Zahl, die freilich auch durch die Verfügbarkeit eines leichten Meßinstrumentes (MBI) und durch die Einfachheit der Sample-Gewinnung (schließlich gibt es Tausende von Berufen) bedingt ist.

Um zu sehen, in welchem Maße die Verfügbarkeit eines – meist postalisch angewandten – Meßinstrumentes und die unerschöpfliche Verfügbarkeit von zu untersuchenden Berufsgruppen das Gesicht der Nachwuchsforschung (Dissertationen) im Burnout-Bereich prägt, habe ich einmal die in den Dissertation Abstracts International angeführten Dissertationen zu Burnout für die Jahre 2000 und 2001 ausgewertet (für 2002 waren bis August 2002 noch keine angegeben):

Übersicht 2.3: Dissertationen zu Burnout 2000 und 2001 (nach Dissertation Abstracts International)

Anzahl insgesamt lt. Dissertation Abstract: 71

Qualitative Studien: keine
Quantitativ. Meßinstrument nicht angegeben: 12
Quantitativ. Meßinstrument MBI: 54
Quantitativ. Andere Meßinstrumente: 1
Sonstige (qualitativ und quantitativ, keine Info etc.): 4

Das heißt: 76 Prozent der quantitativen Dissertationen – soweit sie ihr Meßinstrument im Abstract angeben – verwenden das MBI als Maß: unsäglich langweilig.

Eine Sichtung der Untersuchungsgruppen zeigt, daß kumulative Ergebnisse sich kaum ergeben können: Jeder sucht sich möglichst eine andere Gruppe. Da fällt es einem dann schon als höchst originell auf, wenn jemand endlich einmal auf den Gedanken kommt, Burnout im Club Meditérannée zu untersuchen (GREENBLATT 2001), was wenigstens ein angenehmes Untersuchungsfeld ist, wenn man – äußerst selten in der Burnout-Forschung! – neben dem quantitativen Ansatz auch einmal die ethnographische Methode der teilnehmenden Beobachtung anwendet.

Die Sichtung der untersuchten Korrelate ergibt, daß die Arbeiten entweder überhaupt keine Fragestellung haben (reine Prävalenzuntersuchungen sind) oder aber immer wieder andere und neue Korrelate auftun – die vom Gottesglauben (Religiosität) über Todesangst und Todeskompetenz (Umgang mit Sterben und Tod) bis zur Aerobic Praxis reichen. Mit anderen Worten: Nicht nur kann man offensichtlich unzählige Berufsgruppen untersuchen, sondern ganz gewiß auch unzählige Korrelate des derweil invariant bleibenden MBI-Burnout-Konzeptes.

Ein anderer Indikator der Monotonie der Burnout-Forschung sind die Beiträge aus anderen Ländern. Hier sieht das Mehrheitsmuster genauso aus wie bei den Dissertationen: Es wird immer wieder eine neue Gruppe untersucht mit immer wieder gleichem Meßinstrument, nach immer wieder gleichen oder auch anderen relativ willkürlichen, d. h. konzeptionell unbegründeten Korrelaten.

Das kann man machen in

Spanien (z. B. BUSTINZA ARRIORTUA, LOPEZ-HERCE CID, CARRILLO ALVAREZ et al. 2000; GARCÍA IZQIERDO, SÁEZ NAVARRO & LLOR ESTEBAN 2000; DURAN DURAN, EXTREMERA PACHECO & REY PENA 2001; OLMEDO MONTES, SANTED GERMÁN, JIMÉNEZ TORNERO & GÓMEZ CASTILLO 2001; PRIETO ALBINO, ROBLES AGÜERO, SALAZAR MARTÍNEZ & DANIEL VEGA 2002; PERA & SERRA-PRAT 2002; SOLANO RUIZ, HERNANDEZ VIDAL, VIZCAYA MORENO & REIG FERRER 2002),

der *Türkei* (z. B. KARLIDAG, UENAL & YOLOGLU 2000; CAM 2001; YAMAN & UNGAN 2001),

Slowenien (z. B. SLIVAR 2001),

Rußland (z. B. LOZINSKAIA 2002),

Hongkong (z. B. CHEUK & WONG 1998, YIU, AU & TANG 2001),

Australien (z. B. BARRETT & YATES 2002, BYRON & CURTIS 2002),

Taiwan (z. B. CHEN & MCMURRAY 2001),

Griechenland (z. B. BOZIKAS, KIOSEOGLOU, PALIALIA et al. 2000; KOUSTELIOS & KOUSTELIOS 2001),
England (z. B. BOGG, GIBBS & BUNDRED 2001),
Frankreich (z. B. KOLECK, BRUCHON-SCHWEITZER, THIEBAUT et al. 2000),
Slowakische Republik (z. B. DANIEL & SCHULLER 2000),
Israel (z. B. DEKEL & PELED 2000),
Nigeria (z. B. IDEMUDIA, JEGEDE, MADU & AROWOLO 2000),
Marokko (z. B. AGOUB, ELYAZAJI & BATTAS 2000),
Italien (z. B. ANGELINI, CASCIO & PAPA 2000; GRASSI & MAGNANI 2000; TORRE, ZEPPEGNO, IMPERATORI et al. 2000; GABASSI, CERVAI, ROZBOWSKY et al. 2002),
Chile (z. B. ARON & MILICIC 2000),
Neuseeland (z. B. WHITEHEAD, RYBA & O'DRISCOLL 2000; HALL 2001),
den *Vereinigten Arabischen Emiraten* (z. B. ABU HILAL & EL-EMADI 2000; YOUSEF 2002) oder
Trinidad, Tobago und St. Vincent (z. B. BABA, GALPERIN & LITUCHY 1999).

Man würde jedoch sowohl Nachwuchswissenschaftlern wie der internationalen Burnout-Forschung Unrecht tun – wollte man behaupten, die Monotonie der Burnout-Forschung sei im Wesentlichen auf diese beiden Bereiche beschränkt (Nachwuchsforschung und Forschung in USA-fernen Ländern). Auch in den USA, dem »Hauptland« der Burnout-Forschung, werden nach wie vor große Zahlen von in jeder Hinsicht langweiligen Burnout-Arbeiten veröffentlicht, welche die MBI gemessene Burnout-Prävalenz in dieser oder jener Gruppe angeben und ein paar Variablen dazunehmen, um sie durch möglichst raffinierte statistische Auswertungstechniken zu lebensfernen, kausalen Filigranmustern zusammenzufügen (vgl. unten).

Ich betone die Monotonie der Burnout-Forschung in provokanter Absicht. Mir erscheint, daß ihr Ausmaß und ihre Notwendigkeit einmal kritisch reflektiert werden muß. Auf der anderen Seite hat monotone Forschung nicht nur Nachteile. Wie auch Wilmar Schaufeli[15] betont, ermöglicht Wiederholungsforschung bzw. Forschung nach dem Muster von »mehr vom Gleichen« die Sicherung von Ergebnissen, die Replika-

15 In einem persönlichen Schreiben vom 31.12.2002.

tion von Resultaten und die Möglichkeit der Meta-Studie, der sekundären Auswertung einer Reihe von kontrollierten Untersuchungen vergleichbaren (hohen) Niveaus zum gleichen Thema. Dies sind zweifellos potentielle Vorzüge der »Monotonie«, insbesondere wenn diese Studien des »mehr vom Gleichen« tatsächlich geplant sind und an eben den relevanten Stellen ansetzen, an welchen wir gesicherte, mehrfach replizierte Ergebnisse tatsächlich brauchen.

6. AUSBLICK

Diese Anmerkungen zur »Geburt« des Burnout-Begriffs, zu seiner »öffentlichen« Karriere, seiner »klinischen« und empirischen Forschungsphase, zu dem rein quantitativen Stand der Forschung sowie zu dem Grad seiner Institutionalisierung sollen im folgenden durch die substantiellen und theoretischen Schwerpunkte der Burnout-Forschung ergänzt werden. Dabei werde ich mich überwiegend auf die jüngste Forschung beziehen und in jedem Bereich einige paradigmatische Ansätze vorstellen. Dies soll auch diejenigen Punkte identifizieren, an welchen ein transkultureller Vergleich von Belastungssyndromen (vgl. Vorwort) vielleicht ansetzen kann.

KAPITEL 3

Symptomatik, Definition und Messung

1. SYMPTOMATIK

FREUDENBERGER (1974) war, wie berichtet, einer der ersten, der die Symptomatik von Burnout zu umreißen versuchte. Viele andere Kliniker und Forscher nach ihm haben seiner Darstellung weitere Symptome hinzugefügt (für eine erste Review speziell der Burnout-Symptome vgl. KAHILL 1988).

BURISCH (1989/1994, 2. unveränderte Aufl.) hat sich die Mühe gemacht, aus der gesamten Burnout-Literatur alle erwähnten Symptome herauszuziehen. Unter Eliminierung von Synonymen kam er auf über 130, die er in Ober- und Unterkategorien ordnete (BURISCH 1989:12) (vgl. Übersicht 3.1), womit sich ein sehr differenziertes Gesamtbild ergibt.

Übersicht 3.1: Burnout Symptomatik nach BURISCH (1989:12)

1. Warnsymptome der Anfangsphase	
a) Vermehrtes Engagement für Ziele - Hyperaktivität - freiwillige unbezahlte Mehrarbeit - Gefühl der Unentbehrlichkeit - Gefühl, nie Zeit zu haben - Verleugnung eigener Bedürfnisse - Verdrängung von Mißerfolgen u. Enttäuschungen	- Beschränkung sozialer Kontakte auf Klienten **b) Erschöpfung** - Chronische Müdigkeit - Energiemangel - Unausgeschlafenheit - Erhöhte Unfallgefahr

2. Reduziertes Engagement	
a) Für Klienten, Patienten etc. - Desillusionierung - Verlust positiver Gefühle gegenüber Klienten - Größere Distanz zu Klienten - Meidung von Kontakt mit Klienten u/o Kollegen - Aufmerksamkeitsstörungen in der Interaktion mit Klienten - Verschiebung des Schwergewichts von Hilfe auf Beaufsichtigung - Schuldzuweisung für Probleme an Klienten - Höhere Akzeptanz von Kontrollmitteln wie Strafen oder Tranquilizern	**c) Für die Arbeit** - Desillusionierung - Negative Einstellung zur Arbeit - Widerwillen u. Überdruß - Widerstand, täglich zur Arbeit zu gehen - ständiges Auf-die-Uhr-Sehen - Fluchtphantasien - Tagträumen - Überziehen von Arbeitspausen - Vorverlegter Arbeitsschluß - Fehlzeiten - Verlagerung des Schwergewichts auf die Freizeit, Aufblühen am Wochenende

- Stereotypisierung von Klienten, Kunden, Schülern etc.- Betonung von Fachjargon - Dehumanisierung **b) Für andere allgemein** - Unfähigkeit zu geben - Kälte - Verlust der Empathie - Unfähigkeit zur Transposition - Verständnislosigkeit - Schwierigkeiten, anderen zuzuhören - Zynismus	- Höheres Gewicht materieller Bedingungen für die Arbeitszufriedenheit **d) Erhöhte Ansprüche** - Verlust von Idealismus - Konzentration auf die eigenen Ansprüche - Gefühl mangelnder Anerkennung - Gefühl, ausgebeutet zu werden - Eifersucht - Partnerprobleme - Konflikte mit den eigenen Kindern

3. Emotionale Reaktionen; Schuldzuweisung	
a) Depression - Schuldgefühle - Reduzierte Selbstachtung - Insuffizienzgefühle - Gedankenverlorenheit - Selbstmitleid - Humorlosigkeit - Unbestimmte Angst u. Nervosität - Abrupte Stimmungsschwankungen - Verringerte emotionale Belastbarkeit - Bitterkeit - Abstumpfung, Gefühl von Abgestorbensein und Leere - Schwächegefühl - Neigung zum Weinen - Ruhelosigkeit - Gefühl des Festgefahrenseins - Hilflosigkeits-, Ohnmachtsgefühle - Pessimismus/Fatalismus	- Apathie - Selbstmordgedanken **b) Aggression** - Schuldzuweisung an andere oder »das System« - Vorwürfe an andere - Verleugnung der Eigenbeteiligung - Ungeduld - Launenhaftigkeit - Intoleranz - Kompromißunfähigkeit - Nörgeleien - Negativismus - Reizbarkeit - Ärger und Ressentiments - Defensive/paranoide Einstellungen - Mißtrauen - Häufige Konflikte mit anderen

4. Abbau	
a) der kognitiven Leistungsfähigkeit - Konzentrations- und Gedächtnisschwäche - Unfähigkeit zu komplexen Aufgaben - Ungenauigkeit - Desorganisation - Entscheidungsunfähigkeit - Unfähigkeit zu klaren Anweisungen **b) der Motivation** - verringerte Initiative	- verringerte Produktivität - Dienst nach Vorschrift **c) der Kreativität** - verringerte Phantasie - verringere Flexibilität **d) Entdifferenzierung** - Rigides Schwarz-Weiß-Denken - Widerstand gegen Veränderung

5. Verflachung	
a) des emotionalen Lebens - Verflachung gefühlsmäßiger Reaktionen - Gleichgültigkeit **b) des sozialen Lebens** - Weniger persönliche Anteilnah me an anderen oder exzessive Bindung an Einzelne - Meidung informeller Kontakte	- Suche nach interessanteren Kontakten - Meidung von Gesprächen über die eigene Arbeit - Eigenbröteleien - Mit sich selbst beschäftigt sein - Einsamkeit **c) des geistigen Lebens** - Aufgaben von Hobbies - Desinteresse - Langeweile

6. Psychosomatische Reaktionen	
- Schwächung der Immunreaktion - Unfähigkeit zur Entspannung in der Freizeit - Schlafstörungen - Alpträume - Sexuelle Probleme - Gerötetes Gesicht - Herzklopfen - Engegefühl in der Brust - Atembeschwerden - Beschleunigter Puls - Erhöhter Blutdruck	- Muskelverspannungen - Rückenschmerzen - Kopfschmerzen - Nervöse Tics - Verdauungsstörungen - Übelkeit - Magen-Darm-Geschwüre - Gewichtsveränderungen - Veränderte Eßgewohnheiten - mehr Alkohol/Kaffee/Tabak/andere Drogen

7. Verzweiflung	
- Negative Einstellung zum Leben - Hoffnungslosigkeit - Gefühl der Sinnlosigkeit	- Selbstmordabsichten - Existentielle Verzweiflung

Das gleiche unternahmen dann nochmals SCHAUFELI & ENZMANN (1998:12-24; vgl. Übersicht 3.2) – auch sie kommen auf über 130 Symptome. Sie ordnen diese nach 3 Ebenen:

- Symptome auf der individuellen Ebene
- Symptome auf der interpersonellen Ebene und
- Symptome auf der institutionellen Ebene.

Für jede dieser drei Ebenen werden fünf Symptombereiche unterschieden:

- Affektive Symptome
- Kognitive Symptome
- Physische Symptome
- Verhaltenssymptome
- Motivationssymptome

Diese Übersicht und Gliederung gibt eine gute Orientierung über das, was unter Burnout bis dahin (1998) gehandelt wurde.

Übersicht 3.2: Mögliche Burnout-Symptome nach SCHAUFELI & ENZMANN (1998:21-24)

Symptome auf individueller Ebene	
(1) Affektive Symptome Niedergeschlagenheit Traurigkeit emotionale Erschöpfung Stimmungsschwankungen verminderte emotionale Kontrolle undefinierte Ängste erhöhte Spannungen Ängstlichkeit **(2) Kognitive Symptome** Hilflosigkeit Verlust von Sinn und Hoffnung Angst »verrückt zu werden« Gefühle von Machtlosigkeit und Unfähigkeit Gefühle von »in der Falle sitzen« Gefühl zu scheitern Gefühle von Unzulänglichkeit geringes Selbstwertgefühl konstante Beschäftigung mit sich selbst Schuld Selbstmordgedanken Unfähigkeit sich zu konzentrieren Vergeßlichkeit Schwierigkeiten mit komplexen Aufgaben Starrheit und schematisches Denken Schwierigkeiten, Entscheidungen zu treffen Tagträumen und Phantasieren Einsamkeit verminderte Frustrationstoleranz	**(3) physische Symptome** Kopfschmerzen Übelkeit Schwindel Ruhelosigkeit nervöse Tics Muskelschmerzen sexuelle Probleme Schlafstörungen (Schlaflosigkeit, Alpträume, exzessives Schlafbedürfnis) plötzliche Gewichtsabnahme oder -zunahme Appetitlosigkeit Kurzatmigkeit Zunahme prämenstrueller Spannungen Ausfall des Menstruations-Zyklus chronische Müdigkeit physische Erschöpftheit Hyperventilation körperliche Schwäche Geschwür Magen-Darm-Funktionsstörungen koronare Krankheiten häufige und anhaltende Erkältungen Aufflackern bereits vorhandener Funktionsstörungen (Asthma, Diabetes) Verletzungen aufgrund risikoreichen Verhaltens erhöhte Herzfrequenz hoher Blutdruck erhöhte elektrodermale Reaktion hoher Cholesterinspiegel

(4) Verhaltenssymptome	(5) Motivationssymptome
Hyperaktivität Impulsivität ständiges Aufschieben erhöhter Konsum von: Koffein, Tabak, Alkohol, Beruhigungsmitteln, illegalen Drogen zuviel oder zuwenig essen hohes Risikoverhalten (z. B. Fallschirmspringen...) Unfallzunahme Aufgabe von Freizeitaktivitäten zwanghaftes Jammern	Begeisterungsverlust Verlust des Idealismus Desillusionierung Resignation Enttäuschung Langeweile Demoralisation

Symptome auf interpersoneller Ebene	
(1) Affektive Symptome Reizbarkeit Überempfindlichkeit kühl und emotionslos Sein nachlassende emotionale Empathie mit Klienten zunehmende Wut **(2) Kognitive Symptome** zynische und dehumanisierte Wahrnehmung der Klienten Negativismus Klienten betreffend Pessimismus Klienten betreffend nachlassende kognitive Empathie Klienten betreffend Stereotypisierung von Klienten abfällige Etikettierung von Klienten »dem Opfer die Schuld geben« Nimbus von Großartigkeit Nimbus von Rechtschaffenheit »Märtyrertum« Feindseligkeit Argwohn Projektion Paranoia **(3) physische Symptome** keine	**(4) Verhaltenssymptome** gewaltsame Ausbrüche Neigung zu gewaltsamem und aggressivem Verhalten interpersonelle, Ehe- und Familienkonflikte soziale Isolation und Zurückgezogenheit Distanziertheit zu Klienten mechanische Reaktionen Klienten betreffend Isolation von oder übermäßige Bindung an Mitarbeiter kranker Humor Klienten betreffend Ausdruck von Hoffnungslosigkeit, Hilflosigkeit und Sinnlosigkeit Klienten gegenüber Gebrauch von Hilfsmitteln zur Distanzierung Eifersucht Abschottung **(5) Motivationssymptome** Interesse-Verlust Entmutigung Desinteresse Klienten betreffend Klienten dazu benutzen, persönliche und soziale Bedürfnisse zu stillen übermäßige Involviertheit

Symptome auf institutioneller Ebene	
(1) Affektive Symptome Arbeitsunzufriedenheit **(2) Kognitive Symptome** Zynismus, was die Arbeit betrifft Gefühle nicht anerkannt zu werden Mißtrauen dem Management, Gleichgestellten und Vorgesetzten gegenüber **(3) physische Symptome** keine **(4) Verhaltenssymptome** reduzierte Effektivität dürftige Arbeitsleistung abnehmende Produktivität	Unpünktlichkeit Umsatz zunehmende Krankmeldung beständige Abwesenheit Diebstahl Widerstand gegen Veränderung übermäßige Abhängigkeit von Vorgesetzten häufiges »Auf-die-Uhr-sehen« sich nur nach Vorgaben richten häufige Unfälle Organisationsunfähigkeit armseliges Zeitmanagement **(5) Motivationssymptome** Verlust der Abeitsmotivation Widerstand zur Arbeit zu gehen Dämpfung der Arbeitsinitiative niedrige Moral

Was tun mit einem solchen immensen Spektrum an Symptomen, Problemen, Störungen und Unbehaglichkeiten? Mit Recht verweist BURISCH (1993) darauf, daß keines dieser Symptome Burnout-spezifisch ist, die meisten kommen vor allem auch bei Depression vor. Etwas resigniert meint er:

> *Burnout has a certain gestalt quality, including configurations of symptoms, lifestyles, modes of thinking, job situations, and so on.* (BURISCH 1993:77)
>
> ÜBERSETZUNG
>
> Burnout hat eine gewisse Gestalt-Qualität, was Symptommuster, Lebensstile, Denkweisen, Arbeitssituationen usw. einschließt.

Worte wie »Lebensstile«, »Denkweisen« und das vielsagende »und so weiter« belegen, daß es sich um ein *fuzzy set* handelt, eine *undefined entity*, wie er betont.

Auch SCHAUFELI & ENZMANN (1998:30) beklagen an der Liste, daß es eigentlich kaum noch ein Symptom gebe, das nicht aufgeführt sei, und daß ein so weites Konzept, welches praktisch alles einschließt, jegliche

Bedeutung verliere. Speziell kritisieren sie an dieser Symptomsammlung,

- daß diese Merkmale alle ziemlich vage sind,
- daß keines Burnout-spezifisch ist,
- daß Symptome, welche auf verschiedenen Stufen oder in verschiedenen Phasen oder bei verschiedenen Schweregraden von Burnout auftreten können, nicht unterschieden werden,
- daß mit dieser Additivität keine Typen, Klassen oder Untergruppen von Burnout unterscheidbar sind,[1]
- und schließlich, daß die Liste ein buntes Durcheinander von Symptomen, möglichen Ursachen und möglichen Folgeerscheinungen darstellen.[2]

Mögen diese Symptomlisten ihren Anmutungscharakter haben und somit vermitteln, was mit Burnout gemeint ist, und mögen sie auch dienlich sein, um Burnout mit vielleicht ebenso vagen und umfassenden fremdkulturellen Belastungsstörungen – z. B. »Seelenverlust« – zu vergleichen, so sind sie doch keine Basis für die Forschung.

1 GILLESPIE (1981) unterscheidet eine aktive und eine passive Form von Burnout, vgl. dazu auch GOLEMBIEWSKI & MUNZENRIDER (1984); GOLEMBIEWSKI, HILLES & DALY (1987); vgl. auch FARBER (2000b), der drei Typen von Burnout unterscheidet: den »*wearout type*«, das »klassische Burnout« und den »*underchallenged type*«. Bei der Untersuchung der Abgrenzung von Burnout und Depression kommen auch IACOVIDES, FOUNTOULAKIS, MOYSIDOU & IERODIAKONOU (1999) zu dem Schluß, daß es verschiedene Formen des Burnout geben könne.
Relevant ist hier auch eine Differenzierung, die in dem Bereich der Forschung zu *workaholism* unternommen wird, wo z. B. BONEBRIGHT, CLAY & ANKENMANN (2000) zwei Typen von *workaholics (enthusiastic* und *nonenthusiastic workaholics)* von vier Typen *non-workaholic workers* unterscheiden (*enthusiasts, relaxed workers, unengaged workers and disenchanted workers)* (vgl. auch BONEBRIGHT 2001).

2 Diese Kritik zeigt allerdings, daß SCHAUFELI & ENZMANN (1998) wohl nicht mit der Liste von BURISCH (1989) vertraut sind (Übersicht 3.1), auf welche ja mehrere dieser Kritikpunkte nicht zutreffen.

2. KERNELEMENTE UND ARBEITSDEFINITION

BURISCH (1993) präzisiert die Umschreibung und setzt dieser *undefined entity* eine Reihe von Merkmalen entgegen, die er als zentral ansieht. Burnout, so seine Bestimmung, umfasse einer oder mehrere, typischerweise jedoch alle der folgenden Merkmale (S. 78):

- Über- oder Unteraktivität;
- Gefühle von Hilflosigkeit, Depression und Erschöpfung;
- innere Unruhe;
- reduziertes Selbstwertgefühl und Demoralisierung;
- sich verschlechternde oder bereits verschlechterte soziale Beziehungen;
- aktives Bemühen, eine Änderung dieses Zustandes herbeizuführen.

Auch SCHAUFELI & ENZMANN (1998) versuchen, diese allzu lange »Einkaufsliste« an Symptomen von Burnout durch eine präzisere Definition zu überwinden und stellen folgende »Arbeitsdefinition« von Burnout vor:

> *Burnout is a persistent, negative, work-related state of mind in »normal« individuals that is primarily characterised by exhaustion, which is accompanied by distress, a sense of reduced effectiveness, decreased motivation, and the development of dysfunctional attitudes and behaviours at work. This psychological condition develops gradually but may remain unnoticed for a long time by the individual involved. It results from a misfit between intentions and reality in the job. Often burnout is self-perpetuating because of inadequate coping strategies that are associated with the syndrome.* (SCHAUFELI & ENZMANN 1998: 36)
>
> ÜBERSETZUNG
>
> Burnout ist eine anhaltend negative auf Arbeit bezogene, mentale Verfassung »gesunder« (»normaler«) Menschen, die primär durch Erschöpfung gekennzeichnet ist und begleitet wird von erheblichen Leiden, einem Gefühl reduzierter Effektivität, nachlassender Motivation und der Entwicklung dysfunktionaler Einstellungen und Verhaltensweisen bei der Arbeit. Diese psychologische Verfassung entwickelt sich langsam,

kann aber von dem betroffenen Menschen lange unbemerkt bleiben. Sie ergibt sich aus der Nichtübereinstimmung von Intentionen und der Realität des Jobs. Burnout ist oft selbst-perpetuierend, weil das Syndrom mit unangemessenen Bewältigungsstrategien einhergeht.

Mit dieser Arbeitsdefinition, so betonen die Autoren, wird die allgemeine Symptomatik benannt und es werden auch die Voraussetzungen für die Entwicklung von Burnout präzisiert sowie der Bereich, auf den der Begriff sich beziehen soll (Arbeit, »normale« Menschen). Die über 130 Einzelsymptome könne man auf diese Weise auf ein Kern-Symptom (Erschöpfung) und vier begleitende allgemeinere Symptome reduzieren:

- affektives, kognitives, physisches und verhaltensbezogenes Leiden (*distress*)
- ein Gefühl reduzierter Effektivität
- Abbau von Motivation
- unangemessene Einstellungen und Verhaltensweisen am Arbeitsplatz.

An ihrer Definition heben sie als besonders wichtig die Rolle unangemessener Bewältigungsstrategien hervor, den prozessualen Charakter von Burnout und die hohe Gefahr einer Teufelskreis-artigen Chronizität.

ROOK (1998) hat eine Sammlung von Burnout-Definitionen zusammengestellt, sie erweitert die zitierten Definitionen, nennt aber auch immer wieder die gleichen Kernelemente:

Übersicht 3.3: Verschiedene Definitionen von Burnout nach ROOK (1998:109-110)

Burnout ist versagen, abgenützt oder erschöpft werden durch außerordentliche Verausgabung an Energie, Kraft oder Ressourcen.
Ausbrennen bedeutet: leer werden. Die eigenen körperlichen und seelischen Reserven erschöpfen. Sich selbst bei dem Versuch zerstören, unter Aufbietung aller Kräfte unrealistische Erwartungen zu verwirklichen, die selbstgesetzt oder im Wertesystem der Gesellschaft aufgezwungen sind.

Burnout ist das Ausmaß, in dem ein Arbeitnehmer sich getrennt oder entfremdet hat von der ursprünglichen Bedeutung und dem ursprünglichen Ziel seiner Arbeit, d. h. das Ausmaß, in dem Arbeitnehmer Haltungen der Entfremdung gegenüber ihren Klienten, Arbeitsstellen, Kollegen oder Projekten ausdrücken.
Burnout ist das Resultat eines transaktionalen Prozesses, der sich aus Arbeitsbelastungen, Streß und psychologischer Anpassung zusammensetzt, in welchem ein ursprünglich engagierter Professioneller sich als Reaktion auf die in der Arbeit erfahrenen Stressoren und den erlebten Streß von seiner oder ihrer Arbeit zurückzieht.
Burnout ist kein Problem individueller Bewältigung oder Anpassung. Es ist ein kulturelles und historisches Phänomen. Burnout resultiert aus einem Verlust von geistigen Vorsätzen (*moral purpose*) und Engagement (*commitment*) in der Arbeit.
Burnout ist der Verlust an Motivation und Erwartung, ein guter Helfer zu sein. Burnout entsteht aus den ineffektiven Versuchen zu helfen.
Burnout ist die Anspannung und Erschöpfung durch Versuche, bedrohliche Größenwahnphantasien aufrechtzuerhalten.
Burnout ist ein Syndrom, zusammengesetzt aus emotionaler Erschöpfung, Depersonalisierung und dem Gefühl reduzierter Leistungsfähigkeit, das insbesondere bei Personen auftreten kann, die mit Menschen arbeiten.
Burnout ist ein forschreitender Verlust von Idealismus, Energie und Betroffenheit durch fortschreitende Desillusionierung – ein Verlust, den die in den helfenden Berufen Beschäftigten als Folge der Arbeitsbedingungen erfahren.
Burnout kann als letzte Stufe in einer ganzen Kette von erfolglosen Versuchen zur Bewältigung negativer Streßbedingungen angesehen werden.
Burnout ist ein arbeitsbezogenes Syndrom, welches aus der Wahrnehmung eines Individuums herrührt, daß eine signifikante Diskrepanz zwischen Einsatz (*input*) und »Belohnung« (*output*) besteht, diese Wahrnehmung wird beeinflußt durch individuelle, organisationsbezogene und soziale Faktoren. Es erscheint am häufigsten bei denen, die von Angesicht zu Angesicht arbeiten mit Sorgen/Schwierigkeiten-machenden oder bedürftigen Klienten und ist typischerweise gekennzeichnet durch Rückzug von und Zynismus gegenüber den Klienten, emotionaler und physischer Erschöpfung, und verschiedenen psychischen Symptomen wie Reizbarkeit, Angst, Traurigkeit und niedriger Selbstachtung.

Burnout ist ein Zustand von körperlicher, einstellungsmäßiger und emotionaler Erschöpfung durch emotionalen Streß.
Burnout ist ein negativer Zustand körperlicher, emotionaler und geistiger Erschöpfung, es ist das Endresultat eines graduellen Prozesses der Desillusionierung in dem Streben, aus der Arbeit einen Sinn von existentieller Bedeutsamkeit herzuleiten. Typischerweise wird es bei hoch motivierten Personen festgestellt, die über längere Zeitperioden hinweg in emotional beanspruchenden Situationen arbeiten.
Burnout ist ein arbeitsspezifisches Antwortmuster auf Fehlanforderungen vor allem Streßzustände – unter der Voraussetzung, daß emotional (über)-beanspruchende Arbeit mit Menschen in helfenden Berufen in besonderem Maße gegeben ist.
Burnout ist eine innere Erschöpfung, die in jedem Beruf auftreten kann. In Gang gesetzt wird der Burnout-Prozeß durch Autonomieeinbußen, die Ergebnisse gestörter Handlungsepisoden sind.
Burnout ist ein Syndrom welches aus der individuellen Wahrnehmung unerfüllter Bedürfnisse und nicht erfüllter Erwartungen hervorgeht. Es ist gekennzeichnet durch fortschreitende Desillusionierung, in Verbindung mit psychologischen und physischen Symptomen welche die individuelle Selbsteinschätzung (*self-esteem*) vermindern. Es entwickelt sich graduell über die Zeit hinweg.

Wie man an dieser Definitions-Sammlung erkennen kann, stehen immer wieder die innere Erschöpfung, die Desillusionierung, die Negativierung der Arbeitseinstellung und der Verlust an Selbstvertrauen, an Mut, an Hoffnung im Mittelpunkt. Eine recht interessante Bündelung der Burnout-Symptomatik hat auch McKinney-Dhalenne (2000) mit ihrem Begriff der *boundary maintenance* versucht. Für sie ist Burnout ein Mißlingen von Grenzziehung auf individueller Ebene.

Nun erhebt aber keiner der zitierten Autoren den Anspruch, daß diese Definitionen die Basis einer Burnout-Diagnostik sein könnten oder die Basis für quantitative empirische Forschung. Eine solche Basis ist nur gegeben mit einer operationalen Definition.[3]

3 Wenn ich Operation X durchführe, z. B. ein bestimmtes Meßinstrument für Burnout anwende, und Ergebnis Y erhalte, dann liegt Z vor, sofern Y mit anderen Messungen von Z übereinstimmt – das ist eine operationale Definition.

3. OPERATIONALE DEFINITION UND MESSUNG

Angesichts der Tatsache, daß bei weitem die Mehrheit empirischer quantitativer Burnout-Forschung heute als Meßinstrument das Maslach Burnout Inventory (MBI) verwendet (geschätzt werden 90%, vgl. oben), kann nur dieses uns zunächst als operationale Definition dienen. Dabei können wir weitgehend auf die Publikationen der »Erfinderin« des MBI zurückgreifen (vgl. vor allem MASLACH 1993, 1998, 2001b und MASLACH, SCHAUFELI & LEITER 2001), um uns dann, unter Vernachlässigung aller Operationalität, schließlich einer »Seelenverlust«-Definition von Burnout anzunähern, welche zu unserer größten Überraschung auch von Christina Maslach stammt (MASLACH & LEITER 1997/2001).

Um einen ersten Eindruck der »operationalen« Definition von Burnout zu geben, seien hier die Fragen der gegenüber der amerikanischen leicht erweiterten deutschen Fassung des MBI vorgestellt (vgl. BÜSSING & PERRAR 1992). Die Aufgabe des Befragten besteht darin, jede Frage mit einem Kreuzchen auf einer Fünf-Punkte-Skala zwischen »sehr stark/sehr oft« auf der einen und »sehr schwach/sehr selten« auf der anderen Seite zu beantworten (vgl. Übersicht 3.4).

Übersicht 3.4: Maslach Burnout Inventar – Deutsche Fassung (MBI-D) nach BÜSSING & PERRAR (1992:336-337)

	Wortlaute
1)	Ich fühle mich durch meine Arbeit ausgebrannt
2)	Der direkte Kontakt mit Menschen bei meiner Arbeit belastet mich zu stark
3)	Den ganzen Tag mit Menschen zu arbeiten, ist für mich wirklich anstrengend
4)	Ich fühle mich von den Problemen meiner Patienten persönlich betroffen
5)	Ich glaube, daß ich manche Patienten so behandle, als wären sie unpersönliche "Objekte"
6)	Ich fühle mich durch meine Arbeit emotional erschöpft
7)	Ich habe das Gefühl, daß ich durch meine Arbeit das Leben anderer Menschen positiv beeinflusse

8) Ich bin in guter Stimmung, wenn ich intensiv mit meinen Patienten gearbeitet habe
9) Ich glaube, daß ich nicht mehr weiter weiß
10) Bei der Arbeit gehe ich mit emotionalen Problemen ziemlich gelassen um
11) Ich habe ein unbehagliches Gefühl wegen der Art und Weise, wie ich manche Patienten behandelt habe
12) Am Ende eines Arbeitstages fühle ich mich verbraucht
13) Es ist leicht für mich, eine entspannte Atmosphäre mit meinen Patienten herzustellen
14) Ich fühle mich wieder müde, wenn ich morgens aufstehe und den nächsten Arbeitstag vor mir habe
15) In vieler Hinsicht fühle ich mich ähnlich wie meine Patienten
16) Ich fühle mich sehr tatkräftig
17) Ich gehe ziemlich erfolgreich mit den Problemen meiner Patienten um
18) Ich habe das Gefühl, daß ich an meinem Arbeitsplatz zu hart arbeite
19) Ich fühle mich durch meine Arbeit frustriert
20) Ich habe das Gefühl, daß Patienten mir die Schuld für einige ihrer Probleme geben
21) Ich habe in meiner Arbeit viele lohnenswerte Dinge erreicht
22) Ich befürchte, daß diese Arbeit mich emotional verhärtet
23) Es fällt mir leicht, mich in meine Patienten hineinzuversetzen
24) Es macht mir nicht wirklich viel aus, was mit manchen Patienten passiert
25) Seitdem ich diese Arbeit ausübe, bin ich gefühlloser im Umgang mit anderen Menschen geworden

Eine an externen Kriterien validierte Norm, ab welchem Score ein Mensch »Burnout« haben soll, gibt es bisher für keine vorliegende englische, deutsche oder anderssprachige MBI-Fassung. Das MBI ist also kein individuelles Diagnoseinstrument, sondern ein Instrument der Forschung. Eine bemerkenswerte Ausnahme bildet die Untersuchung von SCHAUFELI, BAKKER, HOOGDUIN et al. (2001) über die vergleichende klinische Validität von MBI und eines anderen Burnout-Meßinstrumentes, des Burnout Measure BM. Während alle andere Burnout-Forschung an »Gesunden« durchgeführt wurde, wurden hier Menschen untersucht, die bereits psychologische Hilfe in einer Klinik gesucht hatten (vgl. unten).

Ich möchte hier nicht auf technische Details des MBI wie Mittelwerte, Standardabweichungen, Trennschärfe, Faktorenstruktur usw. eingehen – sondern mehr auf die substantiellen Konzepte, welche aus der MBI-Forschung erwuchsen.

Burnout wird einheitlich als ein multidimensionales Konzept gesehen. Burnout als ein Dreikomponentenmodell – ganz im Sinne der ersten Forschung von Christina Maslach – mit den Bereichen

- *emotional exhaustion* (emotionale Erschöpfung)
- *depersonalization* (negative unpersönliche Einstellung gegenüber Patienten/Klienten)
- *reduced personal accomplishment* (Gefühl reduzierter Leistungsfähigkeit)

wurde von ihr und Susan Jackson entwickelt (MASLACH & JACKSON 1981a, 1981b, 1984, 1986) und durchlief mehrere Stadien, die letzte Fassung ist von 1996 (MASLACH, JACKSON & LEITER 1996).

Drei Varianten sind inzwischen entwickelt. Die erste war – wie die Forschung auch – ganz auf den *human service*-Bereich ausgerichtet, auf Berufe, die mit Patienten oder Klienten zu tun haben: das MBI-HSS (MBI-Human Services Survey). Die Fragen nach Patienten (vgl. oben die deutsche Fassung) paßt nun aber nicht auf Lehrer. Es wurde ein MBI-ES entwickelt – der Educators Survey. Für Berufe, die nicht so sehr auf Menschen orientiert sind (z. B. in der Computerindustrie), wurde schließlich noch eine GS-Fassung entwickelt – der General Survey. Für diese letztgenannten Berufe paßt die Komponente »*depersonalization*« nicht mehr. In diesem allgemeinen GS-Instrument werden die Einstellungen gegenüber der ARBEIT gemessen (nicht gegenüber den Menschen, welche »Empfänger« der Arbeit sind). Die entsprechende Komponente heißt Zynismus (statt *depersonalization*), was eine negative und distante Einstellung zur Arbeit bezeichnet.

Um Burnout zu verstehen, wie es die Forschung mehrheitlich definiert hat, muß man sich genauer die drei Komponenten von Burnout ansehen. (Eine sehr eingehende kritische Analyse der drei Komponenten hat ROOK 1998 unternommen).

Die mit Abstand wichtigste Komponente (mit der höchsten diskriminativen Validität und der höchsten Stabilität) ist die EMOTIONALE ERSCHÖPFUNG. Sie wird als notwendiges, wenn auch nicht ausreichendes Moment von Burnout angesehen. Emotionale Erschöpfung meint ein Gefühl der emotionalen Überforderung und des Ausgelaugtseins in bezug auf alle Ressourcen. Man fühlt sich kaputt und leer und hat keine Lust, sich dem nächsten Arbeitstag oder dem nächsten Patienten zu stellen: »Der Ofen ist aus«.

Bei den HSS- und ES-Varianten des MBI ist Depersonalisation die zweite Komponente – sie bezieht sich auf den interpersonellen Bereich. DEPERSONALISATION meint eine distante, kalte bis zynische Einstellung den Patienten oder Klienten gegenüber – sie werden entpersönlicht, sie werden zum Objekt. In Berufen, in denen es nicht primär um Menschen, sondern um Dinge geht, kann sich auch eine entsprechende negative Einstellung herausbilden – eine verächtliche, zynische, negative Einstellung gegenüber dem Bereich, in dem man arbeitet oder den Objekten, die man zu bearbeiten hat. Nach Maslachs Meinung ist dies eine Schutzreaktion in Folge von zu hoher emotionaler Belastung (mit vielen Patienten/vielen Aufgaben, schwierigen Patienten/schwierigen Aufgaben usw.) – also eine Folge der ersten Komponente (MASLACH 1998:69).

Neben der emotionalen und interpersonellen Komponente ist die dritte die der (negativen) Selbstbewertung – ein GEFÜHL VON PERSÖNLICHER LEISTUNGSREDUKTION – man beginnt, sich inkompetent, unzureichend, unproduktiv, verzettelt zu fühlen – immer unfähiger, die Anforderungen der Arbeit zu erfüllen, immer unfähiger, warm und zugewandt mit Patienten umzugehen (was die meisten zumindest am Anfang des Berufes von sich verlangen), immer unfähiger, den Gegenstand der Arbeit zu achten.

Burnout mit diesen drei Komponenten wird nicht als »Zustand« verstanden, sondern als ein CHRONISCHER PROZESS der physischen, emotionalen und mentalen Erosion. Er schleicht sich ein – zunächst unbemerkt – und entwickelt sich zu einer Spirale nach unten: Mehr Erschöpfung führt zu mehr und mehr negativen Einstellungen Patienten und

Arbeit gegenüber, und da man mit Erschöpfung und negativer Einstellung nicht besser arbeitet, wird die Arbeit schlechter, sackt das berufsbezogene Selbstvertrauen ab, erhöht sich die emotionale Erschöpfung – und so geht der Kreislauf weiter.

Um diesen dann schließlich doch die ganze Existenz des Menschen umfassenden Prozeß zu charakterisieren, greifen MASLACH & LEITER (1997) zu Worten, welche nach »Seelenverlust« klingen:

> *(Burnout) ... represents an erosion in values, dignity, spirit, and will – an erosion of the human soul. It is a malady that spreads gradually and continuously over time, putting people into a downward spiral from which it's hard to recover.* (MASLACH & LEITER 1997:17)
>
> ÜBERSETZUNG
>
> (Burnout) ... stellt einen Verschleiß von Werten, Würde, Geist und Willen dar – einen Verschleiß der menschlichen Seele. Es ist eine Krankheit, die sich schrittweise und gleichmäßig über einen längeren Zeitraum hin ausbreitet und die Menschen in einen Teufelskreis bringt, aus dem es nur schwer ein Entrinnen gibt.

Unzählige Beiträge im Bereich der Burnout-Forschung befassen sich mit der weiteren Verfeinerung, der erweiterten Anwendung, der diskriminativen Validität, der transnationalen Validität, den korrigierten, ergänzten oder umgestellten Faktorenstrukturen usw. usf. dieses Meßinstruments.

Die neuere Forschung (1998 bis Januar 2003) zur Burnout-Messung läßt sich in sieben Themen gruppieren:

1. *Zur Konstrukt- und Konvergentenvalidität* des MBI vgl. z. B.: TARIS, SCHREURS & SCHAUFELI (1999), REIME & STEINER (2001), AKHTAR & LEE (2002), BAKKER, DEMEROUTI & SCHAUFELI (2002), DEMEROUTI, BAKKER, VARDAKOU & KANTAS (2003);
2. *zur Faktorenvalidität* des MBI vgl. z. B. BARNETT, BRENNAN & GAREIS (1999); GORTER, ALBRECHT, HOOGSTRATEN & EIJKMAN (1999); BOLES, DEAN, RICKS et al. (2000); KALLIATH, O'DRISCOLL, GILLESPIE & BLUEDORN (2000); SCHUTTE, TOPPINEN, KALIMO & SCHAUFELI (2000);

BAKKER, DEMEROUTI & SCHAUFELI (2002); GIL-MONTE (2002); BECKSTEAD (2002);

3. *zur trans-nationalen Gültigkeit der Faktorenstruktur* des MBI vgl. z.B. SCHWARZER, SCHMITZ & TANG (2000);

4. *zur Adaptation* des MBI in anderen Ländern vgl. z. B.:

   Spanien: GIL-MONTE & PEIRO (2000); MORENO JIMÉNEZ, GARROSA HERNÁNDEZ & GONZÁLEZ GUTIÉRREZ (2000); MORENO JIMÉNEZ, RODRÍGUEZ CARVAJAL & ESCOBAR REDONDA (2001);
   Deutschland: NEUBACH & SCHMIDT (2000);
   Australien: DENSTEN (2001);
   Arabische Länder: AL-FARAH (2001)
   China (Hongkong): TANG (1998);

5. *zur Adaptation an andere Berufsgruppen* z. B. Sportler, vgl. z. B. RAEDEKE & SMITH (2001);

6. *alternative Meßinstrumente* werden kaum entwickelt und wenn dann bleibt ihre Anwendung örtlich begrenzt. Vgl. z. B. das OLBI = Oldenburg Burnout Inventory von EBBINGHAUS (1986), angewandt in DEMEROUTI (1999) und DEMEROUTI, BAKKER, NACHREINER & SCHAUFELI (2000). In DEMEROUTI, BAKKER, VARDAKOU & KANTAS (2003) wird das OLBI mit dem MBI verglichen. Ein weiteres Beispiel ist der »Test Beruflicher Desillusionierung« (TBD) von PFENNIGHAUS (2000). Dagegen ist – im Unterschied zu OLBI oder TBD – das niederländische Burnout Meßinstrument – die Utrecht Burnout Scale (SCHAUFELI & VAN DIERENDONK 2000) (vgl. auch BRENNINKMEYER & VAN YPEREN 1999, TARIS, STOFFELSEN, BAKKER et al. 2002) kein neues Meßinstrument, sondern die niederländische Adaption des MBI. Im deutschsprachigen Raum haben HACKER & REINHOLD 1998 ein Meßinstrument zum Beanspruchungsscreening bei Humandienstleistungen vorgelegt, das – neben anderen – auch eine Reihe von Items aus dem MBI übernimmt.

Gelegentlich werden auch ältere Meßinstrumente einmal aufgegriffen und neu untersucht, so das Burnout Measure von Pines (PINES, ARONSON & KAFRY 1981), in der Arbeit von ENZMANN, SCHAUFELI, JANSSEN & ROZEMAN (1998), womit das BM dann allerdings auch erledigt war, weil es deutlich schlechter abschnitt als das MBI (es wurde jedoch von BURISCH 2002 nochmals aufgegriffen).

7. *Zur klinischen Validität* der Burnout-Messung. Hier gibt es meines Wissens bisher nur die eine Arbeit von SCHAUFELI, BAKKER, HOOGDUIN et al. (2001).

Doch müssen uns diese Arbeiten im Zusammenhang der hier vorliegenden Fragestellung nicht im Detail interessieren. Festzuhalten bleibt, daß die Forschung im Bereich der Burnout-Messung immer kleinkörniger, immer filigraner, immer komplizierter (statistisch auch immer raffinierter) und damit immer anonymer wird – konkrete Menschen, leidende Subjekte entgleiten dem Blick, Burnout wird zum Objekt, in der Burnout-Forschung wendet sich die zweite Komponente dieses Drei-Komponenten-Konzeptes gegen sie selbst: Die Burnout-Forschung ist gekennzeichnet von einer Grundhaltung der Depersonalisation.[4] Ich werde noch ausführlicher darauf eingehen.

4 Auf diesem Hintergrund sind Untersuchungen über die im höchsten Maße subjektiven Leidenskonzepte, welche Menschen haben können, außerordentlich irritierend für die Burnout-Forschung. Als Beispiel seien KIRKCALDY, ATHANASOU & TRIMPOP (2000) genannt, die in ihrem ideographischen Ansatz mit Hilfe des Repertory Grid von KELLY (1955) die subjektiven Begriffsmelder und ideosynkratischen Assoziationen zu der Bedeutung von Streß bei fünf Meschen untersuchen, mit dem methodischen Haken allerdings, daß diese alle verschiedene Berufe haben, also möglicherweise wirklich von einer anderen Sorte Streß sprechen. Die Fragestellung aber – die Frage nach der subjektiven Bedeutung bestimmter Leidkonzepte – wird damit nicht aufgehoben und stünde der Burnout-Forschung gut an. Es wundert nicht, daß diese Arbeit von keinem Burnout-Forscher aufgegriffen wird.

KAPITEL 4

Differentialdiagnose und Krankheitsstatus von Burnout

1. DIFFERENTIALDIAGNOSE

Brauchen wir den Begriff Burnout? Ist Burnout nicht nur Arbeitsstreß? Ist Burnout etwas anderes als eine besonders zähe Arbeitsunzufriedenheit – und sind wir nicht alle mit der Arbeit einmal unzufrieden? Ist Burnout nicht bloß eine Variante von Depression? Ist es nicht schlicht Hypochondrie? Ist Burnout irgendetwas anderes als das Müdigkeitssyndrom, das Chronic Fatigue Syndrome? Oder ist Burnout vielleicht nur ein giftiges Etikett, nur eine der vielen Varianten von Mobbing im Job?

Bei der Antwort auf diese Fragen muß man ausgehen von dem derzeitigen wissenschaftlichen Begriff von Burnout – und das ist der MBI-Burnout-Begriff mit seinen drei Komponenten

- emotionale Erschöpfung,
- entfremdete Beziehung zu Klienten oder sonstige negative, distante oder zynische Einstellungen zum Beruf,
- eine negative Selbstbewertung in bezug auf die berufliche Leistung.

Zu dieser Dreidimensionalität des wissenschaftlichen Burnout-Begriffs muß man auch noch einen weiteren Punkt des Forschungskonsens hinzunehmen: den lagsamen Prozeß der Chronifizierung, den »Teufelskreischarakter« von Burnout.

So betrachtet ist zunächst eine Grenzziehung zur Arbeitsunzufriedenheit nicht schwer. Zentrales Merkmal von Burnout ist die emotionale Ausgelaugtheit. Bei Arbeitsunzufriedenheit muß aber keinesfalls Erschöpfung entstehen; im Gegenteil, sie kann einhergehen mit Aktivität und Wut.

Auch eine Unterscheidung zum Arbeitsstreß fällt nicht schwer. Arbeitsstreß wird als eher temporär angesehen, Arbeitsstreß kann bewältigt und überwunden werden. Natürlich stellt sich auch bei temporärem Streß eine emotionale Erschöpfung ein. Aber die dem Burnout-Begriff, so wie er heute definiert wird, eigenen negativen Einstellungsänderungen (eine spezifische Distanzierung vom Job und eine Negativierung der Einstellung zur eigenen Leistungsfähigkeit) sind keine allgemein unter Streß subsumierten Merkmale. Auch kann, wie viele Forscher vertreten, Burnout schließlich nur entstehen, wenn man einmal »gebrannt«

hat, d. h. wenn man engagiert war in seinem Beruf, hohe Erwartungen hatte, viel Idealismus (vgl. Kap. 2; FREUDENBERGER 1974), während Arbeitsstreß jeder erleben kann, ob engagiert oder nicht. SCHAUFELI & ENZMANN (1998) fassen all diese Argumente für einen eigenständigen Burnout-Begriff folgendermaßen zusammen:

> *(...) in their seminal review on stress in organisations, KAHN and BYOSIERE (1992) identified about a dozen psychophysiological stress responses, nearly 40 psychological stress responses, and over a dozen behavioural stress responses. Dysfunctional attitudes and behaviours at work that are typical for burnout were not listed, though. It seems therefore that burnout is a particular, multidimensional stress-response that includes characteristic negative, job-related attitudes and behaviours that are not covered by the traditional job stress concept.*
>
> *Or as CORDES and DOUGHERTY (1993) put it: emotional exhaustion is a traditional stress variable; depersonalisation is a new construct not formerly appearing in the stress literature; and reduced personal accomplishment adds the assertion that self-evaluations are central to the stress-experience. This implies that burnout is a unique, multidimensional, chronic stress reaction that goes beyond the experience of mere exhaustion.*
>
> *SCHAUFELI and VAN DIERENDONCK (1993), showed that emotional exhaustion is indeed related to physical and psychological stress responses in nurses, whereas depersonalisation and reduced personal accomplishment constitute a separate attitudinal component of burnout. Roughly speaking, emotional exhaustion shares about 30% of the variance with these two stress responses, whereas for depersonalisation and reduced personal accomplishment the shared variance is only 14% and 10%, respectively.*
>
> *Percentages of shared variance have to be interpreted as follows: if two concepts were identical they would share 100% of their variance, whereas two completely independent concepts would share 0%. Generally speaking, in social scientific research 10% of shared variance is considered to indicate a modest relationship, whereas 30% indicates a substantial relationship between two concepts.*
>
> *Finally, it has been claimed that everybody can experience stress, while burnout can only be experienced by those who entered their careers en-*

thusiastically with high goals and expectations and who restlessly pursue success in their jobs. Initially, burnout candidates work hard and are strongly involved and committed to their job. An individual who has no such initial motivation can experience job stress, but no burnout. This concurs with the belief that burnout is expectancy mediated ...

More generally, PINES *(1993) argues that individuals who expect to derive a sense of significance from their work are susceptible to burnout. Those with no expectations of that kind would experience job stress instead of burnout.* (SCHAUFELI & ENZMANN 1998:38-39)

ÜBERSETZUNG

(...) in ihrer grundlegenden Review über Streß in Organisationen identifizierten KAHN & BYOSIERE (1992) ungefähr ein Dutzend psychophysiologischer Streß-Reaktionen, nahezu 40 psychologische Streß-Reaktionen und über ein Dutzend verhaltensmäßige Streß-Reaktionen. Dysfunktionale Einstellungen und Verhaltensweisen bei der Arbeit, die so typisch für Burnout sind, wurden jedoch nicht aufgelistet. Es scheint daher, daß es sich bei Burnout um eine spezifisch multidimensionale Streß-Reaktion handelt, die charakteristisch negative, arbeitsbezogene Einstellungen und Verhaltensweisen einschließt, die nicht durch das traditonelle Arbeitsstreß-Konzept abgedeckt werden.

Oder, wie CORDES & DOUGHERTY (1993) es ausdrücken: Emotionale Erschöpfung ist eine traditionelle Streß-Variable; Depersonalisation ist ein neues Konzept, das in der bisherigen Streß-Literatur nicht auftaucht; und reduziertes personelles Leistungsvermögen ergänzt dies mit der Annahme, daß Selbstbewertungen in der Streß-Erfahrung zentral sind. Dies impliziert, daß Burnout eine spezifische, multidimensionale, chronische Streß-Reaktion ist, die weitreichender ist als die bloße Erfahrung von Erschöpfung.

SCHAUFELI & VAN DIERENDONCK (1993) haben gezeigt, daß emotionale Erschöpfung tatsächlich in Beziehung mit den physischen und psychischen Streß-Reaktionen von Krankenschwestern steht, Depersonalisation und reduziertes personelles Leistungsvermögen dagegen eine separate Einstellungskomponente von Burnout darstellen. Grob ausgedrückt hat die emotionale Erschöpfung ungefähr 30% der Varianz mit diesen beiden Streß-Reaktionen gemeinsam, während Depersonalisation und reduziertes personelles Leistungsvermögen lediglich 14% bzw. 10% an gemeinsamer Varianz haben.

Die Prozentangaben der gemeinsamen Varianzanteile müssen folgendermaßen interpretiert werden: Wenn zwei Konzepte identisch sind, haben sie 100% der Varianzanteile gemeinsam, während zwei komplett unabhängige Konzepte 0% gemeinsame Anteile haben. Allgemein gesprochen wird in der sozialwissenschaftlichen Forschung 10% der gemeinsamen Varianz als eine moderate Beziehung angesehen, während 30% eine substantielle Beziehung zwischen zwei Konzepten bedeutet.

Schließlich wurde argumentiert, daß jeder Streß erleben kann, während Burnout nur von denjenigen erfahren werden kann, die ihren Beruf begeistert und mit hohen Zielen und Erwartungen begonnen haben und die ruhelos auf Erfolgssuche in ihrem Beruf sind. Anfangs arbeiten Burnout-Kandidaten hart, sind stark involviert und in ihrem Beruf engagiert. Ein Mensch, der keine solche anfängliche Motivation hegt, kann Arbeitsstreß erfahren, aber nicht Burnout. Dies stimmt mit der Vorstellung überein, daß Burnout durch Erwartungen vermittelt wird ...

Auf einer allgemeineren Ebene argumentiert PINES (1993), daß Menschen, die mit der Erwartung, ein Gefühl von Bedeutung aus ihrer Arbeit zu ziehen, gegenüber Burnout anfällig sind. Diejenigen, die keine derartige Erwartung hegen, würden Arbeitsstreß, nicht Burnout erfahren.

Schwieriger ist die Abgrenzung von Burnout und Depression. Immer wieder finden Burnout-Forscher hohe Korrelationen, insbesondere der Burnout-Komponente »emotionale Erschöpfung« mit Depression. 1996 haben GLASS und MCKNIGHT eine Meta-Analyse von fast zwanzig Burnout-Studien zur Frage der Abgrenzung von Burnout und Depression unternommen. Es zeigte sich, daß diese Begriffe zwar überlappen, d. h. eine gewisse gemeinsame Varianz haben, die Burnout-Dimensionen der Depersonalisation und der reduzierten arbeitsbezogenen Selbstbewertung jedoch NICHT mit Depression korrelieren. Dies ist also im Ergebnis ganz ähnlich wie die von SCHAUFELI & ENZMANN (1998) dargelegte Abgrenzung von Arbeitsstreß.

Die Frage der Abgrenzung von Burnout und Depression beschäftigt Burnout-Forscher bis zum heutigen Tag. BAKKER, SCHAUFELI, DEMEROUTI et al. (2000) (vgl. auch IACOVIDES, FOUNTOULAKIS, MOYSIDOU & IERODIAKONOU 1999) gehen von der Gleichgewichtstheorie des Burnout aus (vgl. Kapitel 6), auf deren Basis sie präzise Voraussagen für Burnout machen. Diese bestätigen sich für Burnout – nicht aber für Depression – die Begriffe, so schließen sie, sind gut zu unterscheiden.

BRENNINKMEYER, VAN YPEREN & BUUNK (2001) haben sodann untersucht, ob auch ein »*general sense of defeat*«, ein umfassendes negatives Selbstwertgefühl zu einer Unterscheidung der beiden Konzepte beitragen kann. Und aufgrund ihrer Untersuchungsergebnisse bejahen sie die Frage: Ein allgemein niedriges Selbstwertgefühl korreliert mit Depression, nicht aber mit Burnout. Folglich seien Burnout und Depression, wie sie sagen, gewiß keine »eineiige Zwillinge«.

Immer wieder wird auch auf den Unterschied in der Weite des Lebensbereiches hingewiesen, auf den sich diese beiden Konzepte beziehen. Die dysphorische Einstellung der Depression ist nicht nur berufsbezogen, sondern durchdringt alle Lebensbereiche. Das gleiche gilt für die Abgrenzung zum Chronic Fatigue Syndrome (CFS): Dort ist die Erschöpfung generell, nicht nur berufsbezogen. Es ist auch in viel höherem Maße physische Erschöpfung bei CFS und die somatischen oder psychosomatischen Beschwerden umfassen ein sehr viel weiteres Spektrum. Burnout aber bezieht sich auf den Beruf. Burnout kann zwar auch negativ ins Privatleben schwappen, was unter dem Stichwort »*burnout cross over*« untersucht wurde (WESTMAN 2001; WESTMAN, ETZION & DANON 2001), aber das muß nicht sein. Im Gegenteil – viele Studien zeigen, daß partnerschaftliche, soziale Unterstützung einen erheblich dämpfenden Effekt auf Burnout haben:

Bei Untersuchungen zum Zusammenhang von Burnout und sozialer Unterstützung findet man im allgemeinen, daß soziale Unterstützung negativ mit Burnout korreliert (vgl. z. B. SMITH & TZINER 1998; VIRGINIA 1998a; ADAMS 2000; SAND & MIYAZAKI 2000) – und dies wird gern dahingehend interpretiert, daß stützende, verständnisvolle soziale Bezüge einen Puffer darstellen gegen das Ausbrennen im Beruf.

Diese Schlußfolgerung ist in zwei Hinsichten zu differenzieren. Erstens zeigt die Forschung, daß ein sozial stützendes Umfeld sich nicht gleichermaßen auf alle drei Komponenten von Burnout auswirkt (vgl. z. B. SMITH & TZINER 1998: nur auf die Komponente emotionale Erschöpfung).

Zweitens, so hat die Forschung ergeben, muß die Art oder Quelle der sozialen Unterstützung differenziert werden. Sie kann auf verschiedenen Ebenen liegen: Familie, Freunde, Kollegen, Vorgesetzte. Eine ganze Reihe von Arbeiten zeigen, daß sich soziale Unterstützung aus diesen Bereichen sehr verschieden auf die einzelnen Burnout-Komponenten und auf andere mit Burnout in Zusammenhang stehende Variablen auswirken kann (vgl. z. B. HAMMONS 2000; PEETERS & LE BLANC 2001; BARUCH-FELDMAN, BRONDOLO, BEN-DAYAN & SCHWARTZ 2002). Auch zwei ältere Arbeiten, die bereits soziale Unterstützung in dieser differenzierenden Form untersuchten, bestätigen dies (GREENGLASS, FIKSENBAUM & BURKE 1994, 1996).

ZELLARS & PERREWÉ (2001) stellten sogar fest, daß einige Arten emotionaler, sozialer Unterstützung zu Burnout beitragen.

Viele Untersuchungen vergleichen jedoch nicht verschiedene Arten von sozialer Unterstützung in ihrem Zusammenhang mit Burnout, sondern konzentrieren sich auf die Rolle und Auswirkung sozialer Unterstützung im beruflichen Umfeld. Am häufigsten wird dabei als eine der verschiedenen Burnout-relevanten Arbeitsbedingungen die Unterstützung durch die unmittelbaren Vorgesetzten untersucht (vgl. z. B. SARGENT & TERRY 2000; COTTER MENA 2001, KICKUL & POSIG 2001).

Daß nicht nur die Quelle sozialer Unterstützung differentielle Wirkung auf verschiedene Burnout-Aspekte hat, sondern vor allem auch die Dichte, Intensität oder Qualität der Beziehung, ist zu erwarten, wird bisher in der Burnout-Forschung aber kaum berücksichtigt. (Eine Ausnahme ist KOSKI 1998 und die Untersuchung von GEYSEN 2001 zum Einfluß von *attachment styles*).

2. BURNOUT UND GESUNDHEITSPROBLEME

Um die Frage zu behandeln, ob Burnout als »Krankheit« angesehen werden muß, bedarf es zunächst einmal einer Zusammenfassung der empirischen Ergebnisse zu den »Gesundheitsproblemen«, welche infolge von Burnout auftreten können. Hier müssen subjektive und objektive Daten unterschieden werden. Subjektive Daten sind die mit Fragebogen erfaßten Beschwerden, objektive Daten sind Ergebnisse auf der Basis eingehender, nachprüfbarer Untersuchungen oder Messungen.

Burnout und psychosomatische Beschwerden hängen, wie die Forschung zeigt, oft zusammen, wobei wir immer wieder dem typischen Problem der Korrelatstudien begegnen: Deuten diese Klagen auf Ursachen von Burnout, auf Begleiterscheinungen oder auf Folgen hin? Oder sind sie selbst Korrelat einer gemeinsamen dritten Variablen, z. B. einer allgemeinen negativen Affektivität, welche sowohl das Ausfüllen des Fragebogens zu Burnout (MBI) beeinflußt, als auch die Checklisten der psychosomatischen Klagen?

Wenn es um objektive Indikatoren von Gesundheitsproblemen bei Burnout geht, so liegen zwar eine Reihe von Untersuchungen vor, ihre Aussagekraft ist jedoch gering, so daß – jedenfalls im Jahr 1998 – der Stand der Forschung nur negativ beurteilt werden konnte (vgl. auch die Review von FELTON 1998):

> *... convincing empirical support for the often claimed relationship between burnout and (objectively) diagnosed health problems is still lacking.* (SCHAUFELI & ENZMANN 1998:88)
>
> ÜBERSETZUNG
>
> ... überzeugende empirische Belege für die häufig behauptete Beziehung zwischen Burnout und (objektiv) erfaßten Gesundheitsproblemen fehlt noch.

Drei Jahre später fassen LEITER & MASLACH (2001) den Stand der Forschung zu Burnout und Gesundheit für das *Handbook of Health Psychology* (BAUM, REVENSON & SINGER 2001) zusammen. Ihre Review besagt in Kürze: Zum Zusammenhang zwischen Burnout und psychosomatischen Beschwerden: keine neue Forschung. Zum Zusammenhang zwischen Burnout und objektiv erfaßten Gesundheitsproblemen: keine Ergebnisse. Immerhin sind einige Versuche in dieser Richtung in USA/Niederlande, Israel, Japan, Deutschland, Italien und in den Niederlanden unternommen worden (KLEIN & VERBEKE 1999; LERMAN, MELAMED, SHRAGIN et al. 1999; MELAMED, UGARTEN, SHIROM et al. 1999; NAKAMURA, NAGASE, YOSHIDA & OGINO 1999; PRÜßNER, HELLHAMMER & KIRSCHBAUM 1999; BARGELLINI, BARBIERI, ROVESTI et al. 2000; HANSON, GODAERT, MAAS & MEIJMAN 2001). Auch haben die Autoren die schwedische Untersuchung von SÖDERFELDT, SÖDERFELDT, OHLSON et al. (2000) übersehen, die objektive psychophysiologische Streß-Indikatoren verwendeten (Cortisol, Prolaktin, Immunglobulin).

Im gleichen Jahr (2001) erschien ein Sonderheft der Zeitschrift *Psychology and Health* zum Thema Burnout und Gesundheit.[1] In ihrer Zusammenfassung der in diesem Heft berichteten Forschung stellt MASLACH (2001a) unter dem Titel »*What have we learned about burnout and health?*« ganz schlicht fest: nichts. Das Sonderheft ging um Burnout und Gesundheit, aber kein einziger Beitrag untersuchte tatsächlich den Zusammenhang von Burnout und Gesundheit.

Hat denn Burnout, so erlaubt sich Maslach zu fragen, überhaupt etwas mit Gesundheit und Krankheit zu tun? Bisher liefere die Forschung keine Hinweise darauf, daß Burnout die physische Gesundheit beeinträchtige und man deshalb zwecks Burnout-Reduktion intervenieren müsse (S. 609).[2]

Und wie steht es mit *mental health*? Auch hierzu haben die Beiträge des genannten Sonderheftes nichts zu sagen (vgl. aber ESCOT, ARTERO, GANDUBERT et al. 2001; WALSH & WALSH 2001). Aber die allgemeine Ansicht in der Burnout-Forschung sei, so Maslach, daß nicht *mental health*-Probleme zu Burnout führten oder aber *mental health*-Probleme eine Folge von Burnout seien, sondern daß Burnout selbst einen Zustand reduzierter mentaler Gesundheit darstelle – also Krankheit sei. Es gehe, meint MASLACH (2001a), nicht um Burnout UND Gesundheit/Krankheit, so als seien dies zwei verschiedene Dinge, sondern um Burnout ALS Krankheit. Ist Burnout eine Krankheit?

1 Vgl. BURKE & GREENGLASS (2001); LEITER, FRIZZELI, HARVIE & CHURCHILL (2001); MASLACH (2001a); PEIRO, GONZÁLEZ-ROMÁ, TORDERA & MAÑAS (2001); SCHAUFELI & GREENGLASS (2001); SCHAUFELI, BAKKER, HOOGDUIN et al. (2001); WESTMAN & ETZION (2001); ZAPF, SEIFERT, SCHMUTTE et al. (2001).

2 An neuerer Forschung vgl. jedoch PROSSER, JOHNSON, KUIPERS et al. (1999); CALVETE & VILLA (2000).

3. DER KRANKHEITSSTATUS VON BURNOUT

Zunächst einmal ist klar, daß Burnout – im Unterschied etwa zu dem Chronic Fatigue Syndrome oder der Posttraumatischen Belastungsstörung – keine Krankheit im Sinne der kanonisierten medizinischen Definition ist: Burnout steht weder in der jüngsten (vierten) Ausgabe des *Diagnostic and Statistical Manual of Mental Disorder* (DSM-IV) (AMERICAN PSYCHIATRIC ASSOCIATION 1994, deutsche Fassung SASS, WITTCHEN, ZAUDIG & HOUBEN 1998), noch in dem entsprechenden internationalen Verzeichnis, der *International Statistical Classification of Diseases and Related Health Problems* (ICD-10) (WORLD HEALTH ORGANIZATION 1992, 10. Auflage, deutsche Fassung: Weltgesundheitsorganisation 1999).

Während Burnout im DSM-IV überhaupt nicht vorkommt, findet man im Kapitel 21 des ICD-10 unter der Überschrift »Faktoren, die den Gesundheitszustand beeinflussen und zur Inanspruchnahme des Gesundheitswesens führen« im Kapitel Z-73.0 »Ausgebranntsein, Burnout, Zustand der totalen Erschöpfung« erwähnt. Ob Burnout den Gesundheitszustand tatsächlich »beeinflußt«, wie es in der ICD-10-Formulierung heißt, ist, wie der letzte Abschnitt zeigt, noch nicht geklärt. Aber fest steht, daß es Menschen gibt, welche medizinische Hilfe in Anspruch nehmen, weil sie sich ausgebrannt fühlen (SCHAUFELI, BAKKER, HOOGDUIN et al. 2001).

Einen klinisch relevanten Burnout-Begriff zu definieren, hat Ende der achtziger Jahre ein kanadisches Team versucht (BIBEAU, DUSSAULT, LAROUCHE et al. 1989). Sie nennen als Hauptindikatoren zunächst folgende subjektive Beschwerden:

1. Ständige Müdigkeit und anhaltende Erschöpfung
2. Gefühl beruflicher Leistungsunfähigkeit
3. entsprechender Verlust an Selbstwertgefühl
4. Unzufriedenheit und Unglücklichsein im Beruf
5. physische Symptome von Streß und Unbehagen ohne identifizierbare organische Basis
6. Probleme der Konzentration, hohe Reizbarkeit, Negativismus.

Und als weiteres, objektives Kriterium definieren sie einen über Monate verfolgbaren Abfall der Arbeitsleistung, welcher belegbar sein soll entweder in objektiv meßbarer verminderter Qualität der erstellten Produkte oder in unabhängigen Urteilen von Vorgesetzten oder Kollegen.

Drei Ausschlußkriterien werden ebenfalls definiert:

1. Der Zustand darf nicht resultieren aus einer gewissen Berufsinkompetenz, d. h. der entsprechende Mensch muß erst einmal nachweislich lange Zeit auch GUTE Arbeit geleistet haben.
2. Keine andere psychiatrisch definierte Psychopathologie sollte vorliegen
3. und keine nachweislichen familiären Probleme.

Dies ist ein sinnvoller Ansatz zu einer klinischen Definition – aber Validierungsstudien sind aus der Anwendung dieser Kriterien bisher nicht entstanden.

Daneben ist nur ein weiterer Ansatz der klinischen Definition erwähnenswert. Seine Besonderheit liegt darin, daß es der bisher einzige ist, welcher versucht, Burnout im Kontext der DSM- bzw. ICD-Begrifflichkeit als eine Krankheit zu definieren (SCHAUFELI & ENZMANN 1998). Im ICD-10 findet man noch die Krankheit Neurasthenie definiert, was aus dem DSM längst zugunsten des Chronic Fatigue Syndrom verschwunden ist. Im Taschenführer zur ICD-10-Klassifikation (DILLING & FREYBERGER 1999:184-185) ist unter »sonstige neurotische Störungen« als erstes die Neurasthenie aufgeführt (vgl. Übersicht 4.1):

Übersicht 4.1: Neurasthenie nach DILLING & FREYBERGER (1999:184-185)

F48 andere neurotische Störungen

F48.0 Neurasthenie

Im Erscheinungsbild zeigen sich beträchtliche kulturelle Unterschiede. Zwei Hauptformen überschneiden sich beträchtlich. Bei einer Form ist das Hauptcharakteristikum die Klage über vermehrte Müdigkeit nach geistigen Anstrengungen, häufig verbunden mit abnehmender Arbeitsleistung oder Effektivität bei der Bewältigung täglicher Aufgaben.

Die geistige Ermüdbarkeit wird typischerweise als unangenehmes Eindringen ablenkender Assoziationen oder Erinnerungen beschrieben, als Konzentrationsschwäche und allgemein ineffektives Denken. Bei der anderen Form liegt das Schwergewicht auf Gefühlen körperlicher Schwäche und Erschöpfung nach nur geringer Anstrengung begleitet von muskulären und anderen Schmerzen und der Unfähigkeit, sich zu entspannen. Bei beiden Formen finden sich eine ganze Reihe von anderen unangenehmen körperlichen Empfindungen wie Schwindelgefühl, Spannungskopfschmerz und allgemeine Unsicherheit. Sorge über abnehmendes geistiges und körperliches Wohlbefinden, Reizbarkeit, Freudlosigkeit sowie unterschiedliche eher leichte Depression und Angst sind häufig. Der Schlaf ist oft in den ersten und mittleren Phasen gestört, es kann aber auch Hypersomnie im Vordergrund stehen.

Dazugehöriger Begriff
- Erschöpfungssyndrom (Fatigue syndrome)

Für eine vorausgegangene Erkrankung kann eine zusätzliche Kodierung verwendet werden.

Ausschluß:
- benigne myalgische Enzephalomyelitis (post-virales Erschöpfungssyndrom) (G93.3)
- Burn-out-Syndrom (Z73.0)
- nicht näher bezeichnete Asthenie (R53)
- Psychasthenie (F48.8)
- Unwohlsein und Ermüdung (R53)

Kommentar: In vielen Ländern wird Neurasthenie nicht als übliche diagnostische Kategorie verwendet. Viele derartige Fälle in Ländern, in denen diese Diagnose verwendet wird, würden anderswo wahrscheinlich als depressive Störung oder Angststörung diagnostiziert werden, *möglicherweise auch als Chronisches Ermüdungssyndrom (CFS)*. Es gibt jedoch Patienten, bei denen die Symptome auf die Beschreibung der Neurasthenie besser als auf irgendein anderes Syndrom zutreffen und solche Fälle scheinen in einigen Kulturen häufiger zu sein als in anderen.

Diagnostische Kriterien

A. Entweder 1. oder 2.:
   1. Anhaltendes und quälendes Erschöpfungsgefühl nach geringer geistiger Anstrengung (z. B. nach der Bewältigung oder dem Bewältigungsversuch alltäglicher Aufgaben, die keine ungewöhnlichen geistigen Anstrengungen erfordern).

2. Anhaltende und quälende Müdigkeit und Schwäche nach nur geringer körperlicher Anstrengung.

B. Mindestens eins der folgenden Symptome:
   1. akute oder chronische Muskelschmerzen,
   2. Benommenheit,
   3. Spannungskopfschmerz,
   4. Schlafstörung,
   5. Unfähigkeit zu entspannen,
   6. Reizbarkeit.

C. Die Betroffenen sind nicht in der Lage, sich von A.1 oder A.2 innerhalb eines normalen Zeitraumes von Ruhe, Entspannung oder Ablenkung zu erholen.

D. Die Dauer der Störung beträgt mindestens drei Monate.

E. Ausschlußklausel: Diese Störung kann nicht diagnostisziert werden bei Vorliegen einer organischen emotional labilen Störung (F06.6), einem postenzephalitischen Syndrom (F07.1), einem organischen Psychosyndrom nach Schädelhirntrauma (F07.2), einer affektiven Störung (F3), einer Panikstörung (F41.0) oder einer generalisierten Angststörung (F41.1).

Diese ICD-Definition von Neurasthenie ist Kontext-frei definiert, also nicht bezogen auf einen bestimmten Lebensbereich; woher sie kommt, wird ebensowenig spezifiziert wie irgendwelche bereichsspezifischen Folgen, welche diese Verfassung haben könnte. Bezieht man sie aber – so Schaufeli und Enzmann – auf die ARBEITSSITUATION und kennzeichnet diese Verfassung als »arbeitsbezogene Neurasthenie«, dann seien auch der in Burnout eindeutig mit definierte Ausgangspunkt (Arbeit, Beruf) sowie die Folge im Sinn negativer Einstellungen zur Arbeit (Depersonalisation) mit einbezogen.

Eine gewisse Bestätigung hat dieses Konzept in der Arbeit von SCHAUFELI, BAKKER, HOOGDUIN et al. (2001) erhalten: 139 Arbeitnehmer, welche wegen ihrer gesundheitlichen Verfassung psychologische Beratung in einem Therapiezentrum suchten, wurden von einem Psychiater und einem klinischen Psychologen unabhängig voneinander nach den Neurasthenie-Kriterien beurteilt. Diejenigen, welche diese Kriterien erfüllten und deren Problem gleichzeitig arbeits-/berufsbedingt waren, wurden als Burnout-Gruppe definiert – die anderen Patienten als Nicht-Burnout-Gruppe.

Alle angewandten Meßinstrumente einschließlich des MBI konnten diese beiden Gruppen vorzüglich diskriminieren. Alle drei MBI-Werte (emotionale Erschöpfung, Depersonalisation, negative Selbstbewertung in der Arbeit) liegen bei der Burnout-Gruppe auch signifikant höher als die Werte des normativen Samples, das zur Verwendung des MBI-Meßinstrumentes (in diesem Fall der niederländischen Version) verwendet wurde, d. h. derjenigen Befragten und Untersuchten, die nicht aus einer Population gezogen wurden, welche sich bereits selbst als »krank« bezeichnete.

Auch wenn damit für das MBI zum allerersten Mal eine klinisch relevante »Symptomschwere« definiert wurde, und auch wenn ein Anfang gemacht ist, das alltagssprachliche und wissenschaftliche Konzept des Burnout in die Nomenklatur psychosozialer und psychiatrischer Verfassungen zu übersetzen, so ist Burnout in unserer Kultur doch noch unendlich weit davon entfernt, eine »legitime« Belastungsstörung zu sein, die auf mehr Anspruch hätte als auf die Empfehlung »mach doch mal Ferien!«.

Sowohl in der Diktion einiger Burnout-Forscher selbst (vgl. MASLACH 2001a oben), als auch in dem Bild von Burnout-Menschen, welches die Forschung nachzeichnet (vgl. unten MEYERSON 1994), wird nur allzu deutlich, daß Belastungen, die keine objektiv medizinisch diagnostizierbaren physischen Symptome produzieren und auch keine grob arbeitshinderlichen mentalen Folgen haben, nicht nur NICHT legitim sind, sondern – und das ist mehr – delegitimiert werden. Burnout-Fälle sind beruflich »unreif«, Mißerfolgsfälle, sie sind *softies* und psychisch instabil – das Beste ist, sie gehen. Auch wenn diese entsprechenden Wertungen (MEYERSON 1994) vielleicht etwas plakativ erscheinen, so ist das Urteils-Klima, welches einen in seinem Beruf ausgebrannten Menschen umgibt, doch alltagspsychologisch hinreichend bekannt: Er macht eine schwache Figur.

Gerade diese negative Wertung, die man gleichermaßen im Alltag wie in der Wissenschaft findet, werde ich im Kapitel 6 noch genauer unter die Lupe nehmen.

KAPITEL 5

Fragestellungen und Ergebnisse der Burnout-Forschung: Ein aktueller Überblick

Wie bereits angedeutet und im folgenden noch im einzelnen belegt wird, ist die Burnout-Forschung in ihrer empirischen Phase gekennzeichnet durch eine große Zahl von überwiegend unzusammenhängenden Einzelstudien. Es gibt ganz wenige Themen und Fragestellungen, zu welchen die Forschungsansätze über einige Jahre hinweg systematisch aufeinander aufbauen, zumal es an einer einheitlichen Theorie fehlt.

Was diese additive Fülle noch am ehesten verbindet und ihr einen immerhin zumindest methodischen roten Faden gibt, ist, wie dargelegt, der mehrheitlich verwendete operationale Begriff von Burnout, gemessen mit dem Maslach Burnout Inventory (MBI) (vgl. Kapitel 3). Die Forschung zu diesem Meßinstrument ist somit auch einer der wenigen zusammenhängenden und aufeinander aufbauenden Forschungsbereiche von Burnout (für eine Zusammenfassung speziell der MBI-Forschung vgl. MASLACH 1998).

Um diese additive Fülle ein wenig zu ordnen, möchte ich die Burnout-Forschung unter drei Themenbereichen behandeln: (1) Ursachen und Folgen, (2) theoretische Ansätze sowie (3) Behandlung und Prophylaxe. Was in der Forschung 1974 bis ca. 1997/1998 an substantiellen Ergebnissen erarbeitet wurde, werde ich ohne einzelne Belege zusammenfassen – sie sind leicht in den vorliegenden Review-Büchern und Artikeln nachzuschlagen (vgl. vor allem SCHAUFELI, MASLACH & MAREK 1993, SCHAUFELI & ENZMANN 1998, MASLACH 2001b, MASLACH, SCHAUFELI & LEITER 2001). Literatur werde ich nur dort zitieren, wo die Forschung der letzten fünf Jahre Neues beigetragen hat.

1. URSACHEN UND FOLGEN: UNENTZIFFERBARE KORRELATENFORSCHUNG

Wie entsteht Burnout? Welche Bedingungen bergen ein Risiko für die Entwicklung von Burnout? Sind dies objektive Bedingungen der Arbeitssituation und der Institution, in welcher man arbeitet, oder sind es interpersonelle Bedingungen oder mehr persönliche Dispositionen und Anfälligkeiten? Oder alles drei? Und wenn alles drei – mit welchem

Gewicht? Wie wird Burnout dann chronisch? Und welche Folgen hat dies für den ausgebrannten Menschen, sein soziales Umfeld, seine Arbeit, die Institution?

Dies alles sind natürlich zentrale Fragestellungen, und die bisherige Burnout-Forschung hat sie auch allesamt angepackt. Da aber der weitaus größte Teil der Burnout-Forschung aus Querschnitt-Studien besteht (Messungen zu nur einem bestimmten Zeitpunkt), kann man über die Variablen, die gleichzeitig gemessen werden (z. B. Persönlichkeitsvariablen oder Faktoren der Arbeitsbedingungen usw.) nicht mit Sicherheit sagen, ob sie Ursachen, Korrelate oder Folgen sind – oder alles drei, was auch denkbar ist. Bei synchroner Forschung ist also jede Aussage über Ursachen und Konsequenzen nur mit Vorsicht zu genießen.

1.1 Demographische Variablen

Wie überall in der Psychologie und Soziologie sind einige demographische Variablen berücksichtigt und untersucht worden, z. B. Alter, Geschlecht, Familienstatus, Bildung und Arbeitserfahrung.

Wie SCHAUFELI & ENZMANN (1998) anhand der bis zu diesem Zeitpunkt vorliegenden Studien zeigen, ist das deutlichste Korrelat im Bereich der demographischen Variablen das Alter. Es korreliert deutlich und recht einheitlich eher negativ mit Burnout. Das heißt: Ältere Arbeitnehmer haben eher weniger Burnout. Dazu paßt, daß auch Arbeitserfahrung (Arbeitsalter, Länge der Tätigkeit innerhalb eines Berufs) eher negativ mit Burnout korreliert.

Man ist geneigt anzunehmen, daß es doch auch irgendwelche »Berufsanfangsbedingungen« sind, welche Menschen besonders Burnoutgefährdet machen. Es könnte sein, daß sich ein anfängliches, allzu hohes Berufsengagement (vgl. FREUDENBERGER 1974, wie vorne zitiert) verbindet mit einer noch nicht gut ausgeprägten Fähigkeit der Abgrenzung und Dosierung (vgl. dazu Burnout und *boundary management*, MCKINNEY-DHALENNE (2000).

Auch wenn dieser Zusammenhang von Alter, Arbeitserfahrung und Burnout relativ einheitlich ist – so ist in der Interpretation doch Vorsicht geboten. Die Vorsicht lehrt einen eine eindrucksvolle »Langzeituntersuchung«, die als solche allerdings nicht geplant war:

CHERNISS (1980a, 1980b) hatte Mitte der siebziger Jahre Berufsanfänger in Klienten-Institutionen untersucht und sie dann 12 Jahre später alle noch einmal aufgesucht (und alle N = 26 gefunden) (CHERNISS 1989, 1992, 1995/1999). Das Ergebnis zeigt u. a., daß überhaupt nur noch 8 (32%) direkt mit Klienten arbeiteten.

Das aber heißt für die Interpretation der obigen Ergebnisse: Wenn man unter älteren, erfahreneren arbeitenden Menschen eine Burnout-Erhebung macht, sind diejenigen, die von Burnout am meisten betroffen sind oder waren, möglicherweise bereits ausgestiegen.

Unter den demographischen Variablen sind alle anderen entweder widersprüchlich oder ebenfalls nicht klar interpretierbar. Ich möchte nur auf die Variable GESCHLECHT noch kurz eingehen. Wann immer man ein Burnout-Korrelat untersucht, ist es sinnvoll, dieses getrennt auf die drei Komponenten von Burnout zu beziehen. Dies zeigt sich besonders im Bereich von Geschlecht. Betrachtet man zunächst den Gesamtscore einer MBI-gemessenen Burnout-Verfassung, so kann man sowohl einige Studien zitieren, wonach Frauen Burnout-anfälliger sind, als auch solche, in denen Männer sich als Burnout-anfälliger erwiesen. Bei Dimensionen-spezifischer Auswertung zeigt sich eine gewisse Tendenz, daß Frauen eher höhere Werte im Bereich *emotional exhaustion* haben, Männer eher im Bereich *depersonalisation* – was man nun allerdings auch wieder auf viele Weisen interpretieren kann.

Man kann es von Rollenstereotypen her interpretieren wollen, aber man kann auch die möglicherweise häufigere Doppelbelastung von Frauen gegenüber Männern (Beruf und Kinder) anführen; daß höhere Belastung gerade den Meßwert der emotionalen Erschöpfung hochtreibt, haben eine Vielzahl von Untersuchungen gezeigt.

Auch finden Burnout-Forscher wiederholt, daß bei männlichen Befragten höhere Depersonalisationswerte herauskommen als bei Frauen (vgl. VREDENBURGH, CARLOZZI & STEIN 1999 und MORGAN, VAN HAVEREN & PEARSON 2002 für die USA; GURSEL, MURAT SUNBUL & SARI 2002 für die Türkei), aber das kann – wie erwähnt – auch eine Vermengung mit Rollenstereotypen oder sonstigen kulturellen Bedingungen sein.

Wenn es um Prävalenz und Intensität von Burnout geht, bleiben – so der Forschungsstand – die Ergebnisse widersprüchlich. Bald haben Frauen mehr Burnout, jedenfalls Studentinnen und Angestellte in Spanien (AGUST NIETO, GRAU & BEAS 2001) und Mitglieder medizinischer Fakultäten in den Niederlanden (VAN EMMERIK & EUWEMA 2001), bald weniger – jedenfalls unter Schulleitern im Iran (RASHIDZADEH 2002). Dies zeigt, daß hier die Forschung noch außerordentlich punktuell ist.

Einige differenzierte, ältere Forschungsbeiträge zu Burnout und Geschlecht stammen von Esther Greenglass (die von SCHAUFELI & ENZMANN 1998 nicht berücksichtigt wird): vgl. GREENGLASS, BURKE & ONDRACK (1990); GREENGLASS (1991) und GREENGLASS, BURKE & KONARSKI (1998). Familienbedingungen werden dabei mit einbezogen, auch die Streßwahrnehmung und die Bewältigungstechniken – aber Klarheit ergibt sich auch hier nicht.

Aber worin die Geschlechtsunterschiede bestehen, bei welcher Burnout-Komponente sie sich unter welchen Bedingungen und vermittelnden Variablen in welchem Beruf und Kontext und Land auswirken – das ist alles bis heute weitgehend offen. Es sind alles Bedingungen, die zu untersuchen wären; oder würde man gleiche Geschlechtsunterschiede in Spanien und Iran erwarten (vgl. oben) oder im Militär in den USA (LEITER, CLARK & DURUP 1994) oder bei Lehrern und Lehrerinnen in Israel (FRIEDMAN 1998)?

Was bietet nun die Forschung der letzten fünf Jahre zu diesen beiden Themen – Berufserfahrung/Alter auf der einen Seite und Geschlechtsunterschiede auf der anderen?

Klarheit bietet diese Forschung jedenfalls nicht. Zwar scheint ein Zusammenhang zwischen mehr Berufserfahrung und/oder höherem Alter auf der einen Seite und weniger Burnout auf der anderen ein durchaus reproduzierbares Ergebnis zu sein (vgl. VREDENBURGH, CARLOZZI & STEIN 1999; MORGAN, VAN HAVEREN & PEARSON 2002), aber manchmal sieht das Ergebnis auch gerade umgekehrt aus (GURSEL, MURAT SUNBUL & SARI 2002).

Daß in bezug auf Burnout Geschlechtsunterschiede vorkommen, ist zwar mittlerweile bekannt. Dies ist das (höchst dünne) zusammenfassende Ergebnis, welches man angeben kann.

1.2 Persönlichkeitsvariablen

Vielfältig untersucht ist auch der Zusammenhang verschiedener Persönlichkeitsvariablen mit Burnout. Stets steht dahinter die Frage, ob es von der Persönlichkeitsausstattung her besonders Burnout-anfällige bzw. Burnout-resistente Menschen gibt. Welche Eigenschaften haben sie? Dies ist allerdings eine kausal gefärbte Frage, bei deren Beantwortung uns schlichte Korrelaten-Forschung nicht hilft.

Zunächst hat man als klarste Ergebnisse eine relativ hohe positive Korrelation zwischen Burnout (vor allem der Dimension emotionale Erschöpfung) und einer »neurotischen« Grundstruktur festgestellt (wie sie durch gängige Meßinstrumente, z. B. das Minnesota Multiple Personality Inventory definiert ist) sowie eine relativ hohe negative Korrelation von Selbstvertrauen und allen drei Komponenten von Burnout. Dabei bleibt die Frage, ob »Neurotizismus« oder ein nicht so stabiles Selbstvertrauen zu Burnout beiträgt oder ob Burnout dann zu mehr »Neurotizismus« und einem reduzierten Selbstvertrauen führt oder ob beides mit einem dritten Faktor zusammenhängen könnte, offen.

Neben »Neurotizismus« (vgl. HILLS & NORVELL 1991; ZELLARS, PERREWÉ & HOCHWARTER 2000; AMSTUTZ, NEUENSCHWANDER & MODESTIN 2001; VLERICK 2001; MAURANGES 2002), Selbstbild (JEANNEAU & ARMELIUS 2000) und Selbstvertrauen (PFENNIG & HÜSCH 1994; JANSSEN, SCHAUFELI & HOUKES 1999; MASCLET & MINEURE 1999; KJØRMO & HALVARI 2002) sind noch drei weitere Persönlichkeitskorrelate von Burnout mehrfach aufgegriffen und untersucht worden:

Einmal die Persönlichkeitseigenschaft *hardiness* (Widerstandskraft) (KOBASA 1979, 1982), die eher durchgängig negativ mit Burnout korreliert. *Hardiness* ist gekennzeichnet durch eine engagierte Grundhaltung im Leben, ein Gefühl, die Dinge im Griff zu haben, und eine große Offenheit gegenüber Änderungen. In der jüngeren Forschung ist *hardiness* im Zuge einer allgemeinen Positivierung der Psychologie seit Anfang 2000 recht populär geworden, wie ich im Kapitel 6 zeigen werde (vgl. die programmatische Einleitung zu einem entsprechenden Sonderheft des *American Psychologist* von SELIGMAN & CSIKSZENTMIHALYI 2000).

Häufig untersucht wird auch der Bewältigungsstil (*coping style*) im Umgang mit Belastung und Burnout, wobei meist eine schlichte Dichotomie berücksichtigt wird: Man unterscheidet zwischen einem mehr defensiven, passiven, im wesentlichen nur die Symptome mildernden Bewältigungsstil und einem aktiven, konfrontierendem Stil, welcher eher die Ursachen der Belastung anpackt. Diese Dichotomie wird auch *active/inactive, direct/indirect coping* (ETZION & PINES 1986; SCHLIERMANN, HAGENAH & HÖRMANN 2002), *problem/emotion focused coping* (vgl. z. B. KELLNER 2001) oder *internal/external coping style* (GUERITAULT-CHALVIN, KALICHMAN, DEMI & PETERSON 2000) genannt.

Der bevorzugte Bewältigungsstil scheint sich auf die verschiedenen Burnout-Komponenten unterschiedlich auszuwirken. Die übergeordnete Tendenz aber ist, wie die ältere Review von ENZMANN (1996) zeigt, daß ein aktiver, konfrontierender Stil eher negativ, ein passiver, meidender Stil eher positiv mit Burnout zusammengeht. Hierzu gibt es in der jüngeren Forschung eine ganze Reihe weiterer Untersuchungen, und tatsächlich erhält man zunächst einmal ein recht einheitliches Bild:

BREAUX (1998) findet, daß bei Psychotherapeuten in der Aidshilfe *avoidance coping* mit signifikant höheren Burnout-Werten einhergeht als *active coping*. SAND (1998) hat Burnout bei Verkäufern untersucht und findet konfrontative Bewältigungsstrategien mit niedrigeren und Vermeidungsstrategien mit höheren Burnout-Werten korreliert. Desgleichen finden DE VRIES & HOOGSTRATEN (2000) bei niederländischen Physiotherapeuten, GUERITAULT-CHALVIN, KALICHMAN, DEMI & PETERSON (2000) bei Aids-Krankenpflegern, SEARS, URIZAR & EVANS (2000) bei *extension agents*, BJORKVIK & SANDAL (2001) bei norwegischen Managern, HASTINGS & BROWN (2002) bei Betreuern von geistig behinderten Kindern, SAVICKI (2002) bei Helfern der Jugendarbeit, RIOLLI-SALTZMAN & SAVICKI (2001b, 2003) bei Angestellten, die an Computern arbeiten.

Doch hat die Suche nach vermittelnden Faktoren hier noch nicht wirklich eingesetzt, auch wenn es in dieser Richtung schon einige »warnende« Ergebnisse gibt. So haben GANA & BOBLIQUE (2000) festgestellt, daß Variablen wie Selbstvertrauen und die wahrgenommenen eigenen Ressourcen eine sehr wesentliche Mittlerrolle zwischen Coping-Strategien und Burnout spielen. Auch hat PAYNE (2001) nachhaltig vor der wertenden Dichotomisierung in *bad copers* und *good copers* (Menschen mit »guten« und »schlechten« Bewältigungsstrategien) gewarnt, weil die Effektivität des Bewältigungsstils auch von situativen Faktoren abhängt.

Ein drittes, bisher öfter untersuchtes Persönlichkeitskorrelat ist der Stil der Kausalattribution (Kausalzuschreibung). Wo werden für Erfahrungen, Erlebnisse, Ereignisse subjektiv bevorzugt die Ursachen lokalisiert? Eher EXTERN, in äußeren Umständen, in anderen Personen und deren Handlung, im Zufall – oder eher INTERN, in der eigenen Person liegend? Eine ältere Review dieses Forschungsbereiches zeigt, daß eine Tendenz externer Kausalzuschreibung eher positiv mit Burnout korreliert, interne Zuschreibung eher negativ (GLASS & MCKNIGHT 1996). Neue Untersuchungen zur Kausalattribution und ihrem Zusammenhang mit Burnout zeigen jedoch kein so einheitliches Bild (MOORE 1998; BIBOU-NAKOU, STOGIANNIDOU & KIOSSEOGLOU 1999; SMITH 1999; MOORE 2000; SCHMITZ, NEUMANN & OPPERMANN 2000).[1]

Welches Gesamtbild zum Zusammenhang von Burnout und Persönlichkeitskorrelaten ergibt sich nun – gerade auch auf der Basis der jüngeren Burnout-Forschung? Das Bild ist ziemlich durchgängig negativ. »Burnoutler« scheinen gekennzeichnet von

- allgemeiner Gereiztheit, Ärgerneigung (BRONDOLO, MASHEB, STORES et al. 1998) und negativer Affektivität (HOUKES, JANSSEN, DE JONGE & BAKKER 2003),
- Zimperlichkeit bei der Risikowahrnehmung, Ängstlichkeit und Unzufriedenheit (HELLESØY, GRØNHAUG & KVITASTEIN 1998),
- eher niedriger emotionaler Intelligenz (YOU, LEE & LEE 1998),
- Angstneigung als allgemeinem Merkmal (TURNIPSEED 1998),
- Neurotizismus und Konkurrenzangst (VLAHOS 1998; ZELLARS, PERREWÉ & HOCHWARTER 2000; MAURANGES 2002),
- schwachem Selbstvertrauen (JANSSEN, SCHAUFELI & HOUKES 1999; MASCLET & MINEURE 1999),

1 In der jüngeren Forschung – meist allerdings in Dissertationen – wird jetzt auch öfter die Typologie nach C. G. Jung für die Burnout-Forschung aufgegriffen (vgl. REID 1999; HELMSTETTER 1999; MUTCHLER 2000; TORRE, ZEPPEGNO, USAI et al. 2001) – jedoch bisher ohne konsistente Ergebnisse.

- einer gewissen Problemlösungsbeschränktheit, d. h. einem »negativeren« Problemlösungsstil, einer relativen Unfähigkeit, Probleme rational zu lösen oder Problemlösungen auf ihre Effizienz hin zu überprüfen (GARCÍA-VILLAMISAR & MUELA 2000),
- Neurotizismus, Introvertiertheit, narzißtische Wut, Gier nach Lob und Bestätigung (SCHWAB & LIESE 2000),
- einer selbstherabsetzenden Haltung und passiv-aggressiven sowie zwanghaften Neigungen (RÉVEILLÈRE, PHAM, MASCLET et al. 2000),
- geringer Stabilität und viel Angst (CEBRIA, SEGURA, CORBELLA et al. 2001)
- und einem – wie soeben zusammenfassend dargestellt – emotionalen vermeidenden, ausweichenden, zudeckenden Stil des Umgangs mit der Belastung statt eines problem-orientierten, aktiven, konfrontativen Zugangs.

Zu diesem Gesamtbild paßt vorzüglich der Titel, unter welchem in einer der jüngsten Gesamtdarstellungen der Organisationspsychologie (WINTERHOFF-SPURK 2002) Burnout dargestellt wird: unter der Rubrik »Psychopathologisches Verhalten in Organisationen«, wozu »Mobbing«, »Streß und innere Kündigung« sowie »Burnout« gezählt werden.

Neben diesem ziemlich düsteren Bild des ausgebrannten Menschen nimmt nun aber die neuere Burnout-Forschung – im Zuge der Positiven Psychologie – durchaus auch eine positivere Richtung ein. Darauf werde ich im Kapitel 6, Abschnitt 2 ausführlicher eingehen.

1.3 Emotionale Arbeitsbelastung und andere arbeitsbezogene Variablen

Auf der Ebene der arbeitsbezogenen Variablen zeigen sich einige relativ klare positive Zusammenhänge: Zeitdruck und hohe Arbeitsbelastung, Rollenkonflikt und Rollenambiguität sind positiv korreliert vor allem mit der MBI-Dimension der emotionalen Belastung.

Interessant ist nun aber die Differenzierung nach Klienten/Patienten-bezogener Arbeitsbelastung und sonstiger Arbeitsbelastung. Historisch ging die gesamte Burnout-Forschung ja davon aus, daß es vor allem der emotional belastende Umgang mit hilfesuchenden Menschen ist, der zu Burnout führt.

SCHAUFELI & ENZMANN (1998) überraschen uns aufgrund der Ergebnisse einer Meta-Analyse vieler dazu vorliegender Untersuchungen allerdings mit folgender Schlußfolgerung:

> *Hence, it seems that, on empirical grounds, the assertion that burnout is particularly related to emotionally charged interactions with clients has to be refuted.* (SCHAUFELI & ENZMANN 1998:84)
>
> ÜBESETZUNG
>
> Es scheint also, daß man auf der Basis der empirischen Ergebnisse die Annahme, Burnout stehe speziell mit emotional belastenden Patienten-Interaktionen in Zusammenhang, zurückweisen muß.

Und noch eine andere, bisher in der Burnout-Forschung allgemein gehegte Grundannahme muß aufgrund solcher Meta-Analysen zurückgewiesen werden: Es ist mehr die rein quantitative Last der ANZAHL der Patienten als die PROBLEMATIK der Patienten (z. B. Sterben), die mit Burnout zusammenhängt.

Nun wird man allerdings auch keine sinnvollen Ergebnisse erwarten können, wenn die Fragestellung zu grob ist. Die gesamte Burnout-Forschung zeigt ja zumindest eines: Burnout erwächst aus einem ungemein komplizierten Geflecht von Bedingungen, die miteinander interagieren: Bedingungen des Arbeitsplatzes, der Arbeitseinstellungen, der Persönlichkeitsdispositionen usw. Warum also sollte eine Eins-zu-Eins-Beziehung zwischen einer Variablen der »Außenwelt« und einer Verfaßtheit der »Innenwelt« erwartet werden? Hier spielen das Klima der Organisation, der Grad der Autonomie der Arbeit, die Anerkennung durch Kollegen und Vorgesetzte, Rollenvariablen und Belohnungsmuster usw. ebenso eine Rolle wie Idealismus (vgl. unten Abschnitt 2.1), Engagement (vgl. Kapitel 6, Abschnitt 2c), kommunale Orientierung, Meta-Ressourcenausstattung und vieles mehr. Das ganze Feld ist noch nicht systematisch bearbeitet.

Merkmale des Arbeitsplatzes sind Arbeitsmenge, Zeitdruck, Kalkulierbarkeit der Arbeit, Unterstützung durch Kollegen, Anerkennung durch Vorgesetzte, Rollenstreß. An Folgen ist untersucht die Arbeitszufriedenheit, der Einfluß von Burnout auf das Arbeits- und Firmenengagement, auf die Anzahl der Fehltage im Beruf, den Kündigungswunsch und den tatsächlichen Berufswechsel. Die wichtigste ist natürlich der mögliche Einfluß von Burnout auf die Qualität der geleisteten Arbeit – nach der Übersicht von SCHAUFELI & ENZMANN (1998) sind die Ergebnisse bisher uneinheitlich. Entscheidungsspielräume sowie Arbeitseinstellungen sind arbeitsbezogene Antezedenzbedingungen, welche im Zusammenhang mit Burnout untersucht wurden.

Ich möchte nur einige wenige Variablen herausgreifen, bei denen sich eine gewisse Einheitlichkeit der Ergebnisse zeigt.

Unter den Antezedenzbedinungen spielt, wie erwähnt, die rein quantitative Arbeitslast eine große Rolle bei der Entwicklung von Burnout, wie eine ältere Meta-Studie von LEE & ASHFORTH (1996) zeigt und auch die neuere Forschung, bei der oft auch die Arbeitsmenge – neben vielen verschiedenen anderen Variablen – berücksichtigt wird, bestätigt (vgl. z. B. BÜSSING & SCHMITT 1998; CHEUK, SWEARSE, WONG & ROSEN 1998; COLLINS 2000; HOUKES, JANSSEN, DE JONGE & NIJHUIS 2001a; GREENGLASS, BURKE & FIKSENBAUM 2001; TUMMERS, LANDEWEERD & VAN MERODE 2002).

Eine weitere wichtige Einflußgröße scheint die relative Autonomie der Arbeit zu sein; auch diese Variable hatten LEE & ASHFORTH (1996) in ihre Meta-Analyse mit einbezogen. In jüngster Zeit bekommt der Zusammenhang von Arbeitsautonomie und Burnout eine weitere breite Bestätigung. TARIS, STOFFELSEN, BAKKER, et al. (2002) haben diesen Zusammenhang bei 9.503 Angestellten in 28 verschiedenen Berufen untersucht und eine klare negative Korrelation zwischen Autonomie und Arbeitsstreß bzw. Burnout festgestellt. Das Besondere dieser Studie ist, daß nicht die Befragten selbst die relative Autonomie ihres Arbeitsplatzes angeben, sondern versucht wird, diese »objektiv« zu messen. Die Autonomie der Arbeit wird extern bewertet durch das Urteil von acht unabhängigen Experten.

Auch Rollenstreß mit seinen drei Aspekten – Rollenüberlastung, Rollenambiguität und Rollenkonflikt – erweist sich als relativ durchgängiges Korrelat von Burnout, wie eine ältere Meta-Studie (PFENNIG &

HÜSCH 1994) belegt und auch neuere Forschungsbeiträge zeigen (vgl. z. B. DYER & QUINE 1998; VON EMSTER & HARRISON 1998; PEIRO, GONZÁLEZ-ROMÁ, TORDERA & MAÑAS 2001; ELLOY, TERPENING & KOHLS 2001; POSIG & KICKUL 2003).

Obwohl bei der Untersuchung aller arbeitsbezogenen Antezedenzbedingungen und möglichen Konsequenzen das Gewicht der einzelnen Bedingungen in verschiedenen Untersuchungen sehr unterschiedlich ist und man oft auch Gegenevidenz zitieren kann, kristallisieren sich hier doch einige relativ konsistente Antezedenz-Bedingungen und Konsequenzen von Burnout heraus (vgl. auch DEMEROUTI 2000).

Eine starke, rein quantitative Arbeitsbelastung, hoher Zeitdruck, Gängelung bei der Arbeit (geringe Autonomie), unklare Entscheidungs- und Zuständigkeitsstrukturen, geringe soziale Unterstützung durch Kollegen und wenig Rückmeldung und Anerkennung von den Vorgesetzten gehören zu den relativ »sicheren« Antezedenz-Bedingungen von Burnout – d. h. können im Verbund mit diesen und anderen z. B. auch individuellen Faktoren zur Entwicklung von Burnout beitragen. Negative Einstellungen zu sich selbst, zur Arbeit und zur Firma, Unzufriedenheit und Absetztendenzen gehören zu den relativ »sicheren« Folgen von Burnout.

1.4 Firmen-Kultur

Was in der Burnout-Forschung bisher kaum Eingang gefunden hat, sind mehr kollektive Merkmale und kollektive Bedingungen von Arbeit auf der Ebene der Organisation.

So wurde z. B. das Konzept der Firmen-Kultur, *organizational culture*, obwohl es bereits seit einem Jahrzehnt in der Organisationssoziologie und in der Streßforschung eine Rolle spielt (vgl. SCHEIN 1992; THOMPSON, STRADLING, MURPHY & O'NEILL 1996; SANDHU & DAS 1998; SCHEIN 1999; PETERSON & WILSON 2002), bisher in der Burnout-Forschung noch kaum aufgegriffen.[2]

2 Eine Ausnahme ist die Dissertation von MIRANDA (2000), die *organizational culture* wenigstens am Rande mit untersuchte.

Firmen-Kultur ist mehr als das, was mit Betriebsklima umschrieben wird. Firmen-Kultur ist folgendermaßen definiert:

> *... The essence of culture is in the underlying assumptions, values, and beliefs that have been jointly learned and taken for granted by the organization.*
>
> *... These assumptions often operate outside an employees' or managers' awareness. They form an unspoken or unwritten basis upon which people behave, communicate, and interact in the workplace.*
>
> *An organization's culture includes assumptions and beliefs about human nature, human relationships, and the nature of time and space. The assumptions that are inherent within the organizational culture dictate how employees should interact, behave, and communicate. These assumptions also shape and bias thought as well as provide an identity of employees. Because of this, culture will influence what people are more likely to perceive as germane and what information they are likely to retain. Culture defines perceptual schema and makes our thoughts and actions more efficient. As a consequence, culture influences what will be perceived as stressful.* (PETERSON & WILSON 2002:17)
>
> ÜBERSETZUNG
>
> ... Die Essenz der Firmen-Kultur liegt in den zugrunde liegenden Annahmen, Werten und Überzeugungen, die gemeinsam erlernt und von den Organisationen als selbstverständlich angesehen wurden.
>
> ... Diese Überzeugungen kommen bei Angestellten oder Managern oft unbewußt zum Tragen. Sie bilden eine unausgesprochene oder ungeschriebene Basis, auf der Menschen an ihrem Arbeitsplatz handeln, kommunizieren und interagieren.
>
> Die Kultur einer Organistion schließt Annahmen über und Überzeugungen von der menschlichen Natur, von menschlichen Beziehungen und der Natur von Zeit und Raum ein. Die Annahmen, die einer Organisations-Kultur inhärent sind, definieren, wie Angestellte interagieren, sich verhalten und kommunizieren sollten. Diese Annahmen formen und beeinflussen das Denken und sie stellen den Angestellten auch eine Identität bereit. Aus diesen Gründen wird Kultur das beeinflußen, was Menschen eher als angemessen empfinden und welche Information sie

sich wahrscheinlich merken. Kultur definiert das Wahrnehmungsschema und macht unsere Gedanken und Handlungen effizienter. Folglich beeinflußt Kultur auch das, was als Streß wahrgenommen wird.

Ich möchte nur für einige dieser impliziten Annahmen einmal ein Beispiel geben. Es gibt ohne Zweifel Firmen, welche davon ausgehen, daß die Mitarbeiter prinzipiell nicht arbeitswillig sind, sich drücken, wo sie können, stets nur ihre eigenen, aber niemals die Firmeninteressen vertreten und nicht in der Lage sind, Überblick zu wahren und eigene Entscheidungen zu fällen. Dies sind bestimmte implizite Annahmen über die Natur des Menschen, welche – auch wenn sie gar nicht mit der Realität übereinstimmen – einschneidende Folgen für das Verhalten von Firmenmanagement und Mitarbeitern haben können.

Die Konsequenz solcher impliziten Annahmen ist eine Gängelung der Mitarbeiter, viel Kontrolle, wenig Achtung vor ihrer Arbeit und eine von jeglichen Gewissensbissen freie Tendenz der Ausbeutung – etwa durch Streichung von gewissen Sonderzuwendungen, Kürzung des Weihnachtsgeldes oder Ratenauszahlung, selbstverständlicher Anspruch auf Überstunden, Übergriffe auf Ferien, Setzung von Betriebsferien usw. Es läßt sich leicht voraussehen, daß diese impliziten Annahmen unter Umständen eine *self-fulfilling prophecy* darstellen, weil die Konsequenzen aus solchem Management das Arbeits- und Firmenengagement entscheidend dämpfen können und sicher auch zu Bedingungen wie Burnout beitragen.

Dieses eine Beispiel mag genügen, um zu illustrieren, wie kollektive »kulturelle« Faktoren sich auf Burnout auswirken können.

Die Kultur einer Firma, d. h. diese impliziten Annahmen zu untersuchen, ist natürlich sehr viel aufwendiger als eine bestimmte Berufsgruppe mit dem MBI nach Burnout zu befragen. Auch erfordert diese Forschungsrichtung differenziertere und neue Untersuchungseinheiten: Eine bestimmte Berufsgruppe muß aufgespalten werden nach der institutionellen Zugehörigkeit zu bestimmten Firmen mit möglicherweise unterschiedlicher Kultur.

Solche aufwendigen Untersuchungen könnten aber eine neue und erweiterte Perspektive in die Burnout-Forschung bringen soweit es das Arbeitsfeld als Bedingungsgefüge betrifft – und es könnte auch eine

Brücke sein für die Untersuchung nicht nur des Einflusses von Subkulturen, sondern auch von Kultur im weiteren Sinn – d. h. transkulturelle Vergleiche von Bunrout. Beides aber bleibt bis heute ein Defizit in der Burnout-Forschung (vgl. Kapitel 7).

1.5 Längsschnittstudien

Dieser große Nebel der Korrelatenforschung läßt sich nur lichten durch die allerdings sehr viel aufwendigeren Langzeituntersuchungen und andere, methodische, vor allem auch statistische Neuansätze. SCHAUFELI & ENZMANN (1998) konnten allerdings nur acht Längsschnittuntersuchungen im ersten Vierteljahrhundert der Burnout-Forschung ausmachen, die wenigstens die wichtigsten methodischen Qualitätsmerkmale erfüllten. Die Ergebnisse sind vernichtend:

> *The eight most sophisticated longitudinal studies that investigated effects of work demands on burnout by controlling for the degree of burnout at the first point of measurement could not reproduce the results found in cross-sectional studies. Either longitudinal effects were very small or not significant (...) or, contrary to expectations and despite positive cross-sectional correlations, demands seemed to be associated negatively with burnout (...). A reverse causal direction was even found, suggesting that emotional exhaustion leads to high workload rather than the other way around ...*
>
> *... How can these rather disappointing longitudinal results be explained? Perhaps burnout is truly unrelated to job demands. However, (...) we will see that this is not very likely from a theoretical point of view. Hence, methodological explanations seem to be more plausible. First, a general tendency of respondents to report negatively on all self-report measures involved, burnout and job demands, might exist resulting in spuriously high cross-sectional correlations that are not likely to be reproduced longitudinally. This artefact, for wich a particular personality characteristic (negative affectivity) may be held responsible, would explain the striking difference between cross-sectional and longitudinal correlations ...* (SCHAUFELI & ENZMANN 1998:95)

> Die acht anspruchvollsten Längsschnittstudien, welche die Auswirkungen von Arbeitsanforderungen auf Burnout untersuchten und dabei den Grad von Burnout am Ausgangspunkt des Messung überprüften, konnten die Ergebnisse, die in Querschnittstudien gefunden wurden, nicht reproduzieren. Entweder waren die Längsschnitt-Auswirkungen sehr klein oder nicht signifikant (...) oder im Gegensatz zu den Erwartungen, und trotz positiver Querschnitts-Korrelationen schienen die Anforderungen negativ mit Burnout zu korrelieren (...). Es wurde sogar eine umgekehrte kausale Richtung gefunden, was darauf hindeutet, daß emotionale Erschöpfung eher zu hoher Arbeitslast führt als andersherum ...
>
> ... Wie können nun diese eher enttäuschenden Längsschnitt-Ergebnisse erklärt werden? Vielleicht steht Burnout tatsächlich in keiner Beziehung zur Arbeitsanforderung. Das aber (...) erscheint von einem theoretischen Standpunkt aus nicht sehr glaubhaft. Daher scheinen methodologische Erklärungen plausibler zu sein. Vor allem könnte eine allgemeine Tendenz bei den Befragten existieren, negativ bei allen selbst-ausgefüllten Meßinstrumenten zu Burnout und zu Arbeitsanforderungen zu antworten, was zu einer fälschlicherweise hohen Querschnitts-Korrelation führen könnte, die sich jedoch in Längsschnittstudien wahrscheinlich nicht reproduzieren lassen. Dieses Artefakt, für welches ein bestimmtes Persönlichkeitsmerkmal (negative Affektivität) verantwortlich sein könnte, könnte die auffällige Differenz zwischen Querschnitts- und Längsschnitt-Korrelationen erklären...

In den Längsschnittstudien können aufgrund der Mehrfachmessung und geeigneter statistischer Verfahren Antezedenzbedingungen und Konsequenzen von Burnout unterschieden werden. In der Studie an 173 Schulpsychologen von MILLS & HUEBNER (1998) zeigt sich deutlich der Kreislaufcharakter von Burnout: Erfahrungen von Streß und Belastung führen zu Burnout, und dies wiederum hat erhöhtes Streßerleben zur Folge, was auf die durch Burnout reduzierten Widerstandskräfte verweist.

Obwohl man in der neueren Forschung mehr Längsschnittstudien findet als bis 1997/98, als SCHAUFELI & ENZMANN (1998) dieses Urteil fällten (vgl. GUTHRIE, BLACK, BAGALKOTE et al. 1998; MIRVIS, GRANEY & KILPATRICK 1999; PROSSER, JOHNSON, KUIPERS et al. 1999; ROSS, GREENFIELD & BENNETT 1999; HILLHOUSE, ADLER & WALTERS 2000; SCHRÖDER,

Schmutzer & Schröder 2000; Caballero-Martín, Bermejo Fernández, Nieto Gómez, & Caballero-Martínez 2001; Peiro, González-Romá, Tordera, Mañas 2001; Rodriguez, Bravo, Peiro & Schaufeli 2001; Tang, Au, Schwarzer & Schmitz 2001; Brown, Schultz, Forsberg et al. 2002; Burisch 2002; McManus, Winder & Gordon 2002; Burisch 2003), gibt es immer noch sehr wenige Studien, welche die hohen Kriterien von Schaufeli und Enzmann erfüllen. Nur wenige basieren auf einem repräsentativen Sample – wie etwa Brown, Schultz, Forsberg et al. (2002) und McManus, Winder & Gordon (2002). Diese beiden Studien verwenden das MBI als Meßinstrument für Burnout. Aus der Studie von Brown, Schultz, Forsberg et al. (2002) (eine Langzeitstudie über vier Jahre) ergibt sich, daß für das Verbleiben in dem sehr belastenden Job der Aids-Krankenpflege die soziale Unterstützung durch Kollegen einen der wichtigsten stützenden (d. h. zum Verweilen beitragenden) Faktoren darstellt. Und bei McManus, Winder & Gordons (2002) Dreijahresuntersuchung an englischen Ärzten wird deutlich, welche Funktion die Depersonalisation als eine der Komponenten von Burnout hat. Sie führt zu einem reduzierten Belastungserleben: Eine unpersönlichere Haltung gegenüber den Patienten hat die Wirkung, die eigene Belastung zu dämpfen.

Es ist ohne Zweifel ein Fortschritt, wenn in jüngerer Zeit zur Klärung der kausalen Beziehung mehr Längsschnittstudien unternommen werden. Im Allgemeinen wird aber nicht von irgendeinem gemeinsamen theoretischen Ansatz ausgegangen, und die Studien sind nicht koordiniert und nicht aufeinander bezogen. Da zusätzlich die Anzahl der untersuchbaren Berufe und Variablen endlos ist, tragen diese Studien zwar dieses und jenes interessante Einzelergebnis bei, geben aber kein kohärentes Bild vom Kausalgefüge der Bedingungen, welche zu Burnout führen.

2. Theoretische Ansätze zur Entstehung und Chronifizierung von Burnout

Ein Grund für die relativ unzusammenhängende Fülle empirischer Burnout-Studien ist das Fehlen einer oder mehrerer theoretischer Orientierungen. Bei einem Syndrom, bei dessen Entstehung vermutlich individuelle, interpersonelle, institutionelle und sicher auch gesamtgesellschaftliche Bedingungen auf vielfältige Weise miteinander interagieren, mag der Anspruch auf eine »einheitliche« Theorie unrealistisch sein, aber auch Teil-Theorien wären schon wünschenswert.

Doch in der bisherigen Burnout-Forschung gibt es nicht nur keine »einheitliche« Theorie, es gibt auch keinen Konsens über verschiedene theoretische Teil-Ansätze. Es findet sich eine Fülle von Ad hoc-Theorien, welche außer den eigenen Kollegen und Doktoranden kaum jemand aufgreift, so daß sie alle nach wie vor relativ unverbunden nebeneinander stehen und sich auch keinesfalls gegenseitig ausschließen. Gerade im Blick auf künftige Theorieentwicklung lohnt es sich also, diese vorhandenen Ansätze zu sichten.

Man kann bei den verschiedenen vorhandenen Teilansätzen theoretischer Erklärung für Burnout zwischen drei Erklärungsebenen unterscheiden:

- der intrapersonalen,
- der interpersonellen und
- der Person-Institutionen-Ebene.

2.1 Intrapersonale Ebene

Intrapersonale Theorieansätze stammen aus der Psychoanalyse, die sich mit ihren Erklärungsansätzen in ihrer eindrucksvollen Expansivität auf nahezu alle Felder menschlichen Daseins begeben hat, auch auf das Feld von Burnout und anderen psychodynamischen Ansätzen. VANHEULE (2001) exploriert in einer theoretischen Arbeit Burnout unter Freud-Lacanscher Perspektive, BERGER (2000) interpretiert das Burnout von jungen Firmenanwältinnen mit Rückgriff auf Kindheitserfahrungen und richtet ihre Behandlung entsprechend danach aus und für LÄNGLE (2000) ist Burnout eine Sonderforschung des existentiellen Vakuums.

Daneben werden auf der intrapersonalen Ebene immer wieder vor allem Konzepte wie Desillusionierung, Verlust von Idealen, von Träumen und existentiellem Sinn diskutiert.

Diese Tradition hat ihre Wurzeln bei FREUDENBERGER (1974), der betont, daß nur engagierte Menschen ausbrennen können, nur solche, die sich einlassen, Ideale haben, Ansprüche an sich selbst stellen. Freudenberger hat diese Annahme zusammen mit Richelson in einem Buch noch weiter ausgebaut (FREUDENBERGER & RICHELSON 1980). Sie haben Burnout als *disease of over-commitment* (Krankheit des Überengagements) bezeichnet, eine »Krankheit«, die nur Idealisten erleiden können, Menschen, die in ihrem Beruf »dynamisch, charismatisch, zielorientiert« sind, hohen Ich-Idealen folgen und mit hohem Engagement diese umsetzen.

Oder wie PINES (1993) es besonders prägnant ausgedrückt hat:

> *In order to burn out, one has first to be »on fire«. A person with no such initial motivation can expericence stress, alienation, depression, an existental crisis, or fatigue, but not burnout.* (PINES 1993:41)
>
> ÜBERSETZUNG
>
> Um auszubrennen, muß man erst einmal »gebrannt« haben. Ein Mensch, der keine solche Anfangsmotivation hatte, kann Streß, Entfremdung, Depression, eine existentielle Krise oder Müdigkeit erfahren, nicht jedoch Burnout.

Gefährdet also sind besonders jene Menschen, die in ihrer Arbeit den eigentlichen Sinn ihres Lebens suchen (PINES 1993), darin aber enttäuscht werden.

Einen der jüngeren Beiträge zu diesem Erklärungsansatz liefert FRIEDMAN (2000): *Burnout in teachers: Shattered dreams of impeccable professional performance* nennt er seine Arbeit über Burnout bei Lehrern.

Wenn man sich die neuere Forschung genauer anschaut, so ist die Lage allerdings nicht so einfach oder einheitlich, wie sie Freudenberger oder Pines formuliert haben. Es ist eine so zentrale These der frühen Burnout-Forschung gewesen, daß sie sich als implizite Annahme bis heute durchhält. Gerade deshalb lohnt es sich auch, einmal genauer auf den Stand der Forschung zu schauen, zumal gerade in diesem Bereich einige der desolaten Bedingungen der gesamten Burnout-Forschung besonders deutlich werden.

Wie also steht es damit: Brennen nur Menschen aus, die »gebrannt« haben?

Zwar findet Gila ACKER (1999) bei Sozialarbeitern (also im weitesten Sinne dem Berufsfeld, von dem auch Freudenberger ausging), daß stärkere berufliche Involviertheit mit höheren Burnout-Werten zusammenhängt, doch KALLIATH, O'DRISCOLL & GILLESPIE (1998) stellen bei Krankenschwestern und Laborangestellten im Krankenhaus das Gegenteil fest: höhere Burnout-Werte bei denjenigen, die weniger in ihrer Arbeit involviert sind. Auch LANGNER (2002) zeigt in ihrer Dissertation, daß Idealismus und Burnout negativ korreliert sind. SCHMITZ (1998; vgl. auch SCHMITZ & LEIDL 1999) ergänzt in seiner retrospektiven Studie »Brennt wirklich aus, wer entflammt war?« (genau die Frage von Pines) das Kaleidoskop der Ergebnisse: Nicht Enthusiasmus, Engagement, Sich-einlassen, Identifikation mit der Arbeit sind so bedeutsam für Burnout, also nicht die HOHEN Erwartungen – sondern nur die UNREALISTISCHEN Erwartungen, welche man hatte.

Ein weiterer Burnout-Forschungsbereich voller Widersprüche? Man weiß es nicht. Jeder Forscher verwendet ein anderes Meßinstrument für Engagement oder Idealismus oder Sich-einlassen. Nicht jeder redet vom gleichen Konzept. Die einen meinen Arbeitsengagement, die anderen *organizational commitment*. Außerdem können diese Ergebnisse natürlich auf verschiedenen Punkten der Zeitachse liegen und müßten damit den Annahmen Freudenbergers und Pines' keinesfalls widersprechen:

Der Idealismus geht im Laufe des Ausbrennens verloren (Friedmans *shattered dreams*), das Maß des Burnout steigt. Eine Messung am Anfang dieser gegenläufigen Zeitverläufe mag zunächst eine negative Korrelation erwarten lassen: Der Enthusiasmus trägt einen durch den unsäglichen Streß der Arbeit. Das Engagement ist eine Ressource und damit ein Schutz. Aber wenn sich Burnout dann durchgesetzt hat, ist auch der Idealismus tot: Die Korrelation ist negativ.

Retrospektive Studien des Zuschnitts von SCHMITZ (1998) können diese Fragen nicht aufklären, weil beide Messungen – Idealismus, Engagement auf der einen Seite und Burnout auf der anderen – zum gleichen Zeitpunkt gemacht wurden: Er befragte seine 207 Versuchspartner, die nach Burnout gemessen wurden, rückblickend nach den Motiven ihrer Berufswahl und analysierte diese beiden Datensätze mit statistischen Methoden der Strukturanalyse, speziell LISREL. Wir wissen aber, daß rückblickende *narratives* auch Gegenwarts-legitimierenden Charakter haben.

In diesem Geflecht von Teilergebnissen, welche mehr Fragen aufwerfen als sie lösen, helfen nur eine Reihe von Langzeitstudien, die nicht nur im Bereich der Burnout-Messung vergleichbar sind, sondern auch hinsichtlich der Erhebung von Idealismus und Engagement oder durch Feldstudien mit subtilen qualitativen Ansätzen, wie sie z. B. BAIREY-BEN ISHAY (1999) zum Engagement von Lehrern in einer Versuchsschule Israels vorgelegt hat.

Die bisher erwähnten intrapersonalen Ansätze postulieren im Kern intrapsychische Dissonanzen, Nichtstimmigkeiten zwischen beruflichem Selbstbild und Selbstanspruch auf der einen Seite und den erfahrenen oder wahrgenommenen beruflichen Realitäten auf der anderen. Wenn diese Dissonanzen nicht im Sinne einer Selbstbild-Korrektur bewältigt werden können, sprechen Psychoanalytiker auch gerne von narzistischer Störung (vgl. FISCHER 1983 mit seiner psychoanalytischen Sicht von Burnout).

Insgesamt enthält das Bild des Burnout-Betroffenen, welches diese Ansätze zeichnet, eine implizite Wertung und damit auch eine gewissen Schuldzuschreibung an den Burnout-geplagten Menschen: Warum muß er auch so unrealistisch sein? Er ist ein Träumer, ein Idealist, ein maßlos Überengagierter, ein Sucher nach Sinn an der falschen Stelle, ein Narzist...

In diese Wertungen fügen sich auch die Ergebnisse von Burnout-Studien ein, die nach Persönlichkeitskorrelaten von Burnout suchen (vgl. oben). Was sind es für Persönlichkeiten, welche in die Falle des Burnout geraten? Wie erwähnt, ergibt sich kein eben sympathisches Bild: Sie neigen zu defensiven Bewältigungsstrategien, haben ein eher niedriges Selbstwertgefühl, sind neurotisch und schlecht gelaunt.

Daneben wird auf der Ebene der individuellen Ansätze noch eine Theorie gehandelt, die aus der allgemeinen Streßforschung kommt, und die besonders geeignet ist, nicht nur die Entstehung, sondern auch die Chronifizierung von Burnout verständlich zu machen.

Die Theorie heißt Conservation of Resources-Theory (COR) und stammt von Steven E. HOBFOLL (1988, 1989; HOBFOLL & FREEDY 1993;

HOBFOLL & SHIROM 1993; FREEDY & HOBFOLL 1994; HOBFOLL, FREEDY, GREEN & SOLOMON 1996).

Ausgangspunkt der Theorie ist folgende Annahme: *Individuals strive to obtain, retain, and protect that which they value* (HOBFOLL, FREEDY, GREEN & SOLOMON 1996:323), eine nicht schwer nachvollziehbare Annahme. Das, was einem Menschen teuer und wert ist, und alles das, was ihm hilft, dieses Wertvolle zu erreichen, nennt Hobfoll »Ressourcen«.

Es entstehe Streß, wenn diese Ressourcen gefährdet werden, wenn man tatsächlich Ressourcen-Verlust erleide oder wenn die Anstrengung, Ressourcen zu gewinnen, nicht mit angemessenem Erfolg gekrönt sei. Übersetzt man dies in den Kontext von Burnout, so kann man sagen:

Die eigene berufliche Kompetenz ist eine solche Ressource. Man fühlt sich in dieser Ressource bedroht, wenn man die Kompetenz nicht ausüben kann (z. B. als Psychotherapeut in einer Institution von Verwaltungsarbeit aufgefressen wird). Auch wenn man seine Kompetenz zum Einsatz bringt (Investition von Ressourcen) und damit keinen angemessenen Gewinn erzielt (Gehaltserhöhung, Beförderung usw.), entsteht Streß, Belastung, Burnout.

Was geschieht bei Streß in Folge der Ressourcenbedrohung? Man wird versuchen, das Gesamt der Ressourcen aufrechtzuerhalten, indem man z. B. das Gewicht auf andere Ressourcen legt: Berufsbelastung wird z. B. ausgeglichen durch Aktivierung des privaten sozialen Netzes. Burnout entsteht dann, wenn die Ressourcen erschöpft sind und nicht mehr aufgefüllt oder ausgetauscht werden können. Zwar werden große Anstrengungen unternommen, hier gegenzusteuern (andere Ressourcen anzuzapfen), aber wenn man schon erschöpft ist, wird das nicht gelingen und Burnout wird nur verstärkt... Es ist ein sich selbst perpetuierender Prozeß, der bekannte Teufelskreis.

Bis 1997 lagen nur zwei Arbeiten zu diesem Modell in der Burnout-Forschung vor (FREEDY 1993; FREEDY & HOBFOLL 1994). Danach haben WRIGHT & CROPANZANO (1998) das Modell in einer Längsschnittstudie als theoretischen Rahmen verwendet (ohne allerdings auf FREEDY & HOBFOLL 1994 einzugehen) sowie JANSSEN, SCHAUFELI & HOUKES (1999) und noch SHEPLER (2001, eine Dissertation). Mehr läßt sich – bisher jedenfalls – noch nicht zu COR finden, was sich vielleicht ändert, wenn die jüngste theoretische Ausformulierung und Anwendung auf Streß von HOBFOLL (2001) in der Burnout-Forschung rezipiert wird.

Es gibt jedoch wohl auch gute Gründe dafür, warum diesem Ansatz relativ wenig Erfolg beschieden ist: Dies mag einmal in dem weiten Ressourcen-Begriff liegen (der alles vom Haushund bis zur spirituellen Neigung umfassen kann) und zweitens darin, daß die Gleichgewichtsmodelle des Burnout (vgl. unten) vergleichbare Prämissen, vor allem die nach dem Gleichgewicht investierter und gewonnener Ressourcen, prägnanter und damit testfähiger formulieren.

2.2 Interpersonelle Ebene

Die bekannteste Theorie des Burnout auf der interpersonellen Ebene ist die von MASLACH (1998), die ich in Kap. 2 bereits skizziert habe. Sie sieht nicht nur Burnout als dreidimensional konzipiert, sondern hat auch einen PROZESS der Burnout-Entstehung formuliert. An deren Anfang steht eine aus der interpersonellen Anforderung zwischen Patient/Klient auf der einen Seite und dem Anbieter bestimmter helfender Dienste auf der anderen erwachsende emotionale Erschöpfung. Diese führt dann, gewissermaßen als Selbstschutz, zur Depersonalisation (emotionale Distanz zum Patienten, Patient als Objekt), wodurch es natürlich zu einer verschlechterten Beziehung zum Patienten kommt und damit auch zu einem Gefühl ineffizienterer Arbeit oder zumindest zu einem Gefühl reduzierter professioneller Leistungsfähigkeit.

GOLEMBIEWSKI, MUNZENRIDER & STEVENSON (1986) (vgl. dazu auch MYERS 2000) sehen die Abfolge allerdings anders: Erst komme es in Reaktion auf belastende Patienten- und Klientenkontakte zur Depersonalisation, woraus sich dann die emotionale Erschöpfung entwickle.[3]

Ein drittes Modell stammt von VAN DIERENDONCK, SCHAUFELI & BUUNK (2001c), wonach an erster Stelle ein Abfall der selbst eingeschätzten Arbeitsleistung stehe, gefolgt von emotionaler Erschöpfung und Depersonalisation.

3 Zu Modell 1 versus 2 vgl. LEITER (1989).

Übersicht 5.1: Kausalmodelle zu emotionaler Belastung (EB), Depersonalisation (Zynismus) (DP) und (negativer) Leistungsselbsteinschätzung (nLS)

Modell	Voraussage
Modell 1 (Maslach)	EM ------> DP ------> nLS
Modell 2 (Golembiewski et al.)	DP ------> EB ------> nLS
Modell 3 (Van Dierendonck et al.)	nLS ------> EB ------> DP

Welches Modell bildet den Prozeß der Burnout-Entstehung besser ab? Oder in welchem Fall und unter welchen Bedingungen hat welches Modell mehr Erklärungswert? Diese Frage mag als ein recht akademisches Problem erscheinen – aber gerade deshalb wird sie von den Burnout-Forschern auch aufgegriffen.

Die nachfolgende Übersicht 5.2 zeigt das Ergebnis der neueren Studien und Meta-Studien zu dieser Frage:

Übersicht 5.2: Empirische Studien zu den drei Prozeßmodellen von Burnout

Autor	Modell	*Sample*	Ergebnis
1) LEE & ASHFORTH 1993	1 vs. 2	*supervisors and managers in public welfare setting*	1 etwas besser als 2
2) CORDES, DOUGHERTY & BLUM 1997	1 vs. 2	*managers and professionals in corporate settings*	1 etwas besser als 2
3) MANASSERO MAS, GARCÍA BUADES, VÁZQUEZ ALONSO et al. 2000	1, 2, 3	*elementary and high school teachers*	am besten ein 4. Modell: EB + nLS → DP
4) VAN DIERENDONCK, SCHAUFELI & BUUNK 2001a, 2001b	1, 2, 3	*teachers, mental health workers, managers, hospital-based health professionals*	idem: nLS → DP → EB
5) TOPPINEN-TANNER, KALIMO & MUTANEN 2002	1, 2, 3	*Finnish white and blue collar workers*	Modell 1 am besten

Der Übersicht ist zu entnehmen, daß bei einigen Studien wohl das Modell 1, wonach zuerst eine emotionale Erschöpfung entsteht, die dann zu Depersonalisation und schließlich negativer arbeitsbezogener Selbsteinschätzung führt, etwas besser abschneidet als die anderen Modelle. Andererseits muß berücksichtigt werden, welche Studie auf den meisten und unterschiedlichsten Untersuchungsgruppen basiert; VAN DIERENDONCK, SCHAUFELI & BUUNK (2001a, 2001b) unterzogen fünf verschiedene vorangehende Längsschnittstudien, darunter auch die von Lee und Ashfort, einer Meta-Analyse.

Ein weiterer interpersoneller theoretischer Ansatz geht aus von *equity*-Theorien und Reziprozitäts-Konzepten. Für BUUNK & SCHAUFELI (1999) ist das Bedürfnis nach Reziprozität oder Ausgewogenheit im Nehmen und Geben eine universelle Konstante, die sich in der Evolution bewährt habe. Nach der *equity*-Theorie werden interpersonelle Beziehungen im Sinne der beidseitigen Ausgewogenheit von Interaktionspartnern im Blick auf Investitionen und Gewinne verstanden.

Nach dieser Auffassung wäre dann die Depersonalisation als ein Versuch anzusehen, eine wahrgenommene Ungleichheit ins Gleichgewicht zu bringen (BUUNK & SCHAUFELI 1993). Diese theoretischen Ansätze spielen auch heute noch eine erhebliche Rolle in der Burnout-Forschung, und ich werde im Kapitel 6, Abschnitt 1.1 noch einmal darauf zurückkommen. Das Gleiche gilt für diejenigen Theorien von Burnout, welche Gefühle in den Mittelpunkt stellen (*emotional work, emotional contagion*): Sie werden im Kapitel 6, Abschnitt 1.2 behandelt.

2.3 Person-Institutionen-Ebene

Wenn von Burnout-Theorien auf der Person-Institutionen-Ebene die Rede ist, so ist stets eine Interaktion gemeint zwischen der Person (ihre Erwartungen, Ansprüche, falschen und richtigen Vorstellungen usw.) auf der einen Seite und den Realitäten oder Bedingungen der Institutionen auf der anderen. Jede Art von *mismatch* zwischen Arbeit und Person (vgl. dazu vor allem MASLACH & LEITER 1997, 2001) kann zu Burnout führen (für eine Übersicht über diese institutionellen Ansätze vgl. SCHAUFELI & ENZMANN 1998). Ich komme im Kapitel 6 darauf zurück.

Über diese *mismatch*-Theorie hinaus gibt es auf dieser dritten theoretischen Ebene nur sehr wenige Ansätze in der Burnout-Forschung. Die Forschung zur Firmen-Kultur (vgl. oben) wäre ein sinnvoller Ansatz – ist bisher aber, wie gesagt, nicht aufgegriffen worden.

Gelegentlich wagt sich einmal eine Dissertation auch an eine theoretische Analyse (vgl. ROOK 1998) oder stellt Burnout in den Kontext marxistischer Theorie oder postmoderner feministischer Kritik (MEYERSON 1998). Lesenswert ist auch der Ansatz von MCKINNEY-DALENNE (2000). Sie stellt, wie erwähnt, den Begriff der GRENZE in den Mittelpunkt der Burnout-Analyse und bringt auf diese Weise eine Analyse der intrapersonalen und der Person-institutionellen Burnout-Bedingungen zusammen. Auf der intrapersonalen Ebene ist Burnout für die Autorin mißlungene Grenzziehung, mißlungene Handhabung der persönlichen Grenzen – auf der institutionellen Ebene aber kann Grenzziehung ebenfalls ein Problem sein und damit zu Burnout beitragen.

3. BEHANDLUNG UND PROPHYLAXE

In der »Behandlung« von Burnout kann man nahezu das gesamte Spektrum möglicher psychosozialer Interventionen finden, welches die westliche Kultur kennt: von der Muskelrelaxation und Meditation bis hin zur Psychoanalyse und Verhaltenstherapie, vom Coaching und SIT (*Stress Inoculation Training*) bis zur institutionellen Intervention und Restrukturierung. Weder Spieltherapie, Jogging, Tai Chi, Yoga, Gestalttherapie fehlen (MEYER 1991), noch Musiktherapie und Selbst-Coaching (CHEEK 2002; EICHHORN 2002).

Allein diese indiskriminative Fülle ist ein gutes Zeichen für den unbefriedigenden Stand professioneller Burnout-Behandlung und für die Forschung zu den Interventionen bei Burnout. Was in der wissenschaftlichen Literatur als Behandlungstechniken dargelegt wird, ist eine unverbundene Vielzahl von Ad hoc-Strategien, deren Effektivität nur selten geprüft wird und deren Interventionsfokus zudem der restlichen Burnout-Forschung zu widersprechen scheint (vgl. unten). Studien, die einmal verschiedene Verfahren der Burnout-Behandlung systematisch in ihrer Wirksamkeit miteinander vergleichen, gibt es nur wenige.

Eine frühe Studie dieser Art ist die von HIGGINS (1986), der Entspannungsverfahren und kognitives Verhaltenstraining miteinander verglich. Im Vergleich mit einer nicht behandelten Kontrollgruppe sind beide Verfahren hilfreich für die Besserung von Burnout (vgl. auch CORCORAN & BRYCE 1983). (Zu neueren Untersuchungen vgl. unten).

Auch Studien, welche die Stabilität und Dauer einer gemessenen positiven Wirkung untersuchen, sind selten (vgl. jedoch ROWE 2000, der die Wirkung von *skill training* im Stress Management bei Burnout immerhin über 2 ½ Jahre untersucht). (Vgl. auch VAN DIERENDONCK, SCHAUFELI & BUUNK 1998.)

Trotz dieser unbefriedigenden Lage möchte ich einen kurzen Überblick geben, was bei Burnout bisher an Behandlungsansätzen versucht wurde, um eine Basis der noch zu leistenden transkulturell vergleichenden Analyse zu liefern.

Im Prinzip kann man in der Forschung zur Burnout-Behandlung zwei Interventions-Foci unterscheiden:

- institutionelle Ansätze (Interventionen in der Organisation und am Arbeitsplatz) und
- individuelle Ansätze (Interventionen beim ausgebrannten oder Burnout-gefährdeten Individuum).

Die institutionellen Interventionen möchte ich hier nur kurz behandeln, weil sie für einen transkulturellen Vergleich weniger relevant sind. Es sind im weitesten Sinn organisatorische Interventionen und Techniken des Stress Managements, wie sie vor allem in der Organisationspsychologie entwickelt wurden. Dazu gehört das gesamte Spektrum der Möglichkeiten der Arbeitsplatz- und Arbeitsablaufgestaltung, des Management-Trainings und der Organisationsentwicklung (für eine knappe Übersicht vgl. SCHAUFELI & ENZMANN 1998, Kapitel 6, sowie den erwähnten Ansatz von PETERSON & WILSON 2002).

Im Zusammenhang mit institutionellen Interventionen dürfen die vielfältigen und fortschrittlichen Ansätze in den Niederlanden nicht unerwähnt bleiben. Einen exzellenten Überblick dazu geben SCHAUFELI & KOMPIER (2001). Da das Modell beispielhaft ist auch für andere Länder, erschien diese Arbeit in einer internationalen Zeitschrift, dem *International Journal of Distress Management*.

In den Niederlanden gibt es sowohl eine nationale Gesetzgebung als auch eine nationale Infrastruktur für Messung, Prävention und Behandlung von Arbeitsstreß, Burnout sowie anderen psychosozialen Risiken der Arbeit.

1999 wurde ein neues Gesetz, das Dutch Working Conditions Act (WCA) erlassen, dessen Ziel es ist, mentale und physische Gesundheit sowie das Wohlbefinden der arbeitenden Bevölkerung zu schützen und zu verbessern. Dabei ist die positive Zielsetzung des WCA zu beachten: Nicht Krankheit soll verhindert, sondern Gesundheit und Wohlbefinden sollen gefödert werden.

Deshalb liegt das Schwergewicht weniger im Bereich von heilenden Maßnahmen – wenn Arbeitsstreß und Burnout schon ihren Zoll gefordert haben –, sondern auf Prävention.

Private Organisationen, die Occupational Health and Safety Services (OHSS), helfen bei dieser Aufgabe und 95 Prozent aller niederländischen Firmen und Betriebe haben Verträge mit diesen privaten Institutionen. Ein neuer Berufsexperte, dessen Ausbildung auch staatlich genau definiert ist, der Work and Occupational Expert, wird von diesen Organisationen eingesetzt. Deren Fokus ist die Organisation, d. h. die Firma, der Betrieb, nicht der einzelne Arbeiter. In bezug auf die Organisation hat der Experte u. a. die Aufgabe der psychosozialen Beratung der Organisation, der Erhebung und Messung psychosozialer Risiken und der Implementierung und Evaluation von Maßnahmen zur Arbeitsstreßreduktion.

Wenn man sich ansieht, was an Erhebungs- und Meßinstrumenten in diesem niederländischen Kontext eingesetzt wird, so erkennt man, daß die MBI-verengte Burnout-Forschung sich hier noch eine Menge abschauen könnte. Auch die niederländische Version des MBI kommt zum Einsatz (SCHAUFELI & VAN DIERENDONCK 2000), aber darüber noch eine ganze Batterie von Instrumenten weiteren Horizonts.

Bis 1995 wurden allein vier Projekte zur Erprobung und Evaluierung von Arbeitsstreßreduktionsprogrammen auf organisatorischer Ebene durchgeführt, in Produktionsfirmen ebenso wie in einem Krankenhaus und verschiedenen Gesundheitsinstitutionen (COOPER, LIUKKONEN & CARTWRIGHT 1996; VAN GORP & SCHAUFELI 1996; MAES, VERHOEVEN, KITTEL & SCHOLTEN 1998; LOURIJSEN, HOUTMAN, KOMPIER & GRÜNDEMANN 1999; DE GEUS, VAN SON, LE BLANC & SCHAUFELI 2000). Auch wurde ein Handbuch mit detaillierten Empfehlungen und Richtlinien für Organisationen zwecks Prävention und Streßreduktion entwickelt (JANSSEN, NIJHUIS, LOURIJSEN & SCHAUFELI 1996). Weiter Streßreduktionsprogramme und Evaluationsstudien folgten (vgl. Übersicht bei SCHAUFELI & KOMPIER 2001).

Auch im Bereich der Forschung tut sich Eindrucksvolles in den Niederlanden. 1996 wurde ein achtjähriges Verbund-Forschungsprogramm initiiert, welches insgesamt 40 verschiedene Teilprojekte umfaßt. Die Initiatoren und Leiter dieses Mammutprogrammes sind an vier niederländischen Universitäten lokalisiert. Das Institut von Wilmar Schaufeli gehört führend dazu – und er ist auch einer der Initiatoren dieses Programms.[4]

Weniger professionell sieht es im Bereich der individuellen Interventionen aus.

Auf der individuellen Ebene sind die meisten Verfahren der Behandlung von Burnout-Fällen keinesfalls Burnout-spezifisch, sondern allgemeine Verfahren der individuellen Streßbewältigung am Arbeitsplatz (vgl. dazu ROSS & ALTMAIER 1994 und LOWMAN 1993). Selbstverständlich ist Burnout auch Arbeitsstreß – aber, wie in Kapitel 3 gezeigt, versuchen die Burnout-Forscher ihr Bestes, um ihren Burnout-Begriff als deutlich spezifischer und von allgemeinem Streß abgrenzbar zu zeichnen. Burnout wird im allgemeinen als weitaus schwerwiegender angesehen, weil die Gefahr der Chronifizierung bestehe. Trotzdem gibt es bisher nur wenige wirklich Burnout-spezifische Interventionen auf der individuellen Ebene. Im folgenden zitiere ich nur einige wenige Beispiele von therapeutischen Interventionen, wobei ich diejenigen Studien bevorzuge, welche eine Effektivitätsprüfung einschließen.

(1) MEDITATION, ENTSPANNUNG. An neueren evaluierten Interventionsstudien bei Burnout konnte ich in diesem Bereich nur eine Studie

4 Information dazu vgl. unter http://pva.magw.nl/content_uk.html

finden, welche die Ergebnisse auch evaluiert: ANDERSON, LEVINSON, BARKER & KIEWRA (1999). Nach einem Fünfwochenkurs in »standardisierter Meditation« waren die MBI-Werte der Behandlungsgruppe signifikant besser als die der Kontrollgruppe.

(2) KOGNITIV-VERHALTENSTHERAPEUTISCHE ANSÄTZE gehen davon aus, daß Burnout u. a. auch mitbedingt ist von falschen Vorstellungen und falschen Verhaltensmustern. Die falschen Vorstellungen werden auf rationale Weise korrigiert und neue Verhaltensweisen werden gelernt. Einige neuere systematisch evaluierte Arbeiten zeigen, daß diese Ansätze bei der Linderung von Burnout hilfreich sein können (RICHMAN 1998; AZAR 2000; GORTER, EIJKMAN & HOOGSTRATEN 2001).

(3) Auch die RATIONAL EMOTIVE THERAPY geht davon aus, daß es falsche Vorstellungen und Gedanken sind, die zu nicht adaptivem Verhalten führen – daß man also kognitive Korrekturarbeit zu leisten habe, um Burnout zu reduzieren. Tatsächlich finden MALKINSON, KUSHNIR & WEISBERG (1997), daß das Verfahren nach einer relativ kurzen Intervention – im Vergleich zu einer nicht behandelten Kontrollgruppe – einen Burnout-reduzierenden Effekt hat, der bis zu einem Jahr anhielt.[5]

(4) MEICHENBAUM (1985) führte das in der Arbeitspsychologie und auch in der Behandlung der Posttraumatischen Belastungsstörung viel verwendete STRESS INOCULATION TRAINING (SIT) ein, welches neue Denk- und Verhaltensweisen trainieren soll, um auf diese Weise gegen Streß zu »immunisieren«. Auch dieses Verfahren wurde zur Behandlung von Burnout eingesetzt und in einem Fall auch systematisch in seiner Wirkung untersucht: FREEDY & HOBFOLL (1994) fanden eine deutlich positive Wirkung auf die emotionale Erschöfung im Vergleich zu Kontrollgruppen.

Die individuellen Verfahren, die bei der Behandlung von Burnout am häufigsten zur Anwendung kommen, sind Lern- und Trainingsprogramme, rationale Verfahren (wie die unter 2 bis 4 genannten). Daß sie durchaus hilfreich sein können, zeigen auch weitere jüngere Evaluationsstudien. Sie sollen wenigstens kurz erwähnt werden:

5 Als neuere Forschung dazu vgl. die Evaluationsstudie von ANDERSON (2000).

Übersicht 5.3: Neuere systematisch evaluierte trainingsorientierte Burnout-Interventionen

VAN DIERENDONCK, SCHAUFELI & BUUNK (1998) haben eine in mehrerer Hinsicht besondere Untersuchung vorgelegt. Die Besonderheiten bestehen in drei Aspekten:

1. Die Intervention ist Theorie-gesteuert.
2. Sie verwendeten auch ein objektives Maß der Besserung.
3. Sie untersuchten kürzer- und längerfristige Effekte.

Die Autoren entwickelten ein speziell auf Burnout orientiertes Fünf-Wochen-Gruppentrainingsprogramm für Menschen, die beruflich mit geistig Behinderten zu tun haben. Sie gingen von der theoretischen Konzeption aus, wonach Burnout vor allem durch das Erleben von Ungleichheit (*inequity*) bedingt sei, einer Nicht-Übereinstimmung zwischen eigenen Zielen und Vorstellungen und den Realitäten der Arbeitssituation.

Entsprechend war das Training speziell darauf fokussiert, diese Ungleichheitswahrnehmung zu reduzieren. Eine Behandlungs- und zwei Kontrollgruppen wurden einer Messung vor dem Kurs sowie sechs und zwölf Monate danach unterzogen. Auch wurden als objektives Maß ein Jahr vorher und nachher die Anzahl der Abwesenheitstage im Job ausgewertet. Im Vergleich zu den Kontrollgruppen hatte sich die Ungleichheitswahrnehmung an der Behandlungsgruppe tatsächlich verbessert und die Abwesenheitstage waren reduziert.

WINEFIELD, FARMER & DENSON (1998) boten australischen Allgemeinärztinnen eine Serie von drei Seminaren zwecks besserer Berufsstreßbewältigung an. Vor- und Nachbehandlungsmessungen (auch nochmals eine dritte Messung nach vier Wochen) zeigten eine Reduktion von MBI Burnout-Werten sowie allgemeiner Belastetheit.

HUANG (1999) entwickelte ein einjähriges Aktionsprogramm (*in-service training program*) zur Reduktion von Lehrer-Streß. Es ergab sich kein Unterschied zwischen Behandlungs- und Kontrollgruppe. (Dissertation USA)

FELDSTEIN (2000) zeigte, daß Schulpsychologen, die eine klinische Supervision erhielten, gegenüber einer Kontrollgruppe, die nicht klinische Supervision erfuhr, signifikant bessere MBI-Werte aufwiesen. (Dissertation)

JAMUNA & RAMAMURTI (2000) boten der »experimentellen« Gruppe von Altenpflegern einen sechswöchigen Beratungskurs zwecks Streßreduktion an, der sich im Vergleich zur Kontrollgruppe als effektiv erwies.

LEFFERS, VERGUNST, KLEBER et al. (2000) führten bei Angestellten eines niederländischen Gesundheitszentrums in zehn Gruppensitzungen ein Streß-Management-Training durch. Es sollte Burnout reduzieren, das Selbstwertgefühl steigern und Bewältigungstechniken lehren. Im Vergleich von experimenteller (behandelter) Gruppe zur Kontrollgruppe zeigte sich das Programm als effektiv: MBI Burnout-Werte waren signifikant geringer, Selbstwertgefühl-Werte signifikant höher, und es wurden signifikant weniger passive Bewältigungsstrategien verwendet als in der Kontrollgruppe.

LITTLE (2000) zeigt, daß ein Kompetenztraining für Psychotherapeuten für den Umgang mit Borderline-Patienten eine signifikante Verbesserung der Burnout-Komponente der negativen Leistungsselbstbewertung erbringt. (Dissertation)

OSSEBAARD (2000) führte eine Doppelblindstudie mit Angestellten einer niederländischen Drogentherapie-Institution durch. Die experimentelle Gruppe wurde an eine sogenannte *brain machine* gesetzt – was nur kurzfristige, jedoch keine langfristige Reduktion von Angst zur Folge hatte. Auf MBI-Burnout wirkte sich diese »maschinelle« Therapie nicht aus.

PORTER (2000) veranstaltete einen Beratungskurs für Lehrer, der jedoch im Vergleich zur Kontrollgruppe keine Wirkung zeigte. (Dissertation)

RABIN, SAFFER, WEISBERG et al. (2000) boten einer Gruppe von Sozialarbeitern in Israel ein aus Wissensvermittlung und *skill training* bestehendes Programm der Burnout-Reduktion an. Die experimentelle Gruppe profitierte davon im Vergleich zur Kontrollgruppe ohne Behandlungen.

ROWE (2000, vgl. auch ROWE 1999) zeigte, daß ein Sechs-Wochen-Streß-Management-Programm MBI-Burnout nur vorübergehend reduziert. Die Wirkung war jedoch anhaltend, wenn die Gestreßten danach noch eine Reihe von Auffrisch-Trainings absolvierte.

Wie ist auf dieser Basis der Evaluationsstudien der Stand der Interventionen im Bereich Burnout zu beurteilen? Zunächst ist es als ein Fortschritt anzusehen, daß kaum noch Studien erscheinen, in denen dieses oder jenes Verfahren einmal »ausprobiert« wird, ohne daß man die Effektivität der Intervention einer Evaluation unterzieht.

Auf der anderen Seite aber ist die Interventions- und Forschungslage nach wie vor unbefriedigend, und dies aus mehreren Gründen:

1. Die allermeisten Interventionen sind nicht Burnout-spezifisch, sondern beziehen sich auf allgemeines berufliches Streßerleben – auch wenn dann gegelentlich bei den Meßinstrumenten das MBI zum Einsatz kommt.

2. Theoretische Überlegungen kommen bei der Auswahl von Behandlungsverfahren, Untersuchungssample oder Meßinstrumenten selten zum Zuge. Bequeme Verfügbarkeit scheint das Hauptkriterium aller Auswahl zu sein: Verfügbarkeit bestimmter Untersuchungssamples, bestimmter Interventionsspezialisten, bestimmter Verfahren.

3. Selten sind die tatsächlichen Interventionen so genau beschrieben oder dokumentiert, daß man sich bei allem Detailstudium der Publikation ein genaueres Bild davon machen kann, was eigentlich in den Interventionen geschehen ist. Folglich ist es nahezu unmöglich, auch einmal Hypothesen über die möglicherweise heilwirksamen Faktoren zu entwickeln.

4. Die Studien bleiben additiv nebeneinander stehen, ein Vergleich ist nicht möglich, weil jede Studie eine andere Gruppe untersucht, andere (und meist im Dunkeln bleibende) Interventionen zur Anwendung bringt und andere *outcome*-Variablen oder Effektivitätskriterien verwendet.

5. Neben den eher »Dressur«-, d. h. rational, technisch und trainingsorientierten Verfahren kommen bei Burnout gelegentlich auch psychodynamische Verfahren zur Anwendung. Für die existentiell orientierten Ansätze ist immer wieder Pines die zentrale Figur (vgl. PINES 1987, 2000; MALACH-PINES & YAFE-YANAI 2001; MALACH-PINES 2002). Brenda BERGER (2000) behandelt junge Firmenanwältinnen, die unter Burnout leiden, mit der Psychoanalyse. GROSCH & OLSEN (2000) verwenden psychodynamisch orientierte Psychotherapie bei Pfarrern. Effektivitätsstudien liegen zu psychodynamischen Behandlungen von Burnout allerdings kaum vor (vgl. jedoch SALMELA-ARO, NAEAETAENEN, NURMI & DESJARDINS 2000).

Nun ist Burnout von seinen möglichen Bedingungsfaktoren und von seiner derzeit als dreidimensional definierten Struktur her doch sehr komplex. Es erscheint deshalb unwahrscheinlich, daß ein einzelnes Verfahren DEN Königsweg darstellen kann, um sowohl emotionale Erschöpfung als auch Depersonalisation und reduziertes Leistungserleben wirkungsvoll zu lindern.

Viele Autoren gehen deshalb grundsätzlich davon aus, daß man Verfahren auf vielen verschiedenen Ebenen (der kognitiven, der emotionalen, der konativen Ebene, der Ebene der Einsicht und des Trainings usw.) verbinden muß, um Burnout erfolgreich einzudämmen (vgl. z. B. FARBER 2000b). Auch *workshops*, die als Burnout-Intervention primär auf der individuellen Ebene zur Anwendung kommen, pflegen verschiedene Verfahren zu kombinieren (vgl. oben).

Die Kombination verschiedener Verfahren ist nun allerdings nur dann sinnvoll, wenn man auch eine Vorstellung davon hat, wie sie im Vergleich zueinander einzeln wirken. Studien, die VERSCHIEDENE Interventionsverfahren einmal systematisch miteinander vergleichen, sind allerdings selten. Ich habe in der jüngeren Burnout-Forschung nur zwei Studien dieser Art finden können:

MADDI, KAHN & MADDI (1998) gehen bei dem entwickelten Interventionsprogramm von einem theoretischen Konzept aus, daß nämlich Widerstandsfähigkeit (*hardiness*, vgl. Kapitel 6) in positivem Zusammenhang mit erfolgreicher Streßbewältigung stehe. Drei Gruppen wurden miteinander verglichen; eine, die ein *hardiness*-Training absolvierte, eine zweite, die Entspannung und Meditation übte und eine Kontrollgruppe ohne Behandlung. Bei den von den Autoren verwendeten Meßinstrumenten schnitt die erstgenannte »experimentelle Gruppe« (*hardiness training*) am besten ab.

VAN DER KLINK, BLONK, SCHENE & VAN DIJK (2001) unternahmen eine Meta-Analyse von 48 vorliegenden Interventionsstudien mit insgesamt fast 4000 Teilnehmern. Die in diesen Studien verwendeten Interventionstechniken wurden in vier Gruppen geteilt

- kognitive Verhaltenstherapie
- Entspannungstechniken
- kombinierte Verfahren
- Institutions-orientierte Intervention.

Dabei stellte sich in bezug auf *outcome*-Variablen wie Anzahl der Klagen und Unzufriedenheiten der wahrgenommenen Qualität des Arbeitslebens usw. heraus, daß die kognitiven, verhaltenstherapeutischen Interventionen am effektivsten sind und die Institutions-fokussierten nahezu keine Wirkung hatten.

Ein weitsichtiger Umgang mit Burnout wird allerdings vor allem auch Prophylaxe berücksichtigen. Dies ist eine eher vernachlässigte Thematik der Burnout-Intervention (vgl. aber MASLACH & GOLDBERG 1998; AZAR 2000; HUGHES 2001). Doch wo immer eine Burnout-Intervention auf der individuellen Ebene ansetzt, sei es prophylaktisch, sei es therapeutisch, entsteht ein Paradox. MASLACH, SCHAUFELI & LEITER (2001) haben die Behandlungsansätze gesichtet und kommen zu folgendem kritischen Schluß:

> *The applied nature of burnout research has prompted calls for effective intervention throughout the research literature. This perspective has encouraged considerable effort, but relatively little systematic research. Various intervention strategies have been proposed – some try to treat burnout after it has occurred, whereas others focus on how to prevent burnout.*
>
> *Interestingly, most discussions of burnout interventions focus primarily on individual-centered solutions, such as removing the worker from the job, or individual strategies for the worker, in which one either*

strengthens one's internal resources or changes one's work behaviors. This is particularly paradoxical given that research has found that situational and organizational factors play a bigger role in burnout than individual ones. Individual-oriented approaches (e. g. developing effective coping skills or learning deep relaxation) may help individuals to alleviate exhaustion, but they do not really deal with the other two components of burnout. Also, individual strategies are relatively ineffective in the workplace, where a person has much less control over stressors than in other domains of his or her life. There are both pilosophical and pragmatic reasons underlying the predominant focus on the individual, including notions of individual causality and responsibility, and the assumption that it is easier and cheaper to change people than organizations... (MASLACH, SCHAUFELI & LEITER 2001:418)

ÜBERSETZUNG

Die Praxisrelevanz der Burnout-Forschung hat in der gesamten Forschungs-Literatur den Ruf nach effektiver Intervention zur Folge. Diese Perspektive hat zu einer beachtlichen praktischen Anstrengung geführt, aber zu relativ wenig systematischer Forschung. Diverse Interventions-Strategien wurden vorgeschlagen – einige versuchen Burnout zu behandeln, nachdem es aufgetreten ist, während andere auf die Prävention von Burnout abzielen.

Interessanterweise sind die meisten Diskussionen über Burnout-Behandlung hauptsächlich auf Personen-zentrierte Lösungen orientiert – wie z. B. den Berufstätigen aus der Arbeitssituation herauszunehmen oder individuelle Strategien zu entwickeln, durch welche man entweder seine internen Ressourcen stärkt oder seine Arbeitshaltung ändert. Dies ist besonders paradox, wenn man bedenkt, daß die Forschung herausgefunden hat, daß situative und organisatorische Faktoren eine größere Rolle bei Burnout spielen als Personen-bezogene. Personen-orientierte Zugänge (z. B. die Entwicklung effektiver *coping*-Fertigkeiten oder das Erlernen der Tiefenentspannung) mögen den Personen helfen, Erschöpfung zu lindern, aber sie befassen sich nicht wirklich mit den anderen beiden Burnout-Komponenten. Außerdem sind Personen-bezogene Strategien ziemlich ineffektiv am Arbeitsplatz, wo man viel weniger Kontrolle über die Stressoren hat als in anderen Bereichen ihres Lebens. Es gibt philosophische und pragmatische Gründe, die der vorherrschenden

Fokussierung auf das Individuum zu Grunde liegen, einschließlich der Ansicht individueller Kausalität und Verantwortung und der Annahme, daß es leichter und billiger ist, Menschen zu ändern als Organisationen.

Auch wenn damit das Paradox benannt wird, fehlen alle gesellschaftlichen, aber auch wissenschaftlichen Voraussetzungen dafür, es abzuschwächen. Der Markt ist mächtiger als der Einzelne. Entweder paßt der Burnout-gefährdete oder -betroffene Mensch sich selbst den Markterfordernissen an (z. B. dem chronischen Arbeitsstreß) oder er wird ausgeschieden. Zwar wird in der wissenschaftlichen Burnout-Literatur auch immer wieder erwähnt, wie sehr sich in den letzten 20 Jahren die allgemeinen Arbeitsbedingungen in Richtung auf Effizienz, Entpersonalisierung, Zersplitterung usw. geändert haben (vgl. SPARKS, FARAGHER & COOPER 2001), aber eine darüber hinausgehende gesellschaftliche Analyse fehlt weitgehend (vgl. unten).

Insgesamt ist also auch dieser Forschungsbereich von Burnout bis zum heutigen Tage gepflastert mit Problemen und Unvollständigkeiten. Wen wundert es dann, wenn man in der Burnout-Forschung gar auf die banalsten Lösungen verfällt. Von Wellness-Programmen und Unterhaltung als Antidot will ich gar nicht sprechen. Und wie ist es denn mit Urlaub? Helfen Ferien bei Burnout? Es ist die häufigste Alltagsempfehlung an einen ausgebrannten Menschen: Stell dich nicht an, mach lieber einmal Ferien...

Also hat auch die Forschung untersucht, ob Ferien helfen. Und sie helfen NATÜRLICH NICHT, wie man erwarten kann, wenn man dieses Konzept des Burnout in seinen bisher erreichten theoretischen Klärungen ernst nimmt (Mehrdimensionalität des Konzeptes, Chronifizierung im Prozeß): Nach den Ferien geht es etwas besser, nach vier Wochen ist alles beim Alten (WESTMAN & ETZION 2001; vgl. auch WESTMAN & EDEN 1997; STRAUSS-BLASCHE, EKMEKCIOGLU & MARKTL 2002). Allerdings scheinen vielfältige Freizeitaktivitäten und hohe Freizeitzufriedenheit (jedenfalls bei einem stratifizierten Zufalls-Sample von 438 Pfarrern) mit niedrigen MBI Burnout-Werten zu korrelieren (STANTON-RICH & ISO-AHOLA 1998, eine Untersuchung, bei der – wie nicht selten in der Burnout-Forschung – ein gewisser Widerspruch zwischen der

Bedeutung der Fragestellung und dem Untersuchungsaufwand beeindruckt).[6]

4. METHODENKRITIK UND GESAMTBEURTEILUNG

Die kritische Beurteilung der Burnout-Forschung hat ihre Tradition. Vier Stimmen möchte ich zitieren.

(1) Mehr als zwölf Jahre ist es her, daß KILPATRICK (1989) einen kritischen Blick auf die Qualität der bis zum damaligen Zeitpunkt vorliegenden Burnout-Studien geworfen hat. Ihre Kritikpunkte waren:

1. Die allermeisten Studien sind deskriptiv und explorativ. Ein theoretischer Rahmen fehlt in den meisten Fällen – und wenn Theorie bemüht wird, so sind es meist kleine selbstgebastelte Ad hoc-Theorien, einmal untersucht und wieder vergessen.

2. Bei der Messung von Variablen überwiegen *self report*-Instrumente, nicht nur bei der Messung von Burnout, sondern auch bei der Erfassung von vermeintlichen Ursachen, Korrelaten und Folgen von Burnout. »Objektive« Maße wie z. B. Gesundheitsdaten, Krankmeldungen oder auch Beobachtungen oder Einschätzungen anderer Menschen am Arbeitsplatz werden höchst selten verwendet.

3. Bei der Sample-Auswahl wird meist improvisiert. Selten existiert der Versuch, ein repräsentatives Sample zusammenzustellen, man geht meist von der Verfügbarkeit von Befragbaren aus. Aus heutiger Perspektive sei noch hinzugefügt: Zwar sind große Untersuchungszahlen beliebt und entsprechend das postalische Verfahren der Erhe-

6 Am Rande relevant – wenn auch nicht speziell auf Burnout bezogen – ist auch die Untersuchung im Stil der neuen Positiven Psychologie von SONNENTAG (2001b). Sie untersucht bei hundert niederländischen Lehrern den Beitrag von Freizeitverhalten zum allgemeinen Wohlbefinden und findet, daß sowohl vielfältige Freizeitaktivitäten als auch eine relativ niedrig-stressige Arbeitssituation unabhängig voneinander zum Wohlbefinden eines Menschen beitragen.

bung, die Konsequenz aber ist, daß die Rücklaufquoten zum Teil ziemlich schlecht sind. Als Beispiel können AKHTAR & LEE (2002) genannt werden, die zwar 9380 Krankenschwestern anschrieben, aber nur von 24,2% eine Antwort bekamen.

4. Da die meisten Studien *one shot*-Ansätze sind (synchrone Messungen zu nur einem Zeitpunkt, Langzeitstudien sind eher selten), können die erfaßten Variablen oft nicht nach Ursachen, Begleiterscheinungen und Konsequenzen analytisch getrennt werden, und die Aussagen der Forscher über Kausalitäten sind deshalb stets hypothetischer Natur.

5. Bei der Frage nach Hilfe für ausgebrannte Menschen fehlt es zwar nicht an Vorschlägen und Ansätzen, aber Evaluationsstudien über deren Effektivität sind nach wie vor selten.

(2) Im Jahr 1993 haben SCHAUFELI, MASLACH & MAREK in ihrem Überblick der Burnout-Forschung folgende positive und kritische Punkte am damaligen Stand der Burnout-Forschung hervorgehoben:

Als positiv heben sie vor allem hervor, daß Burnout als ein soziales Problem erkannt wurde und sich als Thema der Forschung fest etabliert habe, daß man inzwischen sehr klar von einem gemeinsamen Konzept und einer gemeinsamen operationalen Definition ausgehen könne, daß es als Forschungsbasis einen einheitlichen Berufskontext (Gesundheitssystem) gebe und Burnout zunehmend in weitere begriffliche und theoretische Konzepte der Psychologie eingeordnet werde.

Als negativ wurde u. a. gesehen:

1. Es fehlt noch weitgehend an Theorie-geleiteter Forschung.

2. Es fehlt an longitudinalen Studien für die Sichtweise von Burnout als Prozeß (nicht Zustand) und für die Aufklärung der ätiologischen Faktoren.

3. Neben dem MBI fehlt es an alternativen Beurteilungen von Burnout – objektive Gesundheitsmaße, Urteile von Kollegen, objektive Arbeitsindikatoren wie Kündigungen, Abwesenheiten usw.

4. Es fehlt an trans-nationaler Forschung.

5. Es fehlen klinische Kriterien zur Definition von Burnout als behandlungsbedürftig und Basisdaten zur Vorkommenshäufigkeit in verschiedenen Berufen.

6. Bei den Behandlungsansätzen fehlt es an Evaluationsstudien.

(3) Fünf Jahre später wird der gesamte Forschungsbereich nochmals kritisch gesichtet (SCHAUFELI & ENZMANN 1998). Wie werden – gerade in bezug auf diese Kritikpunkte der Jahre 1989 und 1993 – die Fortschritte beurteilt? Besserung auf der ganzen Linie, so kann man den Tenor des allerdings durchaus kritischen Buchs zusammenfassen: Es gibt mehr Theorie-geleitete Studien, mehr objektive Messung von Burnout, mehr Forschung in anderen Ländern, mehr Evaluationsstudien (allerdings keine großen Durchbrüche bei der Frage nach den klinischen Kriterien von Burnout).

Was 1993 als Vorteil gesehen wurde (ein einheitlicher Berufskontext der Forschung) wird 1998 in SCHAUFELI & ENZMANN eher als Nachteil gesehen – es wird jedenfalls die Ausweitung auf weitere Berufsfelder als besonderer Fortschritt der Burnout-Forschung hervorgehoben.

Im Vordergrund sehen die Autoren im Jahr 1998 dagegen ganz andere Probleme. An erster Stelle wird die »Popularitätsfalle« genannt.

Burnout sei ein populäres Thema, eines das die Öffentlichkeit interessiere, das von der Presse aufgegriffen werde und wozu auch jeder glaube, etwas sagen zu können. In medizinischen Fachzeitschriften und Praxisblättern wimmelt es in der Tat von Titeln wie

- *Nursing in war: wounded healers* (Krankenschwestern im Krieg: verwundete Heiler)
- *Work makes nurses sick* (Die Arbeit macht Krankenschwestern krank)
- *Nurse: heal yourself* (Krankenschwester: heile dich selbst)
- *How physician stress can hurt your practice* (Wie Streß bei Ärzten deren Praxis ruinieren kann) usw.

Neben seiner Popularität sei Burnout auch als ein erhebliches soziales Problem anerkannt – und all dies sei positiv zu bewerten, berge aber auch Gefahren für die Forschung:

> *On the negative side, however, there is the real danger of the »popularity trap«. That is, the popularity of burnout stimulates the articulation of quick and simple solutions, dubious assessment methods, and inferior interventions by those who want to make fast money in the booming burnout business. Inevitably, the commercialisation of the popular burnout concept takes its toll – it remains associated with myths, fairy tales, and unverified »facts«.* (SCHAUFELI & ENZMANN 1998:185-186)

ÜBERSETZUNG

> Auf der negativen Seite existiert jedoch die reale Gefahr der »Popularitäts-Falle«. Das heißt, die Popularität von Burnout stimuliert die Entwicklung von schnellen und einfachen Lösungen, zweifelhaften Bewertungs-Methoden und minderwertigen Erfindungen von denjenigen, die schnelles Geld mit dem blühenden Burnout-Geschäft machen wollen. Es ist offenbar unausweichlich, daß die Kommerzialisierung des populären Burnout-Konzeptes seinen Preis hat – es bleibt assoziiert mit Mythen, Märchen und nicht nachgewiesenen »Fakten«.

Ganz im Gegensatz zu 1993 – als die Verfügbarkeit eines konsensualen Burnout-Begriffs lobend hervorgehoben wird – sehen die Autoren 1998 gerade darin ein erhebliches konzeptionelles Problem. Das Konzept, so wie es das MBI definiert, überlappe zu stark mit anderen psychologischen Bedingungen wie Depression, negative Grundeinstellung, psychosomatische Klagen. Es sei wohl auch zu einheitlich definiert, man gehe noch nicht genügend davon aus, daß es möglicherweise verschiedene Typen von Burnout gibt – Burnout durch Überlastung, Burnout durch Unterforderung oder langweilige, eintönige Arbeit oder Burnout durch Zielbehinderung.

1993 wurde das Vorhandensein einer operationalen Definition – Burnout ist, was das MBI mißt – als positiv hervorgehoben, aber nach fünf Jahren Forschung, in denen fast nichts anderes als das MBI als Burnout-Indikator verwendet wurde, sehen SCHAUFELI & ENZMANN 1998 die Angelegenheit doch deutlich anders: Das MBI liefere eine entschieden zu enge und simple Definition von Burnout. Es sei eine Herausforderung an die künftige Forschung, neue, umfassendere, differenziertere Meßinstrumente zu entwickeln.

Und schließlich seufzen SCHAUFELI & ENZMANN (1998), nachdem sie an die 400 Burnout-Studien zusammengefaßt haben, daß es sehr viele Daten gebe – und doch eigentlich sehr wenig Wissen.

(4) Zwei bzw. vier Jahre später äußerte sich noch eine vierte gewichtige Stimme zum Stand der Burnout-Forschung: Matthias Burisch. In seiner Besprechung von Cary CHERNISS' (1999) Buch *Jenseits von Burnout und Praxisschock* beurteilte BURISCH (2000) die empirische Burnout-Forschung nicht eben hoffnungsvoll. Auch die sogenannte Ratgeber-Literatur kommt nicht gut davon.:

> Was über Burnout geschrieben wird, fällt ganz überwiegend in eine von zwei Kategorien: zahlenlastige Forschungsberichte einerseits, Lebenshilfe andererseits.
>
> Die akademische Psychologie hat sich des Themas nach anfänglichen Berührungsängsten mit solchem Fleiß bemächtigt, daß die Literatur mittlerweile kaum noch zu überschauen ist. Burnout wird hier reduziert auf Punktwerte aus Fragebögen. Die daraus destillierten Tabellen sind dem Uneingeweihten in der Regel böhmische Dörfer. Diese Art der Forschung steht wahrscheinlich kurz vor dem Ende einer Sackgasse. (BURISCH 2000:72)

Zwei Jahre später beschreibt BURISCH (2002) unter Rückgriff auf SCHAUFELI & ENZMANN (1998) die Burnout-Forschung nicht minder kritisch:

> *In 1986 (p. 637) Jackson, Schwab, and Schuler envisioned a bleak future for burnout research, namely »that twenty years from now we will have more data but not much more knowledge«. Although their forecast period has not yet elapsed, there is the definite likelihood that they will turn out to be right. As one meta-indicator, an excellent state-of-the art summary of empirical studies, Schaufeli and Enzmann's (1998) recent Burnout Companion to Study and Practice – A Critical Analysis, is forced to refute one popular belief about burnout after another. Are idealistic workers more burnout-prone than others? Inconsistent results. Social support buffers against burnout? Equivocal results. Workload and time pressure lower feelings of personal accomplishment? Virtually unrelated. Burnout is linked to emotionally taxing client contact? Refuted.*

> *Burnout increases drug abuse? Very weak relationships with at best one burnout component. Burnout tends to spill over to private life? No conclusive evidence. Burnout causes absenteeism, turnover, and low performance? At best small effects, when self-report measures are used, at worst inconsistent and disappointing results; and so on.* (BURISCH 2002: 1-2)
>
> ÜBERSETZUNG
>
> 1986 (S. 637) zeichneten JACKSON, SCHWAB & SCHULER eine düstere Zukunft für die Burnout-Forschung, daß wir nämlich »in zwanzig Jahren mehr Daten, aber nicht mehr Wissen haben werden». Obwohl ihr Voraussagen-Zeitraum noch nicht verstrichen ist, ist die Wahrscheinlichkeit, daß sie recht behalten werden, groß. Als ein Meta-Indikator ist die ausgezeichnete Zusammenfassung von empirischen Studien auf dem neuesten Stand (SCHAUFELI & ENZMANNS jüngstes Buch *The Burnout Companion to Study and Practice – A Critical Analysis, 1998)* gezwungen, eine populäre Ansicht über Burnout nach der anderen zu widerlegen. Sind idealistische Arbeitnehmer Burnout-anfälliger als andere? Uneinheitliche Ergebnisse. Soziale Unterstützung schützt vor Burnout? Zweideutige Ergebnisse. Arbeitslast und Zeitdruck mindern das Gefühl persönlicher Leistung? Praktisch ohne Bezug. Korreliert Burnout mit emotionaler Belastung durch Klienten-Kontakte? Widerlegt. Burnout erhöht Drogen-Mißbrauch? Sehr niedrige Beziehung zu bestenfalls einer Burnout-Komponete. Burnout neigt dazu, ins private Leben zu schwappen? Kein schlüssiger Beweis. Burnout verursacht Abwesenheit vom Arbeitsplatz, Stellenwechsel und niedrige Arbeitsleistung? Bestenfalls geringe Auswirkung, wenn *self-report*-Messungen benutzt werden, schlimmstenfalls widersprüchliche und enttäuschende Ergebnisse, usw...

Dieses nicht eben schmeichelhafte Urteil enthebt einen, sofern man verstehen möchte, was Burnout ist, nicht der genaueren Betrachtung gerade der jüngeren Forschung. Auch wenn es weiterhin wimmelt von Studien und Fragestellungen, die schlicht banal sind oder aber eingeordnet werden müssen unter die allgemeine Kategorie »Mehr vom Gleichen« – und dazu gehört auf jeden Fall die ungebrochen monomane Verwendung des MBI als Meßinstrument – so besteht doch kein Zweifel, daß in den letzten Jahren auch einige inhaltliche und theoretische Fortschritte in der Burnout-Forschung versucht wurden. Um meine eigene – um einiges grundsätzlichere – Kritik an der Burnout-Forschung auf eine breitere Basis zu stellen, werde ich diese Versuche im folgenden Kapitel darstellen und analysieren.

KAPITEL 6

Neue Ansätze in der Burnout-Forschung

Es ist keine Frage, daß die Burnout-Forschung der letzten 30 Jahre durch ihre MBI-Verengung auf der einen Seite und durch den expansiven MBI-Export in aller Herren Länder auf der anderen Seite in Gefahr steht, zu implodieren, in Detail, Komplexität und additiver Fülle zu ersticken.

Auch besteht kein Zweifel, daß die Burnout-Forschung immer noch tendenziell individuell-pathogen orientiert ist, trotz der vielen Forschungsbeiträge, die auf die situativen, im Arbeitsfeld liegenden Entstehungsbedingungen hinweisen. Daß diese Sicht sich so zäh hält, liegt natürlich daran, daß die sogenannten Arbeitsbedindungen gewissermaßen als letzte Ursache angesehen werden. Nach deren kultureller und gesellschaftlicher Bedingtheit wird kaum gefragt. So kann es relativ ungestört bei dem folgenden Image bleiben: Diese ausgebrannten Figuren (das darf ich sagen, denn die Tausenden der Untersuchungsobjekte, denen auf dem Post- oder neuerding auch e-mail-Wege MBI-Kreuzchen abverlangt werden, bleiben alle anonym), diese zartbesaiteten, instabilen, klagenden und stöhnenden Zeitgenossen müssen abgefangen, geschützt und geheilt werden, damit sie dann wieder funktionstüchtig in den Betrieb, die Arbeitswelt, unsere Wirtschaft, unsere Gesellschaft eingegliedert werden können.

Ich möchte in diesem Kapitel prüfen, ob in der jüngeren Burnout-Forschung Hinweise auf eine gewisse Überwindung dieser beiden unsympathischen Kennzeichnungen bisheriger Burnout-Forschung auszumachen sind:

- Gibt es Ansätze zur Überwindung der Additivität, des immer mehr vom immer komplizierteren Gleichen? (Abschnitt 1)
- Gibt es Ansätze einer erweiterten, weniger »pathologischen« Sicht von Burnout? (Abschnitt 2)

1. ANSÄTZE ZUR ÜBERWINDUNG DER ADDITIVITÄT?

Die Überwindung eines immer Mehr vom immer Gleichen (auch wenn es noch so komplex wird) ist auf verschiedenen Wegen denkbar.

Es können ganz neue Fragestellungen aufkommen – z. B. der transkulturelle Vergleich. Neue Fragestellungen sind jedoch mit wenigen Ausnahmen (vgl. unten) nicht in Sicht.

Es könnten neue Meßinstrumente für Burnout entwickelt werden, die NICHT von ein paar intuitiven Items, sondern von eingehenden qualitativen, tiefenpsychologischen Feldstudien ausgehen. Dergleichen ist – mit einer Ausnahme, vgl. unten (3) – noch weniger in Sicht.

Ein dritter Weg wäre die Entwicklung oder Anwendung neuer theoretischer Konzepte, die eine gewisse Integration bisheriger Ergebnisse fördern und neue sinnvolle Forschungslinien eröffnen könnten.

Zu letzterem Weg gibt es zwei prüfenswerte Tendenzen. In den letzten zwei bis drei Jahren sind (1.1) zunehmend Gleichgewichtsmodelle in der Burnout-Forschung aufgegriffen und (1.2) verschiedene, interpersonelle Emotionstheorien auf ihre Brauchbarkeit im Blick auf das Verständnis von Burnout untersucht worden.

1.1 Gleichgewichtsmodelle

Gleichgewichtsmodelle werden in der jüngeren Burnout-Forschung unter vielen Namen gehandelt: Reziprozität, *equity*, ERI, JD-C, JD-R. Keines von ihnen ist neu, keines von ihnen ist Burnout-spezifisch.

(1) REZIPROZITÄTS- UND EQUITY-THEORIEN

Reziprozität im interpersonellen Bereich ist eine wahrgenommene (nicht unbedingt faktische) Gleichheit des Nehmens und Gebens. In einer Grundsatzarbeit versuchten BUUNK & SCHAUFELI (1999) (als Vorläufer vgl. BUUNK & SCHAUFELI 1993) Reziprozität in einen evolutionären Kontext zu stellen und den Erklärungswert des Begriffs für viele verschiedene interpersonelle Bereiche (Partnerschaft, Familie, Arbeitsbeziehungen usw.) aufzuzeigen.

Kernsatz der »evolutionären« These der Autoren ist, daß die Präferenz von reziproken interpersonellen Beziehungen deshalb universell zu finden und tief verankert sei, weil Reziprozität im Prozeß der Evolution dazu beigetragen habe, das Überleben und den Fortpflanzungserfolg zu sichern. Ein Fehlen von Reziprozität führe wegen dieser evolutionären Verankerung nicht nur zu negativen emotionalen Reaktionen, sondern auch zu dem Versuch, das Gleichgewicht wieder herzustellen.

Die sogenannte *equity*-Theorie geht auf ADAMS (1965) zurück und wurde dann von WALSTER, WALSTER & BERSCHEID (1978) ausgebaut. Die Theorie besagt:

1. Menschen bewerten ihre Beziehungen zu anderen Menschen unter dem Gesichtspunkt von Investition und Ertrag.

2. Es gibt ein Grundbedürfnis nach Ausgewogenheit zwischen Investitionen und Ertrag.

3. Wahrgenommene Ungleichheit führt zu Unbehagen und Streß und zu Versuchen, einen Ausgleich zu finden.

Wie zu bemerken ist: *Equity*- und Reziprozitäts-Theorie unterscheiden sich – außer dem evolutionären Dekor der letztgenannten – nicht; die Begriffe werden auch in späteren Arbeiten (vgl. z. B. BAKKER, SCHAUFELI, DEMEROUTI et al. 2000) synonym verwendet. Eine andere Begrifflichkeit ähnlicher Bedeutung ist auch die ERI-, Effort-Reward-Imbalance-Theorie (BAKKER, KILLMER, SIEGRIST & SCHAUFELI 2000; vgl. SIEGRIST 1996). Sie stammt aus der Medizinsoziologie. ERI ist folgendermaßen definiert:

> *The model of effort-reward-imbalance claims that a lack of reciprocity between costs and gains, i. e. a high cost-low gain condition, defines a state of emotional distress with special propensity to autonomic arousal and associated strain reactions.* (BAKKER, KILLMER, SIEGRIST & SCHAUFELI 2000: 885)
>
> ÜBERSETZUNG
>
> Das Effort-Reward-Imbalance-Modell besagt, daß das Fehlen von Reziprozität zwischen Kosten und Gewinnen, d. h. ein Zustand hoher Kosten und geringer Gewinne, zu einem Zustand emotionaler Belastung führt, mit einer speziellen Tendenz zu autonomer Erregung in Verbindung mit Belastungs-Reaktionen.

Wie wird nun eine evolutionär konzipierte Reziprozitäts- oder *equity*-Theorie auf Burnout angewandt? Speziell im Bereich des Gesundheitswesens herrsche allein deshalb grundsätzlich (»evolutionär« bedingt) eine emotional belastende Situation, als die Beziehung von Klient/Patient auf der einen Seite, Arzt/Therapeut/Pfleger usw. auf der anderen prinzipiell ungleich sei. Die erlebte Ungleichheit sei es, welche zur emotionalen Erschöpfung führe; dann motiviere die Ungleichheit, diese durch Rückzug (Depersonalisation, distante Haltung gegenüber dem Patienten) auszugleichen, was allerdings die Beziehung verschlechtere und deshalb seinerseits zu schlechten Gefühlen (Gefühl reduzierter Leistungsfähigkeit) führe (der Gedankengang ist identisch mit dem Leiter-Maslach-Modell, vgl. Kapitel 5, Abschnitt 2.2).

Die Autoren der Reziprozitäts- oder *equity*-Theorie haben eine Fülle an Belegen für ihren Ansatz vorgelegt. In einer Meta-Analyse von acht empirischen Studien, welche eine Messung wahrgenommener Reziprozität mit einbezogen, fanden BUUNK & SCHAUFELI (1999) eine deutliche Beziehung zwischen fehlender Reziprozität und allen drei Dimensionen des MBI-gemessenen Burnout.

Auch außerhalb des Gesundheitswesens wurde der Zusammenhang zwischen Reziprozität und Burnout untersucht. So haben KOP & EUWEMA (1999) diesen Zusammenhang bei Polizisten erhoben, wobei sie drei Reziprozitäts-Bereiche unterschieden: die Beziehung zu den Bürgern, zu Kollegen und zur Polizei-Institution. Burnout wurde mit der niederländischen Version des MBI gemessen. Die Autoren haben aber auch teilnehmende Beobachtung als Methode verwendet, was in der Burnout-Forschung wegen ihres Seltenheitswertes immer als besonders hervorhebenswert gelten kann. Die Ergebnisse zeigen u. a., daß wahrgenommener Mangel an Reziprozität in der Tat mit höheren Burnout-Werten einhergeht.

VAN HORN, SCHAUFELI & ENZMANN (1999) haben ebenfalls die Bereiche der wahrgenommenen Reziprozität differenziert. Bei Lehrern unterscheiden sie den Bereich der Beziehung Lehrer/Schüler und Lehrer/Schule, also eine mehr interpersonelle und eine institutionelle Beziehung. Es ergeben sich höhere Werte bei der Komponente emotionaler Erschopfung bei wahrgenommener Ungleichheit in diesen Bereichen. Die »Ursache« der Ungleichheit aber unterscheidet sich in diesen Bereichen. In der Lehrer/Schüler-Beziehung wirkt es sich vor allem aus, wenn Lehrer meinen, wenig von den Schülern zurückzubekommen (Mangel an zurückgezahlten symbolischen »Gütern«). In der Beziehung zur Institution aber wirkt sich vor allem eine niedriger wahrgenommene EIGENE Investition auf höhere Burnout-Werte aus.

Und schließlich ist – um einen der jüngsten Beiträge zu zitieren – die Reziprozitätstheorie auch auf Partnerbeziehungen angewandt worden. YBEMA, KUIJER, HAGEDOORN & BUUNK (2002) (vgl. auch YBEMA, KUIJER, BUUNK et al. 2001) haben die pflegenden Partner von Krebskranken mit denen von Patienten mit Multipler Sklerose untersucht. Es zeigt sich in beiden Gruppen, daß wahrgenommene Ungleichheiten signifikant zusammenhängen mit allen drei Dimensionen von Burnout. Wenn Partner das Gefühl haben, nicht genug in die Pflege zu investieren oder wenn sie nur Undank ernten (beides konstituiert wahrgenommene Ungleichheit), geraten sie leichter in einen Zustand von Burnout als Partner, welche diese Relationen ausgewogener sehen. Diese Beziehung zwischen Ungleichheit und Burnout bleibt auch deutlich, wenn man die Qualität der Partner-Beziehung, das Geschlecht, die Dauer der Krankheit des Partners und die Unterstützung durch andere Menschen statistisch kontrolliert. Es ist also ein recht starkes Ergebnis für die *equity*-Theorie.

Auch aus Langzeituntersuchungen erhält die Theorie immer wieder Belege. So haben BAKKER, SCHAUFELI, SIXMA et al. (2000) bei niederländischen Ärzten Fragebogen-Erhebungen und Messungen zu zwei (fünf Jahre auseinanderliegenden) Zeitpunkten vorgenommen, um zu prüfen, ob wahrgenommene Patientenforderungen (welche die ärztlicherseits erlebte Ungleichheit zwischen Arzt und Patient »herstellen«) mit Burnout zusammenhängen. Das Ergebnis besagt (zusammengefaßt), daß wahrgenommene Patientenforderungen erst dann zu Burnout, vor allem zu emotionaler Erschöpfung führen, wenn gleichzeitig tatsächlich Ungleichheit ERLEBT wird.[1]

1 Ein weiteres Ergebnis ist folgendes: Die zum Zeitpunkt 1 gemessene Depersonalisation sagt für den Zeitpunkt 2 hohe wahrgenommene Patientenforderungen voraus, wenn man die wahrgenommenen Patientenforderungen zu Zeitpunkt 1 statistisch kontrolliert. »*This major finding suggests that GPs (general practicioners) who attempt to gain emotional distance from their patients as a way of coping with their exhaustion,* EVOKE *demanding and threatening patient behaviors them-*

Eine weitere Längsschnittstudie stammt von TARIS, PEETERS, LE BLANC et al. (2001), die bei niederländischen Lehrern zunächst die *equity*-Theorie des Burnout in einer Querschnittstudie (wahrgenommene Ungleichheit korreliert tatsächlich mit Burnout) untersuchten und diese Ergebnisse dann an einer weiteren Längsschnittstudie überprüften. Das Ergebnis der Längsschnittstudie bestätigt das der Querschnittuntersuchung: Die wahrgenommene Ungleichheit von Investitionen und Ertrag, die auf verschiedenen Ebenen angesiedelt sein kann (Anbieter/Rezipient, Angestellter/Vorgesetzter usw.) scheint eine wichtige Variable bei der Entwicklung von Burnout zu sein (als weitere Längsschnittstudie zur *equity*-Theorie vgl. auch VAN DIERENDONCK, SCHAUFELI & BUUNK 2001c).

Einheitlich aber sind die Ergebnisse zu der Theorie keinesfalls (vgl. VAN HORN, SCHAUFELI & ENZMANN 1999), und verwirrend wird es erst recht, wenn man nicht *underbenefit* (Benachteiligungen), sondern auch *overbenefit* (zu hohe wahrgenommene eigene »Gewinne«) miteinbezieht. Wer *under-* und *overbenefit* erlebt, der müßte gemäß Theorie gleichermaßen Burnout entwickeln. Diejenigen Menschen (es handelt sich um zwei Untersuchungsgruppen: Therapeuten der forensischen Psychiatrie und Sozialarbeiter bei geistig Behinderten), die ein *overbenefit* in der Beziehung sehen, sind aber ausgebrannter... (VAN DIERENDONK, SCHAUFELI & BUUNK 1996)

Dieses irritierende Ergebnis konnten die Autoren in einer späteren Arbeit jedoch klären (VAN DIERENDONCK, SCHAUFELI & BUUNK 2001c). Zunächst wurde nochmals untersucht und belegt, daß wahrgenommene Ungleichheit über längere Zeit zur Entwicklung von Burnout beiträgt. Bei der Differenzierung der wahrgenommenen Ungleichheit nach Bevor- und Benachteiligung zeigte sich – wie die Theorie voraussagt – tatsächlich eine kurvilineare Beziehung, wenn man die einzelnen Burnout-Komponenten auseinanderhält: Kurvilinear ist die Beziehung nur in bezug auf emotionale Erschöpfung – was allerdings auch die wichtigste Burnout-Komponente ist.

selves.« (BAKKER, SCHAUFELI, SIXMA et al. 2000, 425). Was da möglicherweise herausgefordert wird, ist keinesfalls faktisches Patientenverhalten (jedenfalls wissen wir NICHTS davon, denn es handelt sich, wie in der Diskussion der Arbeit auch betont wird, ausschließlich von *self-report*-Daten) – sondern lediglich Wahrnehmungen: Der Arzt ist negativer in seiner Wahrnehmung des Patienten.

Auch gibt es natürlich eine Fülle von Variablen, welche die vorausgesagte Beziehung zwischen wahrgenommener Nicht-Reziprozität (*inequity*) und Burnout beeinflußt – einschließlich bestimmter persönlicher Erwartungen, Dispositionen und Einstellungen. So fand z. B. VAN YPEREN (1996) heraus, daß Krankenschwestern, die eine ausgeprägte Gemeinschafts-orientierte Grundeinstellung (Gemeinschaftssinn) haben, bei gleichen Werten wahrgenommener Nicht-Reziprozität weniger Burnout erleben.

Hier hat nun ein neuer theoretischer Ansatz auch einmal zu neuen, bisher nicht untersuchten Korrelaten oder vermittelnden Persönlichkeits-Variablen geführt: der Gemeinschaftssinn (*communal orientation*). Menschen mit Gemeinschaftssinn sehen interpersonelle Beziehungen nicht ausschließlich nach Investitionen und Ertrag, sondern auch im Hinblick auf den Bedarf oder die Bedürftigkeit des anderen; sie sind auch motiviert durch Mitgefühl und Sorge. Demnach müßte diese Eigenschaft des Gemeinschafssinnes dämpfend auf die Beziehung von wahrgenommener Ungleichheit auf der einen Seite und Burnout auf der anderen wirken.

Dies konnten VAN YPEREN, BUUNK & SCHAUFELI (1992) in einer Untersuchung an Krankenschwestern tatsächlich belegen, und VAN YPEREN (1996) hat dieses Ergebnis dann nochmals repliziert (vgl. auch einen weiteren Beitrag zur *equity*-Theorie: VAN YPEREN 1998). Die Persönlichkeitsvariable Gemeinschaftssinn hat im Kontext der Reziprozitäts-Theorie in der Folge weitere Arbeiten angeregt. Zwei neue Arbeiten seien besonders hervorgehoben:

TRUCHOT & DEREGARD (2001) haben in Ergänzung und Erweiterung der Arbeit von TRUCHOT, KEIRSEBILK & MEYER (2000) noch eine weitere Differenzierung zum Puffereffekt von Gemeinschaftssinn in der Beziehung Ungleichheit und Burnout eingeführt. Sie unterscheiden zwei Grundkonzepte des Helfens: Das medizinische Konzept, wonach erwartet wird, daß die Patienten sich relativ passiv verhalten, um gesund zu werden, und das kompensatorische Konzepte der Hilfe, wonach vom Patienten ein aktiver Beitrag erwartet wird.

Die genannte Arbeit von TRUCHOT & DEREGARD (2001) untersuchte Krankenschwestern und Sozialarbeiter, und die Autoren stellten fest, daß die Rolle des Gemeinschaftssinns sich tatsächlich sehr unterschiedlich auswirkt innerhalb dieser beiden Modelle. Nur innerhalb des erstgenannten, des medizinischen Hilfe-Modells, wirkt Gemeinschaftssinn dämpfend auf die Beziehung von Ungleichheit und Burnout.

Wie zu bemerken ist, beginnen die Ergebnisse hier wieder außerordentlich komplex zu werden. Wenn man nicht nur Ungleichheit in verschiedenen Bereichen unterscheidet, sondern auch Persönlichkeitsvariablen, weitere kognitive Modelle, verschiedene Berufsgruppen und natürlich die MBI-Burnout-Komponenten getrennt hält, ergibt sich sehr bald wieder ein Geflecht von filigranen Ergebnissen, welches nur noch schwer in irgendeine praktische Konsequenz umzusetzen ist.

Aber von gewissem Interesse sind neue Ansätze auch dann, wenn sie für bestimmte wichtige Burnout-Forschungsbereiche zu neuen Voraussagen und damit Prüfungsmöglichkeiten führen. So haben, wie im Kapitel 4 schon erwähnt, BAKKER, SCHAUFELI, DEMEROUTI et al. (2000) die *equity*-Theorie angewandt, um die Frage der Trennbarkeit von Burnout auf der einen und Depression auf der anderen Seite zu untersuchen. Sie haben bei Lehrern festgestellt, daß wahrgenommene fehlende Reziprozität zwischen Lehrern und Schülern mit Burnout zusammenhängt, nicht aber mit Depression. Dagegen hängt wahrgenommene Ungleichheit in den persönlichen Beziehungen der Familie mit Depression zusammen – nicht jedoch mit Burnout. Dies verweist darauf, daß Burnout und Depression sich wirklich unterscheiden und daß einer der Hauptunterschiede der Bereich ist, auf welchen sie sich beziehen: Burnout (MBI-gemessen) ist arbeitsbezogen.

Die Gleichgewichtsmodelle ermöglichen auch eine erweiterte Perspektive auf Burnout: Man kann sie auf Berufe außerhalb des Gesundheitswesens anwenden, auf Arbeitsbedingungen, in welchen Klienten und Patienten keine Rolle spielen, d. h. auf die wahrgenommene Beziehung zwischen Arbeitnehmer und Organisation:

Wenn die wahrgenommenen Investitionen (z. B. exzellente Arbeit leisten; freiwillige Überstunden machen, wenn es brennt; Urlaub verschieben, wenn ein Projekt zu Ende gebracht werden muß; Kunden gewinnen usw.) und der wahrgenommene Ertrag (Anerkennung seitens der Firma, Zahlungen der vereinbarten Sonderzuwendungen, Mitentscheidung, Strukturhilfe für die eigene Arbeit, klare Zuständigkeiten usw.) im Ungleichgewicht sind, kann es auch hier zu Burnout kommen.

Mit den Begriffen Investitionen und Ertrag hat die Theorie also den Vorteil, Berufsbereich-unspezifisch zu sein.

Auch in bezug auf noch zwei weitere »klassische« Bereiche der Burnout-Forschung hat die *equity*-Theorie inspirierend gewirkt – einmal im Bereich der Interventionen (vgl. Abschnitt 4.3: VAN DIERENDONCK, SCHAUFELI & BUUNK 1998) und dann vor allem auch im Bereich der Messung. VAN HORN & SCHAUFELI (2001) haben ein Maß der Reziprozitätswahrnehmung entwickelt und bereits eingehend nach verschiedenen Aspekten konvergenter und konstruktiver Validität getestet.

Überblickt man die neue Forschung zu den Gleichgewichtsmodellen von Reziprozität und *equity*, dann kann man erkennen und auch anerkennen, daß durch diesen Ansatz tatsächlich neue Impulse in die Burnout-Forschung gekommen sind. Nicht nur werden alte Fragestellungen unter dieser theoretischen Perspektive neu angehbar (Abgrenzung zur Depression, Interventionsstrategien), sondern es kommen auch neue Fragestellungen (Bedeutung bestimmter Persönlichkeitsvariablen) auf den Tisch und neue Aufgaben der Meßinstrumentenentwicklung.

Dieser Forschungsbereich ist auch gekennzeichnet von einigen Verbesserungen, welche sich in der weiteren Burnout-Forschung inzwischen durchgesetzt haben: Man präsentiert keine nicht nach Effizienz getestete Interventionsstrategie mehr; man beschränkt sich nicht mehr auf ein einziges Berufsfeld; man validiert seine Ergebnisse auch in Längsschnittstudien – so daß insgesamt das Niveau dieser Forschung deutlich über dem von 1998 liegt.

(2) JD-C- UND JD-R-MODELLE

Gleichgewichtsmodelle sind in der Burnout-Forschung heute in Mode. Allerdings werden sie in verschiedenen Produktionsstätten der Burnout-Forschung auch immer wieder unter einem anderen Namen »neu erfunden«. Diese proliferierenden Gleichgewichtsmodelle einmal einer systematischen Analyse zu unterziehen und die Ergebnisse der Burnout-Forschung wirklich systematisch unter dem Gesichtspunkt von Gleichgewicht zu sichten und zu integrieren – natürlich auch unter Einbezug des umfangreichen Ergebnis-Paketes der älteren Forschung – daran fehlt es bisher allerdings noch ganz.

Die immer wieder neue Erfindung des Rades sei an zwei weiteren Gleichgewichtsmodellen der jüngsten Zeit illustriert. Die derzeit einflußreichste Theorie im Bereich der Forschung zu Arbeitsstreß sei – so meinen SALANOVA, PEIRO & SCHAUFELI (2002) – derzeit das JD-C-Modell. Das Job Demands-Control-Modell stammt von KARASEK (1979, vgl. auch KARASEK & THEORELL 1990).

Es besagt, daß Arbeitsstreß aus der Kombination von hohen Arbeitsanforderungen und niedriger Arbeitskontrolle resultiere. Arbeitsanforderungen sind Aspekte der Arbeitssituation, welche hohen physischen oder mentalen Einsatz verlangen. Arbeitskontrolle bezieht sich auf die Möglichkeiten des Arbeitnehmers, seine Arbeitssituation zeitlich oder inhaltlich mitzubestimmen.

Die abhängige Variable des Modells ist also Arbeitsstreß. Oder auch Burnout. Die unabhängigen (bedingenden) Variablen sind Arbeitsanforderung und Arbeitskontrolle, wobei die beiden unabhängigen Variablen sich in der Produktion von hohem Arbeitsstreß addieren können, die zweitgenannte unabhängige Variable – Arbeitskontrolle – aber auch dämpfend auf die Beziehung zwischen der ersteren und der abhängigen Variable wirken kann.

In der Sprache von Gleichgewichtsmodellen ist natürlich klar, daß die *demand*-Seite dieses Modells die »Investitionen« der *equity*-Theorie darstellen und die Kontrollseite eine der möglichen »Erträge«, daß JD-C-Modell und Reziprozität/*equity*-Modelle also stark überlappen.

Nun wenden SALANOVA, PEIRO & SCHAUFELI (2002) das JD-C-Modell in einem ausgeklügelten und sorgfältigen Design auf Burnout an. Die Ergebnisse ihrer Studie sind im vorliegenden Zusammenhang nicht so wichtig, wie der Verweis auf den völligen Verzicht auf einen systematischen Vergleich mit anderen Gleichgewichtsmodellen. Obwohl Schaufeli im Autorenteam ist, werden die Buunk/Schaufeli-Arbeiten zur *equity* und Reziprozität, so als hätten sie rein gar nichts miteinander zu tun, überhaupt nicht interpretativ mit einbezogen, geschweige denn wenigstens zitiert. Auch DEMEROUTI, NACHREINER, BAKKER & SCHAUFELI (2001), die ich als zweites Beispiel für die stetige Neuerfindung des Rades nennen möchte – wird nicht zitiert.

Die Studie zum »*Job demands-resources model of burnout*« von DEMEROUTI, NACHREINER, BAKKER & SCHAUFELI (2001) geht von einem vereinfachten Modell des Burnout aus: Ihre beiden abhängigen Variablen (die *outcome*-Variablen) sind emotionale Erschöpfung und Disengagement. Ihre beiden unabhängigen Variablen sind *job demands* und *job resources*. Arbeitsanfoderungen kennen wir schon. Was ist die Ressourcenseite? Dazu DEMEROUTI, NACHREINER, BAKKER & SCHAUFELI (2001):

> *Job resources refer to those physical, psychological, social, or organizational aspects of the job that may do any of the following: (a) be functional in achieving work goals; (b) reduce job demands at the associated physiological and psychological costs; (c) stimulate personal growth and developments ... Organizational resources include job control, potential for qualification, participation in decision making, and task variety. Social resources refer to support from colleagues, family and peer groups.* (DEMEROUTI, NACHREINER, BAKKER & SCHAUFELI 2001: 501)
>
> ÜBERSETZUNG
>
> Arbeits-Ressourcen beziehen sich auf die physischen, psychologischen, sozialen oder organisatorischen Aspekte der Arbeit, die einen der folgenden Erträge haben können: (a) funktional sein, um Arbeitsziele zu erreichen; (b) Arbeitsanforderungen reduzieren, die physiologische und psychologische Kosten zeitigen; (c) persönliches Wachstum und persönliche Entwicklung stimulieren ... Organisatorische Ressourcen schließen Arbeitskontrolle, Qualifikationsmöglichkeiten, Beteiligung an Entscheidungsprozessen und Aufgabenvielfalt ein. Soziale Ressourcen beziehen sich auf die Unterstützung von Kollegen, Familie und Freunden.

Also: Was im obigen JD-C-Modell als einzige Variable auf der »Ertragsseite« steht (*job control*) wird in diesem Modell als eines von verschiedenen Erträgen (sprich Ressourcen) gehandelt. Was hier Ressourcen genannt wird, sind natürlich die »Erträge« des *equity*-Modells. Wir haben hier also ein weiteres, keinesfalls »neues« Gleichgewichtsmodell vor uns – und auch hier – und das obwohl wiederum Schaufeli mit unter den Autoren ist – wird kein Wort über seine eigenen oder andere Gleichgewichtsmodelle verloren. Unverbundenheit wird hier wirklich zelebriert. Aber die Frage ist natürlich: Warum? Eine wissenschaftssoziologische Perspektive legt nahe, dies nicht als Vernachlässigung individueller Forscher anzusehen, sondern als Symptom der Produktionsbedingungen des Wissenschaftsbetriebes. Zeitschriften geizen mit Seitenzahlen. Gutachter streichen die Diskussion eines Artikels – insbesondere Verweise auf andere Forschungstraditionen (aus welchen diese Modelle jeweils stammen) – oft erbarmungslos zusammen. In den wissenschaftlichen Publikationen heutiger Psychologie ist vor allem Empirie gefragt. Wer sich diesem Anspruch beugt, erringt Zugang und Reputation. Tüftelige Modell-Vergleiche sind auf diesem Hintergrund nichts wert. Ein winziger Neuigkeitswert ist mehr als grundlegende Analyse und Koordination.

Neben den erwähnten Arbeiten erschienen gerade in den letzten zwei bis drei Jahren noch eine ganze Reihe weiterer Arbeiten zum JD-C und JD-R, die meisten von ihnen aus den niederländischen Produktionsstätten der Burnout-Forschung:

1 De Rijk, Le Blanc, Schaufeli & De Jonge (1998)
2 Van Yperen & Baving (1999)
3 De Jonge, Bosma, Peter & Siegrist (2000)
4 Demerouti, Bakker, De Jonge et al. (2001)
5 Rodriguez, Bravo, Peiro & Schaufeli (2001)
6 Demerouti, Bakker, De Jonge et al. (2001)
7 Rafferty, Friend & Landsbergis (2001)
8 Janssen, Bakker & De Jong (2001)
9 Beehr, Glaser, Canali & Wallwey (2001)
10 Söderfeldt, Axtelius & Bejerot (2001)
11 De Lange, Taris, Kompier et al. (2002)
12 Tummers, Landeweerd & Van Merode (2002)
13 Peter (2002)
14 Van der Doef & Maes (2002)[2]

2 Am Rande, außerhalb von »Beruf«, sei noch die Studie von Kulik (2002) erwähnt, welche wahrgenommene Ungleichheit und Burnout in der Ehe untersucht. Diese Arbeit kommt von der Universität Bar Ilan in Ramat Gan, Israel. Keiner der Gleichgewichts-/ Reziprozitäts-/ *equity*-/ JD-C-/ JD-R- oder ERI-Autoren wird in dieser Arbeit zitiert.

Die erste Arbeit bezieht *coping*-Strategien in den Kontext der JD-C-Theorie ein, die zweite soziale Unterstützung – beide Arbeiten bringen wenig Evidenz für das Modell.

Die dritte Arbeit unternimmt es, das JD-C-Modell, das bisher ohnehin noch nicht viel erbracht hatte, im Blick auf Burnout an 11.636 niederländischen »Versuchspersonen« (!) aus vielen verschiedenen Berufen gegen das Siegristsche ERI (Effort Reward Imbalance)-Modell zu testen. Das Ergebnis geht gut aus für beide Modelle, die eine je voneinander unabhängige, kumulative Wirkung auf MBI-Burnout haben.

Arbeit 4 bezieht den Begriff *engagement* in das Modell mit ein. Arbeit 5 stellt eine der anspruchsvollen Längsschnittstudien dar und findet eine signifikante vierfache Interaktion zwischen *demand-control*, sozialer Unterstützung und *locus of control* nebst vieler, dem Modell widersprechender Ergebnisse (vgl. auch die Längsschnittstudie Nr. 11). Auch bei Arbeit 6 zeigt sich das Modell als nur teilweise erfolgreich, ebenso wie bei Nr. 8 und Nr. 9 (Nr. 7 verwendet das Modell nicht zur Voraussage, sondern zur Interpretation der Ergebnisse), und Nr. 12 erweitert das Modell bei 1214 »Versuchspersonen« auf ein Job-Demand-Control-SUPPORT-Modell. Studie Nr. 13 untersucht die gesundheitlichen Korrelate eines *effort reward imbalance*-Modells (PETER 2002), und Nr. 14 versucht anhand einer großen Fülle von Variablen an 454 Lehrern auch eine Hypothese zu einem *job demands control support*-Modell zu prüfen – allerdings mit relativ flauen Ergebnissen für das theoretische Modell (VAN DER DOEF & MAES 2002). Recht unergiebig für das Modell bleibt auch Nr. 10 (SÖDERFELDT, AXTELIUS & BEJEROT 2001).

Wichtig ist auch noch die Meta-Studie, welche DE LANGE, KOMPIER, DE JONGE et al. (2001) vorlegten: Sie sichteten insgesamt 39 Längsschnittstudien zum JD-C(S)-Modell aus der Burnout- und Arbeitsstreßforschung. Nur elf davon klassifizierten sie als »*high quality*«-Studien. Diese wurden eingehender analysiert, und was sie finden, ist nur »bescheidene Evidenz« für die spezifischen Wirkungen, welche das Modell voraussagt.

Die Ergebnisse zu JD-C- und JD-R-Modellen sind also (im deutlichen Unterschied zu den Reziprozitäts-/*equity*-Modellen) insgesamt eher dürftig. Obwohl diese beiden ebenso wie das ERI-Modell von Siegrist Gleichgewichtsmodelle sind und sich die Forschungsteams personell überlappen, liegt bisher kein Versuch vor, die Ergebnisse dieser Typen von Gleichgewichtsmodellen einmal aufeinander zu beziehen und systematisch die wirklich fruchtbaren Forschungslinien von den unergiebigen zu trennen. Als ein sprechendes Symptom etwas fragwürdiger Forschungswege erscheint es mir, wenn das sich bis dahin wenig ergiebig erwiesene JD-C-Modell dann gegen ein anderes schlichtes Gleichtgewichtsmodell an über 11.000 Versuchspersonen getestet wird (vgl. oben), um dann mit dem Ergebnis aufzuwarten (der Elefant gebiert eine Maus), daß beide Modelle ihren Beitrag leisten...

Zusammenfassend: Die Sichtung der jüngsten Jahre der Burnout-Forschung im Bereich einer neueren theoretischen Eingabe – der Gleichgewichtsmodelle – zeigt, daß jedenfalls in bezug auf die Begriffe Reziprozität und *equity* sich einige wirklich neue Perspektiven eröffnen, daß es aber auch im Bereich der Gleichgewichtsforschung bisher ganz gewiß nicht zu einer Überwindung der unverbundenen und teils unverbindlichen Additivität der Burnout-Studien gekommen ist.

1.2 Emotionstheorien und Burnout

(1) Emotionale Ansteckung

Unter Emotionstheorien kann man zwei Ansätze identifizieren. Den einen möchte ich schnell abhandeln: Burnout als emotionale Anstekkung. Burnout kann sich, wie immer wieder beobachtet wird, innerhalb einer Organisation ausbreiten wie eine Infektion. Dies ist nun keine überraschende Beobachtung, ist doch die Negativität anderer, die um uns herum arbeiten, eher dazu geeignet, die eigene Stimmung zu dämpfen, als zu heben.

Die Theorie der emotionalen Ansteckung (Hatfield, Cacioppo & Rapson 1994) – angewandt auf Burnout – ist mit dem Namen Arnold B. Bakker von der Universität Utrecht verbunden. Utrecht ist derzeit das wichtigste (von Wilmar Schaufeli geleitete) europäische Zentrum der Burnout-Forschung.[3]

3 Vor Bakker hatten Omdahl & O'Donnell (1999) den Begriff schon verwendet, allerdings in einem anderen Sinn als »Mitfühlen« mit den Patienten, was sie als Korrelat von MBI-Werten untersuchten.

Erwartungsgemäß finden BAKKER & SCHAUFELI (2000) bei Lehrern und BAKKER, SCHAUFELI, SIXMA & BOSVELD (2001) bei Allgemeinärzten einen deutlichen Zusammenhang zwischen der Wahrnehmung von Burnout-Klagen von Kollegen und der eigenen »Anfälligkeit« gegenüber emotionaler Ansteckung auf der einen Seite und den Burnout-Variablen emotionale Erschöpfung und negative Einstellungen auf der anderen.

Eine weitere Studie, in welcher Anfälligkeit gegenüber emotionaler Ansteckung im Kontext von Burnout (und des JD-C-Modells) auf einer Onkologie-Station untersucht wird, stammt von LE BLANC, BAKKER, PEETERS et al. (2001).

Ein der *emotional contagion* von Burnout verwandter und älterer Begriff ist das von Westman untersuchte Konzept des Burnout-*cross over* (vgl. WESTMAN & ETZION 1995, 1999). In jüngster Zeit ist noch ein weiterer Begriff in die Diskussion eingebracht worden, welcher sich möglicherweise als ertragreicher erweisen könnte als der Begriff Ansteckung oder *cross over*: das Konzept eines Gruppen-Burnout (GARMAN, CORRIGAN & MORRIS (2002). Aber in der Burnout-Forschung bleiben alle diese verwandten Begriffe bisher unverbunden nebeneinander stehen.

Ich möchte deshalb auf diesen Forschungsstrang auch nicht weiter eingehen, zumal bisher wenige Arbeiten vorliegen und emotionale Ansteckung nur einen kleinen Teil von Burnout erklärt. Die Ansteckungstheorie hat nichts dazu zu sagen, wie Burnout entsteht – sondern nur, wie Burnout sich innerhalb einer Organisation eventuell ausbreiten kann.

(2) EMOTIONSARBEIT

Vielversprechender ist ein anderer Emotionsansatz: Burnout als Folge von »Emotionsarbeit«. Der Begriff geht zurück auf HOCHSCHILD (1983), die in ihrem Buch *The Managed Heart* darstellte, in welch hohem Maße bei Flug-Stewards und -Stewardessen neben vielen anderen Aufgaben auch die Darstellung von Gefühlen gehört – Gefühle, die man nicht immer hat. Eine der spezifischen Arbeitserfordernisse in diesem Berufsfeld ist die stetige Demonstration von Freundlichkeit. Das ist normativ, dafür gibt es gewissermaßen berufliche Regeln. Diese Art der

Gefühls-Darstellung hat HOCHSCHILD (1983) Emotionsarbeit genannt. Sie wird von MORRIS & FELDMAN (1996:987) definiert als

> *... the effort, planning, and control needed to express organizationally desired emotions during interpersonal transactions.* (MORRIS & FELDMAN 1996:987)
>
> ÜBERSETZUNG
>
> ... der Aufwand, die Planung und die Kontrolle, welche nötig sind, um die von einer Organisation erwünschten Gefühle in interpersonellen Begegnungen zum Ausdruck zu bringen.

Es ist also die »Arbeit«, welche erforderlich ist, um institutionell erwünschte und auch in expliziten oder impliziten Regeln definierte Gefühle zur Schau zu tragen.

Dabei hat die Gefühlsarbeit nach HOCHSCHILD (1983) und MORRIS & FELDMAN (1996, 1997) folgende grundsätzliche Merkmale (ZAPF 2002):

- Emotionsarbeit kommt nur in persönlichen Interaktionen zwischen Dienstanbietern und Dienstempfängern (»Klient«) vor;

- Zweck der Emotionsarbeit ist, die Gefühle, die Einstellungen und das Verhalten des Klienten zu beeinflußen;

- die erwünschten Gefühle sind berufsspezifisch und institutionell in bestimmten Regeln der Darstellung definiert. Dabei umfassen diese Regeln, 1. welche Gefühle darzustellen sind, 2. wie diese darzustellen sind und 3. welche Gefühle unterdrückt werden müssen.

HOCHSCHILD (1983) hat eine Oberflächen- von einer Tiefenebene unterschieden. Emotionsarbeit auf der Oberfläche meint die äußerliche Darstellung von Gefühlen, die man gar nicht hat (der Arzt lächelt den Patienten freundlich an und denkt: »Wenn ich den nur bald los werde!«). Solche Oberflächen-Emotionsarbeit führt zur inneren Dissonanz und einer gewissen Anspannung. Sie könne zu Burnout fuhren, weil das permanente Schauspiel die emotionalen Kräfte erschöpft (zur emotionalen Erschöpfung führt) und auch zu einem gewissen Zynismus, der als Element von Burnout identifiziert wurde.

Emotionsarbeit auf der Tiefenebene sei »gefährlicher«. Es ist der Versuch, das institutionell geforderte Gefühl nicht nur zu spielen, sondern auch tatsächlich zu empfinden. Es kann zu einer Entfremdung von sich selbst führen – die authentischen Gefühle sind nicht mehr zugänglich.

Dieser Unterscheidung nach Oberflächen- und Tiefenarbeit wird heute noch eine »automatische Gefühlsregulation« hinzugefügt. Dieser Begriff von ZAPF (2002) geht davon aus, daß in interpersonellen Interaktionen zwischen Dienstanbietern und Klienten schließlich nicht nur »erarbeitete«, sondern auch »echte« Gefühle vorkommen können: Ein Patient ist dem Arzt sympathisch, sein Leiden rührt ihn wirklich, und er ist deshalb zugewandt – die Zuwendung geschieht spontan, »automatisch«.

Nach MORRIS & FELDMAN (1996) sind darüber hinaus weitere Variablen der Emotionsarbeit wichtig im Prozeß der Burnout-Entwicklung:

- DIE HÄUFIGKEIT, mit der emotionale Arbeit geleistet werden muß (bei wenigen oder bei allen Interaktionspartnern?);
- DIE DAUER UND INTENSITÄT der erforderlichen Emotionsdarstellung (den ganzen Tag vor seinen Psychotherapiepatienten oder ein Mal die Woche beim Chefbesuch?);
- DIE VERSCHIEDENHEIT der darzustellenden Emotionen (permanente Freude nach oben, permanente Kritik nach unten oder nur überall allgemeine gute Laune?).

Ein weiterer wichtiger Begriff dieses Forschungsbereichs ist die emotionale Dissonanz. Diese entsteht, wenn das dargestellte Gefühl dem empfundenen Gefühl nicht entspricht – also nur auf der Ebene der emotionalen »Oberflächen«-Darstellung.

Im Blick auf Burnout kann man davon ausgehen, daß es eher emotionale Dissonanz als Emotionsarbeit auf der Tiefenebene ist, welche sich möglicherweise negativ auswirkt. Schon HOCHSCHILD (1983) hat dabei aber zwei Einstellungen unterschieden: *faking in good faith* und *faking in bad faith*. Gefühle »in gutem Glauben« darstellen heißt: Man selbst glaubt, daß es sinnvoll, erforderlich und für die Aufgabe notwendig ist, bestimmte Gefühle, die man vielleicht gar nicht hat, darzustellen. Wenn man jedoch zwar den beruflichen institutionellen Regeln der Gefühlsdarstellung folgt (z. B. freundlich ist zu einem aggressiven Klienten), dies aber für unehrlich, überflüssig und unzumutbar erachtet – dann ist die Dissonanz größer.

Mit dem Verweis darauf, daß Emotionsarbeit zur emotionalen Dissonanz oder gar zur Selbstentfremdung führen könne, sind zunächst sehr negative Akzente gesetzt. Aber das ist gewiß eine zu enge Sicht. Emotionsarbeit ist Teil der beruflichen Sozialisation. Emotionsarbeit ist Teil von Polsterung im sozialen Getriebe, sie fördert auch Höflichkeit, gutes Klima und manchmal auch das Durchsetzen bestimmter Ziele. Im Kontext von Burnout aber wird das Übermaß an Emotionsarbeit negativ gesehen.

Hatten SCHAUFELI & ENZMANN (1998) noch bedauernd bemerkt, daß diese Ansätze der Emotionsarbeit bis dahin in der Burnout-Forschung überhaupt nicht berücksichtigt worden waren (sie waren es jedoch in der Organisationspsychologie und Streßforschung, vgl. MORRIS & FELDMAN 1996, 1997), so hat sich diese Lage heute entscheidend geändert.

Eine der ersten empirischen Studien zur Rolle von Emotionsarbeit bei Burnout kam von der Universität Frankfurt (ZAPF, SEIFERT, SCHMUTTE et al. 2001; vgl. auch ZAPF, VOGT, SEIFERT et al. 1999, ZAPF 2002 sowie DORMANN, ZAPF & ISIC 2002), und sie bestätigt für immerhin fünf verschiedene Berufsgruppen, daß Emotionsarbeit zu Burnout beiträgt.

Inzwischen liegt bereits eine exzellente Review vor zum Zusammenhang zwischen Emotionsarbeit und Wohlbefinden am Arbeitsplatz einschließlich Burnout (ZAPF 2002). Ich möchte im folgenden nur noch kurz auf diejenigen Studien eingehen, die in dieser Review nicht berücksichtigt sind:

Zunächst einmal ist besonders auf die Dissertation von GRANDEY (2000a) hinzuweisen (GRANDEY 2000b ist eine Zusammenfassung der Dissertation), die eine sehr nützliche Integration von Laboruntersuchungen zur Emotionsmanipulation und zu organisationspsychologischen Theorie- und Empirieansatzen leistet und das Ergebnis empirisch prüft. Auch sie identifiziert (VOR Zapfs Einführung des Begriffs der »automatischen« Gefühlsregulation) einen »authentischen« Gefühlsausdruck (gemeint ist das Gleiche).

Eine Reihe relevanter Arbeiten sind in dem Buch *Emotions in the Work Place: Theory, Research and Practice,* herausgegeben von ASHKANASY, HÄRTEL & ZERBE (2000), erschienen. In diesem Band berichtet ZERBE (2000) die Ergebnisse zweier empirischer Untersuchungen, bei denen noch eine neue Differenzierung eingeführt wird: die Unterscheidung zwischen emotionaler Dissonanz (er nennt es einfach *faking*), wobei Gefühl und Gefühlsausdruck nicht übereinstimmen, und emotionaler Devianz, bei der der institutionell erwartete Gefühlsausdruck nicht mit dem dargestellten übereinstimmt.

KRUML & GEDDES (2000) – ebenfalls aus diesem Band – fragen sich: *Catching fire without burning out: Is there an ideal way to perform emotional labor?* (so der Titel der Arbeit). Sie zeigen den Unterschied zwischen Oberflächen- und Tiefenebene bei der Emotionsarbeit auf und konfrontieren die entsprechenden Messungen mit MBI-gemessenen Burnout-Werten. Ihre Ergebnisse entsprechen der Erwartung: Wer gelernt hat, die Gefühle tatsächlich zu empfinden, die er darzustellen hat (wer also keine Dissonanz erlebt), hat auch niedrige Burnout-Werte. Dissonanz aber, das Schauspiel auf der Oberfläche, ist mit höheren Burnout-Werten bei allen drei Komponenten des MBI-Meßinstrumentes korreliert.

ERICKSON & RITTER (2001) differenzieren den Ansatz noch wesentlich und unterscheiden drei Arten von Emotionen (Darstellung positiver, negativer und aufgeregter [*agitated*] Gefühle) und fragen, welche von diesen am meisten zu Burnout beitragen. Letztere scheinen am anstrengendsten zu sein.

Auch BROTHERIDGE & GRANDEY (2002) (vgl. auch die Erweiterung des Begriffs der Emotionsarbeit zu einer Theorie der Emotionsregulation, GRANDEY 2000a, 2000b) führen noch weitere Differenzierungen ein. Sie unterscheiden den wahrgenommenen Anspruch der Organisation auf die Darstellung gewisser Gefühle auf der einen Seite und die (behauptete) tatsächlich geleistete Emotionsarbeit auf der Oberflächen- und Tiefenebene auf der anderen und prüfen dann in fünf verschiedenen Berufsgruppen, wie diese verschiedenen Aspekte sich auf die drei MBI-Dimensionen auswirken.

Wie verschachtelt die Ergebnisse bei einem solch komplizierten Design sind (die vielen Kontrollvariablen gar nicht zu erwähnen), läßt sich voraussehen. Um nur zwei Teilergebnisse zu nennen:

Nimmt man den Anspruch seitens der Organisation auf emotionale Darstellung wahr und praktiziert Emotionsarbeit auf der Tiefenebene, so führt dies zu einem Gefühl VERSTÄRKTEN arbeitsbezogenen Selbstvertrauens (die dritte Dimension von Burnout), sofern eine ganze Reihe anderer Variablen konstant gehalten werden. Mit anderen Worten: Wenn man klug genug ist wahrzunehmen, was eine Institution an emotionaler Darstellung von einem verlangt (sagen wir Enthusiasmus am Firmen-Gewinn), und wenn man ist in der Lage, den Enthusiasmus nicht nur zu spielen, sondern auch zu empfinden, dann ist man eben etwas enthusiastischer (überzeugter) in bezug auf den eigenen Arbeitsbeitrag...

Oder: Die Anwendung von Emotionsarbeit auf der Oberflächen-Ebene (Gefühle vorgeben) führt, wenn man andere Variablen konstant hält, zu erhöhten MBI-Werten im Bereich der Depersonalisation. Mit anderen Worten: Stelle ich gegenüber meinen Klienten Gefühle dar, die ich gar nicht habe, so schafft das eine emotionale Distanz zu den Klienten.

Ein großer Untersuchungsaufwand, anspruchsvolle statistische Verfahren führen doch immer wieder zu eigentlich banalen Ergebnissen, vielleicht nicht zuletzt der verwendeten Meßinstrumente wegen: Auch in diesem neuen Forschungsbereich der Burnout-Forschung wird unermüdlich das MBI verwendet. Daß es auch andere Zugänge gäbe, zeigen Studien zur Emotionsarbeit aus anderen Forschungsbereichen (vgl. MORGAN & KRONE 2001 mit ihrer ethnographischen Methode).

Schließlich ist noch eine neue Arbeit von BROTHERIDGE & LEE (2002) zu erwähnen, die versucht, das Konzept der Emotionsarbeit mit Hobfolls COR-Theorie (vgl. unten) (*conservation of resources*) zusammenzubringen. Emotionsarbeit wird als eine Anstrengung verstanden, welche Ressourcen verbraucht; Ressourcen gehen verloren. Diese können aber kompensiert werden, und somit wird die Resscourcen-Gesamtmenge »konserviert«, sofern es andere *rewards* oder Ressourcen gibt (was sich erwartungsgemäß bestätigte).

Zusammenfassend: Dieser Forschungsbereich ist noch zu jung, und es liegen noch zu wenige Arbeiten vor, um ihn zu beurteilen. Sicher ist das Konzept der Emotionsarbeit eine Bereicherung der Burnout-Forschung – es verweist auf eine weitere mögliche Ursache für Burnout. Aber Emotionsarbeit kann sicher auch immer nur EINE Ursache für Burnout sein – und insofern kann diesem Gebiet, so sehr es auch mit Erwartung belegt (SCHAUFELI & ENZMANN 1998) und dann hochgelobt wurde (ZAPF 2002), sicher keine intergrierende Funktion in der Burnout-Forschung zukommen.

2. ANSÄTZE ZUR »ENTPATHOLOGISIERUNG« VON BURNOUT?

Die Frage nach der »Pathologisierung« von Burnout – wie ich es nennen möchte – ist eine andere als die Frage nach dem Krankheitsstatus von Burnout. Wenn ich von »Pathologisierung« spreche, so meine ich – insbesondere im Bereich der Untersuchung von Burnout-Persönlichkeitskorrelaten – die Tendenz, Burnout als einen im Prinzip vom Individuum selbst zu verantwortenden Zustand einer FEHLANGEPASSTEN PERSÖNLICHKEIT zu sehen. »Pathologisierung« impliziert eine Wertung. Die Frage nach dem Krankheitszustand dagegen bezieht sich auf die gesellschaftliche Anerkennung von Burnout als einem Belastungssyndrom, welches des Schutzes und der Heilung bedarf.

Ich werde im folgenden zunächst die »Pathologisierung« illustrieren – und zwar an einer Studie, die trotz dieser Tendenz besonders behutsam ist. Ich werde dann im zweiten Schritt die Burnout-Forschung nach alternativen Tendenzen sichten.

2.1 »Pathologisierung« von Burnout

Eine Arbeit von MCCRANIE & BRANDSMA (1988), die SCHAUFELI & ENZMANN (1998) in ihrer Review der Burnout-Forschung nicht erwähnt haben, illustriert das Gemeinte. Die Studie ist vor allem ihres prospektiven Designs sowie der Zeitspanne (durchschnittlich 25 Jahre) und der Rücklaufquote (72%) wegen durchaus bemerkenswert.

Zwischen 1952 und 1961 füllten 656 beginnende Medizinstudenten das Minnesota Multiple Personality Inventory (MMPI) aus. Alle im Jahr 1982 noch Lebenden (N = 625) wurden dann angeschrieben; elf konnten trotz mehrfacher Versuche adressenmäßig nicht mehr lokalisiert werden. Von den verbleibenden 614 Ärzte antworteten 447. Sieben Fragebögen waren nicht verwertbar, so daß die Rücklaufrate schließlich 72% betrug – für einen so langen Zeitraum ein bemerkenswertes Ergebnis.

Die Fragebögen, welche die Ärzte dann im Jahr 1982 zugeschickt bekamen, schlossen einen Burnout-Fragebogen ein (die »Tedium Scale«, welche physische, emotionale und mentale Erschöpfung mißt, vgl. PINES, ARONSON & KAFRY 1981) sowie eine Reihe anderer Fragen und Fragebögen, welche Informationen über einige demographische Variablen sowie über Arbeitsmenge und Arbeitsorganisation, erlebten Streß, Berufs- und allgemeine Lebenszufriedenheit und *marital happiness* erfaßten.

Die Ergebnisse vermitteln – so die Autoren – ein durchaus »kohärentes« Bild. Die wichtigsten Ergebnisse sind:

(1) Die Medizinstudenten sind Ärzte geworden, die viel arbeiten (im Durchschnitt 56 Stunden die Woche) und ganz überwiegend in unmittelbarem Kontakt mit Patienten stehen (81% ihrer Arbeitszeit).

(2) Höhere Burnout-Werte sind signifikant korreliert mit

- mehr erlebtem Arbeitsstreß
- mehr Unzufriedenheit im Leben
- mehr Unzufriedenheit im Beruf
- mehr *marital unhappiness*.

(3) Alter und Geschlecht, Anzahl der Arbeitsstunden, Menge des Patientenkontaktes und andere demographische und Arbeitsplatzbezogene Variablen sind nicht mit Burnout-Werten korreliert.

(4) Bei Burnout und den Faktorenskalen des MMPI ergaben sich folgende signifikante positive Korrelationen:

- *neuroticism*
- *psychoticism*
- *inadequacy*

sowie folgende signifikante negative Korrelationen

- *extraversion*
- *religious orthodoxy*
- *intellectual interests*

Die Autoren fassen ihre Ergebnisse folgendermaßen zusammen:

> *Considered together, the particular MMPI standard and special scales exhibiting small but significant correlations with burnout appear to reflect a coherent set of personality traits. Physicians reporting more frequent burnout symptoms at follow up were more likely, as medical school applicants more than two decades earlier, to (a) exhibit a general tendency to admit to personal and psychological difficulties (Infrequency, Psychoticism/Infrequency), (b) report feeling unhappy and dysphoric (Depression), (c) be anxious, worry, and feel incompetent when facing adversity (Psychasthenia, Neuroticism, Inadequacy), and (d) experience anxiety and discomfort in social situations (Social Introversion). Consistent with this latter tendency, more burned-out physicians were less likely to endorse MMPI items suggesting high energy, social self-confidence, and gregariousness (Hypomania, Extraversion). In addition, greater burnout was associated with less likelihood of endorsing MMPI items indicating committed adherence to religious and moral rules (Religious Orthodoxy) and interest in poetry, dramatics, and science (Intellectual Interests).*
>
> *This overall pattern of significant correlations suggests that greater risk of burnout among physicians is associated with personality traits of low self-esteem, low self-confidence, proneness to dysphoria and obsessive worry, social anxiety, passivity, and withdrawal from others... the present results thus provide suggestive evidence that vulnerability to burnout among physicians is influenced to some degree by certain*

longstanding, maladaptive personality traits and coping styles already evident in young adulthood, even before the physicians encounter the stresses of medical training. (McCranie & Brandsma 1988:33-34)

Überstzung

Zusammen betrachtet ergeben die speziellen MMPI-Schnittpunkte und Skalen kleine, aber signifikante Korrelationen mit Burnout, was ein kohärentes Bild an Persönlichkeitsmerkmalen aufscheinen läßt. Ärzte, die bei den Nach-Untersuchungen öfter Burnout-Symptome nennen, neigten als Medizinstudenten mehr als zwei Jahrzehnte davor eher dazu, (a) eine allgemeine Tendenz, personelle und psychologische Schwierigkeiten (Infrequency, Psychotizismus/Infrequency) zu benennen, (b) unglückliche und dysphorische Gefühle zu erwähnen (Depression), (c) ängstlich zu sein, sich Sorgen zu machen und sich inkompetent zu fühlen, wenn sie mit Schwierigkeiten konfrontiert sind (Psychasthenie, Neurotizismus, Minderwertigkeitskomplex) und (d) Angst und Unbehagen in sozialen Situationen zu erleben (Soziale Introvertiertheit). Übereinstimmend mit dieser letzten Tendenz kreuzten Ärzte mit höheren Burnout-Werten weniger MMPI-Items an, die hohe Energie, soziales Selbstvertrauen und Geselligkeit anzeigen (Hypomanie, Extraversion). Außerdem war mehr Burnout assoziiert mit einer geringeren Wahrscheinlichkeit, daß die MMPI-Items angekreuzt wurden, die Pflichtgefühl und Engagement gegenüber religiösen und moralischen Regeln (Religiöse Orthodoxie) und Interesse an Poesie, Theaterspiel und Wissenschaft (intellektuelle Interessen) messen.

Dieses allgemeine Muster von signifikanten Korrelationen legt nahe, daß unter Ärzten ein höheres Burnout-Risiko assoziiert ist mit Persönlichkeitsmerkmalen wie niedriges Selbstwertgefühl, geringes Selbstvertrauen, einer Neigung zu Dysphorie und obsessivem Sich-Sorgen, sozialer Ängstlichkeit, Passivität und ein Sich-Zurückziehen von anderen... Die vorliegenden Ergebnisse liefern also durchaus vielversprechende Hinweise dafür, daß Burnout-Gefährdung unter Ärzten zu einem gewissen Grad von bestimmten langjährigen Merkmalen einer schlecht angepaßten Persönlichkeit und *coping*-Stilen beeinflußt wird, die bereits im Jugendalter sichtbar sind, also schon bevor die Ärzte dem Streß des Medizinstudiums ausgesetzt werden.

Wie erkenntlich, sind die Autoren behutsam in der Bewertung der Ergebnisse und diskutieren sorgfältig die methodischen Probleme (z. B.

Ergebnis-Verzerrung durch unvollständige Rücklaufquote, *desirability*-Problem beim Ausfüllen der Fragebögen, besonders des MMPI usw.).

Sie sind auch vorsichtig in der kausalen Interpretation. Sie sagen nicht, eine fehlangepaßte Persönlichkeit »führt zu« Burnout, sondern sprechen von »*suggestive evidence that vulnerability to burnout ... is influenced to some degree by certain longstanding maladaptive personality traits ....*« (vgl. oben).

Auch erwägen sie eine Alternativerklärung für die Ergebnisse. Die Forschung habe viele Hinweise erbracht, daß es eine über Jahrzehnte hinweg stabile Grundtendenz von Menschen gebe, in bezug auf äußere und innere Umstände grundsätzlich entweder eher glücklich oder unglücklich zu sein (vgl. SCHEIER & CARVER 1985, 1987, 1992, 1993). Bei genauerer Betrachtung der MMPI-Messung auf der einen Seite und dem verwendeten Burnout-Meßinstrument auf der anderen zeige sich, daß sich eine solche Tendenz in beiden Meßinstrumenten niederschlagen könne.

Dazu würde auch passen, daß objektive Bedingungen der Arbeitssituation (Anzahl der Arbeitsstunden, Dichte des Patientenkontaktes usw.) NICHT mit Burnout korrelieren, während die familiäre, die berufliche und die allgemeine Lebensunzufriedenheit mit höheren Burnout-Werten einhergeht.

Ich habe diese Studie deshalb so ausführlich besprochen, weil sie als frühe Langzeitstudie besonders sorgfältig ist und weil sie – trotz aller Behutsamkeit – ein klares Indiz einer allgemeineren Tendenz der Burnout-Forschung ist, jener Tendenz der negativen Bewertung, d. h. »Pathologisierung« des ausgebrannten Menschen. Das zeigt sich dann auch an den praktischen Vorschlägen, mit welchen MCCRANIE & BRANDSMA (1988) schließen: Man sollte den gefährdeten jungen Medizinern helfen, ihr Selbstwertgefühl und ihr Selbstvertrauen zu stärken und ihre schlechten Anpassungstechniken, ihre Passivität, ihre Sorgenneigung, ihren sozialen Rückzug usw. zu verbessern. Burnoutler sind »unangepaßt«, sie müssen sich darum kümmern, angepaßter zu werden. Angepaßt ist ein Mensch, der unter allen Bedingungen fröhlich arbeitet und lebt...

An dieser Stelle macht sich möglicherweise auch die Doppelverwendung des Burnout-Begriffs bemerkbar, was eine besondere Randbedingung speziell dieses Forschungsbereiches ist, etwa auch im Unterschied z. B. zum Chronic Fatigue Syndrom und zur Posttraumatischen Belastungsstörung: Burnout wird, wie ich erwähnt habe, als Alltagsbegriff verwendet, und gleichzeitig ist er ein etablierter wissenschaftlicher Begriff. Diese Nähe aber mag mit bewirken, daß die Alltags-Wertungen zu Burnout die wissenschaftliche Bewertung infizieren.

Die Alltagsabwertung des Burnout haben MASLACH & GOLDBERG (1988) folgendermaßen beschrieben (S. 69-70):

> *In general, job stress is not taken as seriously as other job hazards (...). The risk of psychological dysfunction seems minor compared to hazards that pose major risks for physical injury or death. Indeed, the kinds of safe job-performance practices that are the focus of risk-management programs usually involve hazard and infection control, and not psychological stressors.*
>
> *Even within the category of job stress, burnout tends to be underrated. Because it develops gradually, in response to chronic stressors, the early warning signs are easily missed. This slow erosion over time is not as dramatic as the immediate, acute stress response to a crisis or emergency (which is more likely to be judged as a «legitimate« stressor). Consequently, people assume that burnout is no big deal, and they misjudge the risks. They also assume that it won't happen to them – that they are too knowledgeable or too strong to fall prey to this problem. When burnout does set in, people tend to keep working, even if not as well as before, so there are no serious threats to general productivity. But at some point the continuing downward spiral goes too far – and the costs in performance and well-being become high.*
>
> *Because burnout «gets no respect« as a serious problem, people who experience it are often seen as weak wimps who aren't tough enough to handle something so trivial, or as whiny complainers who won't take responsibility for their own actions (...). This kind of judgment fuels a dispositional attribution of burnout, rather than a situational one. The presumption is that it is some flaw or weakness in the individual that leads him or her to burn out.. And if that is the case, then individual treatment strategies are the only reasonable solution to the problem – changing the job makes no sense. One of the dangerous outcomes of this normative belief linking burnout to weakness is that workers may*

hide any signs or symptoms of burnout, and may deny any problems and avoid seeking any help. (MASLACH & GOLDBERG 1988:69-70)

ÜBERSETZUNG

Im allgemeinen wird Arbeitsstreß nicht so ernst genommen wie andere Arbeitsprobleme .... Das Risiko einer psychologischen Dysfunktion wird offensichtlich als weniger schwerwiegend angesehen als Risiken, welche zu physischen Verletzungen oder zum Tode führen können. In der Tat beinhalten Arbeitsablaufvorgaben, auf welche sich die Risiko-Management-Programme konzentrieren, normalerweise die Eindämmung von Unfällen und Infektionen, aber nicht die von psychologischen Stressoren.

Selbst im Bereich von Arbeitsstreß wird Burnout eher unterbewertet. Weil Burnout sich nur allmählich im Falle chronischer Stressoren entwickelt, werden die Frühwarn-Signale oft übersehen. Diese zeitlich langsame Erosion ist nicht so dramatsich, wie die unmittelbare akute Streß-Reaktion im Falle einer Krise oder eines Notfalls (welche wahrscheinlich eher als »legitime« Stressoren beurteilt werden). Deshalb glauben die Leute, daß Burnout keine so große Sache sei, und beurteilen das Risiko falsch. Außerdem nimmt man an, daß das einem selbst nicht passieren kann – daß man gut genug Bescheid weiß und stark genug ist, um nicht Opfer dieses Problems zu werden. Wenn Burnout sich dann zeigt, tendieren die Betroffenen dazu weiterzuarbeiten, wenn auch nicht so gut wie früher, und somit ist die allgemeine Produktivität nicht ernsthaft gefährdet. Aber ab einem gewissen Punkt geht es mit der Abwärts-Spirale zu weit – und die Kosten für Leistung und Wohlbefinden werden hoch.

Weil der Burnout-Verfassung »kein Respekt« als ernsthaftes Problem gezollt wird, werden Menschen, die Burnout erleiden, oft als Schwächlinge angesehen, die nicht stabil genug sind, um etwas so Triviales in den Griff zu bekommen, oder sie werden als weinerliche Jammerlappen angesehen, die keine Verantwortung für ihre eigenen Handlungen übernehmen wollen ... Diese Art der Wertung fördert eher eine Burnout-Interpretation auf der Basis von Veranlagung als eine situationsbezogene. Das Vorurteil ist, daß es irgendein Fehler oder eine Schwäche in einem Menschen selbst ist, was ihn zu Burnout führt. Und wenn das der Fall ist, dann sind Strategien der individuellen Behandlung die einzige vernünftige Lösung des Problems – Arbeitswechsel würde dann keinen Sinn machen. Eine der gefährlichen Folgen dieser normativen Vorstellung, wonach Burnout mit Schwäche in Verbindung steht, ist, daß von Berufstätigen eventuelle Anzeichen oder Symptome von Burnout versteckt und irgendwelche Probleme zu haben geleugnet werden und die Suche nach Hilfe vermieden wird.

Es ist auffallend, daß in der Burnout-Forschung das negative öffentliche Bild von Burnout kaum wissenschaftlich untersucht wird. Offensichtlich besteht kein Bedarf, weil die Wissenschaftler implizit die Alltagssicht teilen und gar nicht in Frage stellen: Burnout hat etwas mit Schwäche zu tun.

Das »öffentliche« (und damit in Übereinstimmung stehende wissenschaftliche) Bild von Burnout beeinflußt aber selbstverständlich das Burnout-Erleben der Betroffenen, beeeinflußt die Schonung, welche sie erfahren oder nicht erfahren, die möglichen Behandlungen, welche zur Verfügung stehen und die Chancen der Heilung. Und trotz dieser Bedeutung der öffentlichen Wahrnehmung des »Krankheits«-Bildes oder Belastungssyndromes wird es von der Burnout-Forschung weder dokumentiert noch untersucht.

Eng damit im Zusammenhang steht eine weitere sehr auffällige Lücke im Bereich der Burnout-Forschung. Burnout entsteht aus interaktiven Bedingungen: Therapeuten gehen mit Klienten um, Ärzte mit Patienten usw., und stets wird in der Burnout-Forschung nur die Wirkung letzterer auf die ersteren untersucht: Wie wirken sich zu viele, schwierige, verhaltensgestörte, fordernde usw. Klienten und Patienten auf das Burnout ihrer Behandler aus? Wie aber ein ausgebrannter Behandler nun zurückwirkt auf den Klienten oder Patienten – das ist bisher nur selten berücksichtigt worden:

LEITER, FRIZZELI, HARVIE & CHURCHILL (1998) fanden, daß die Belastetheit von Pflegepersonal (Krankenschwestern) mit einer negativen Wahrnehmung der Qualität ihrer Pflege bei den Patienten zusammenhängt.

In der Studie von RENJILIAN, BAUM & LANDRY (1998) wird untersucht, wie potentielle Klienten ausgebrannte Psychotherapeuten wahrnehmen. Dies wird jedoch nicht in einer *real-life*-Situation untersucht. Die 131 »Versuchspersonen« (*undergraduate* Studenten) sehen sich vielmehr nur Videos von ausgebrannten und nicht ausgebrannten Personen (Psychotherapeuten) an. Die Psychotherapeuten SPIELEN die jeweilige Rolle. Die Studenten mußten die im Video gesehene Person dann nach verschiedenen Merkmalen wie Sympathie, Empathiefähigkeit, Aufmerksamkeit, Kompetenz usw. einstufen. Erwartungsgemäß werden die ausgebrannten Psychotherapeuten negativer gesehen als die nicht ausgebrannten. Aber auch die nicht ausgebrannten Therapeuten schneiden bei den Studenten schlecht ab – entweder haben Psychotherapeuten ein insgesamt eher schlechtes Image bei diesen Studenten oder aber die Video-Inszenierungen waren schlecht.

In einer jüngeren Studie wurde dieser Ansatz noch einmal aufgegriffen (RENJILIAN & STITES 2002). Wieder sahen sich *undergraduate* Studenten Videos an. Sodann mußten die Studenten diese Psychotherapeuten beurteilen. Dabei wurden zwei Gruppen von Betrachtern unterschieden: Studenten, die schon eine Psychotherapie hinter sich hatten und solche, die noch keine durchlaufen hatten. Es zeigt sich, daß »Therapieerfahrene« Studenten den Zeichen von Burnout bei Psychotherapeuten gegenüber kritischer eingestellt sind als »Therapie-unerfahrene«.

Mit der Wahrnehmung von ausgebrannten und nicht ausgebrannten Psychotherapeuten durch ihre Klienten (in diesem Fall: Studenten in Therapie) befassen sich auch MCCARTHY & FRIEZE (1999). Diesen Autoren ging es aber weniger um die wertende Wahrnehmung ausgebrannter und weniger ausgebrannter Psychotherapeuten als um deren »Macht«-Strategien. Die Arbeit ist insofern auch problematisch, als die Klienten sowohl die Burnout-Werte vergeben als auch die Einschätzung der Machtstrategie.

PRICE & WEISS (2000) untersuchen, wie Sportstudentinnen ihre ausgebrannten Trainer wahrnehmen. Es zeigte sich, daß Trainer mit hohem Score im Bereich der MBI-Skalendimension »emotionale Erschöpfung« als weniger stützend und lehrreich angesehen wurden – aber auch als weniger autokratisch – als dies bei Trainern mit niedriger emotionaler Erschöpfung der Fall ist.

Auch eine Dissertation widmet sich der höchst selten untersuchten Frage der Auswirkung von Burnout auf das Verhalten der Anempfohlenen (Kinder). Dies geschieht aber auf dem Umweg über Fragebögen, welche den Eltern vorgelegt wurden, was dann schließlich recht wenig erbringt (vgl. CHIAROMONTE 1998).

Ganz anders und wirklich einmal origienll gehen TATAR & YAHAV (1999) von der Hebrew University in Jerusalem bei der Untersuchung von Burnout-Wahrnehmung vor. Den gleichen, klugen Ansatz wählen – allerdings in Unkenntnis dieser vorangehenden Arbeit – auch RAEDECKE, LUNNEY & VENABLES (2002). Da lassen zwei Autoren endlich einmal das MBI links liegen und gehen auch in der Bestimmung von Burnout zurück zu den »Klienten«:

Es werden 297 Schüler einer israelischen Oberschule gefragt, was denn das besonders hervorstechende Verhalten oder Merkmal von Lehrern sei, welche die Schüler als ausgebrannt sehen. Und – wirklich auch einmal eine originelle Perspektive – werden eben die gleichen Schüler auch befragt, wie sie glauben, daß Burnout von Lehrern am besten eingedämmt werden kann.

Die Schüler kennzeichnen ausgebrannte Lehrer u. a. als frustriert, erschöpft, ungeduldig, überdrüssig usw. und wenn es an die Schüler-Empfehlungen geht, wie das zu ändern sei, schließt das Programm auch positiveres Verhalten seitens der Schüler ein.

Einen Schritt weiter gehen LINEHAN, COCHRAN, MAR et al. (2000). Können nicht, so fragen sie, auch Klienten Burnout an ihren Therapeuten bekommen?

Diese Frage wurde bis dahin überhaupt nie gestellt. Immer sind die Pfleger, Betreuer, d. h. die ANBIETER von ärztlicher, psychotherapeutischer, sozialer oder pflegerischer Hilfe die »Opfer« von Burnout – die Klienten nie. Auch in dem neuen Forschungsfeld der Untersuchung von Burnout-»Ansteckung« (vgl. oben) wird immer nur untersucht, wie sich die ANBIETER der Dyade untereinander anstecken – nicht wie sie möglicherweise den Rezipienten anstecken.

Berührungen der Fragestellung von LINEHAN, COCHRAN, MAR et al. (2000) bestehen noch zu einem weiteren Forschungsansatz der Burnout-Forschung – zu den *cross-over*-Studien (vgl. oben), in welchen gefragt wird, wieweit sich das Burnout eines Menschen auf den Partner auswirkt – also auf diesen übergehen kann.

Doch Linehan et al. gehen weiter als *cross over*. Beide Seiten der Dyade, Therapeut und Patient/Klient können, so vertreten sie, am psychotherapeutischen Prozeß ausbrennen. Leider sind die Ergebnisse der

Studie nicht eindeutig, aber die Fragestellung eröffnet durchaus eine lohnende Perspektivenerweiterung.

Wie man erkennen kann, gibt es immerhin schon den einen oder anderen originellen Ansatz zur Untersuchung der öffentlichen und der Klientenwahrnehmung von Burnout. Ich habe diese wenigen Studien deshalb relativ ausführlich analysiert, 1. weil fremde Krankheitswahrnehmung ein ganz wesentlicher Faktor des Krankheitserlebens ist und 2. weil wir eben diese Perspektive bei einer transkulturellen Betrachtung von Burnout brauchen.

An diesem Punkt der Analyse kann man zusammenfassend sagen: Eine negative, »pathologische« Sicht von Burnout dominiert eindeutig innerhalb und außerhalb der Wissenschaft, und selbstverständlich trägt die Burnout-Forschung durch die Auswahl ihrer Korrelate und Variablen kräftig dazu bei.[4]

Dieses Image des ausgebrannten Menschen als »Schwächling« (vgl. das obige Zitat von MASLACH & GOLDBERG 1998), diese Assoziation von selbst zu verantwortender Instabilität und Unangepaßtheit durchzieht unweigerlich die Praxis und die Wissenschaft zu Burnout. Die Frage ist nun: Gibt es in der jüngsten Forschung dazu auch Gegentendenzen?

2.2 *Gegentendenzen?*

Bei meiner systematischen Sichtung der »Gegentendenzen« zu einer engen »pathologischen« Sicht von Burnout gehe ich im folgenden drei Wege.

Im Abschnitt (1) werde ich zuerst die Streß- und Coping-Forschung sichten und den Begriff der Meta-Ressourcen einführen. Eine erste dann zu behandelnde Gegentendenz sind die in der Burnout-Forschung aufgegriffenen Meta-Ressourcen – als wichtigste werde ich behandeln:

- *self-efficacy*
- *hardiness* und
- *sense of coherence.*

4 Vgl. die Review zu den Persönlichkeitskorrelaten von Burnout von DE VRIES & VAN HECK (2000).

Im Abschnitt (2) sichte ich die zu Beginn dieses Jahrtausends ausgerufene neue Positive Psychologie und werde als zweite Gegentendenz aufzeigen, wie folgende positive Persönlichkeitskorrelate in der Burnout-Forschung behandelt werden:

- Humor
- Optimismus
- Spiritualität.

Im Abschnitt (3) werde ich dann auf den in der Burnout-Forschung selbst entwickelten Begriff des arbeitsbezogenen ENGAGEMENTS eingehen und die neuere Burnout-Forschung danach sichten, wie weit sie diesen »positiven« Gegenpol von Burnout aufgegriffen und bearbeitet hat.

(1) JÜNGERE ENTWICKLUNGEN IN DER STRESS- UND COPING-FORSCHUNG UND DER BEGRIFF DER META-RESSOURCEN

Einer der Ausgangspunkte der gesamten Coping-Forschung[5] war die Forschung zu den psychoanalytischen Abwehrprozessen (PARKER & ENDLER 1996), die als mißlungene oder mißlingende Bewältigungsstrategien angesehen wurden. Ausgangspunkt war also die Fokussierung auf die Schattenseite des Menschen. Es ging um Streß als *distress* – also nur negativ zu erlebende Belastung –, es ging um Krankheit, Pathologie und Abwehr.

Hier gab es dann ganz deutlich eine Gegenbewegung, eine Verlagerung des Fokusses auf die adaptativen Strategien (HOLAHAN, MOOS & SCHAEFER 1996), von der Untersuchung zum Umgang mit Krankheit zur Untersuchung des Umgangs mit Gesundheit und deren Aufrechterhaltung (z. B. BEUTEL 1989), von der Untersuchung von nur negativem Streß zur Frage, was Streß und Belastung an Wachstumspotentialität enthält (vgl. auch FOLKMAN & MOSKOWITZ 2000).

5 Bezogen auf Arbeit vgl. die kurzen Reviews von KROHNE (2001), SIEGRIST (2001) und SCHAUFELI (2001). Für Gesamt-Reviews vgl. ZEIDNER & ENDLER (1996) und SOMERFIELD & MCCRAE (2000).

Der (ausschließliche) Blick auf Ressourcen – also die positiven Verfügbarkeiten und Möglichkeiten des Menschen – gehört mit zu dieser Gegenbewegung hin auf die Lichtseite des Menschen.

Nicht unabhängig von dieser Gegenbewegung ist das, was man den Trend der Veralltäglichung in der Coping-Forschung nennen könnte, weg von der Untersuchung von extremen, lebensbedrohlichen, katastrophalen Situationen der Belastung zu den kleinen *daily hassles*, den täglichen kleinen Streß-Situationen und deren Bewältigung – und weg von der entsprechenden Sicht von Coping als einer abgegrenzten Sonderreaktion hin zu dem Verständnis von Bewältigungsverhalten als Teil des ganz normalen, immer präsenten täglichen Anpassungsprozesses (COSTA, SOMERFIELD & MCCRAE 1996).

Ich zitiere ein Beispiel dieser Gegenbewegung hin auf das normale Individuum und seine Lichtseiten mit der Betonung von Wachstum, Erweiterung, Entdeckung und Sinn. Sagen HOLAHAN, MOOS & SCHAEFER (1996) z. B.:

> *The painful aspects of life crises cannot be denied; yet, individuals often emerge from a crisis with new coping skills, closer relationships with family and friends, broader priorities, and a richer appreciation of life (...). (HOLAHAN, MOOS & SCHAEFER 1996:32)*
>
> ÜBERSETZUNG
>
> Die schmerzlichen Aspekte von Lebenskrisen können nicht geleugnet werden; doch tauchen die Menschen aus einer Krise oft wieder auf mit neuen Bewältigungsfähigkeiten, mit engeren Beziehungen zu Familie und Freunden, mit weiteren Prioritäten und mit einer tieferen Wertschätzung des Lebens (...).

HAAN (1982) drückt es kurz und knapp folgendermaßen aus:

> *Stress benefits people, making them more tender, humble, and hardy.* (HAAN 1982:255)
>
> ÜBERSETZUNG
>
> Belastung bringt den Menschen Gewinn, weil Belastung einen weicher, bescheidener und widerstandsfähiger macht

Diese Gegenbewegung schlägt sich auch in empirischen Untersuchungen zum Coping nieder. Als Beispiel sei FOLKMAN (1997) erwähnt. Sie hat Bewältigungsstrategien unter schwersten Belastungssituationen untersucht: die Pflege eines an Aids sterbenden Partners. Und in ihren Ergebnissen betont sie nachdrücklich den unerwarteten Befund, daß diese schwere Aufgabe auch eine Fülle von positiven Erfahrungen beinhaltet. Sie zeigt Bewältigungsstrategien auf, welche diese positiven Seiten gewissermaßen herstellen:

Erstens. Die Situation wird in einer positiven Weise umgedeutet: Ist die Pflege eines sterbenden Partners nicht eine der kostbarsten Möglichkeiten, die gegenseitige Liebe auszudrücken?

Zweitens. Auch wenn die eigentliche Ursache der Belastung (die tödliche Krankheit) nicht abgewendet werden kann, kann man sich doch immer jeden Tag und jede Nacht kleine Ziele setzen, die erreichbar sind: Heute soll der Patient (Partner) trotz Krankheit einmal durchschlafen können, und alles wird eingefädelt, vorbereitet und getan, damit dies heute nacht sein kann. Und es gelingt. Freude.

Drittens. Unter Normalbedingungen gänzlich belanglose Situationen können mit positiver Bedeutung belegt werden: Der pflegende Partner hat für einen halben Tag einen anderen Pfleger gefunden, er selbst geht hinaus und macht eine kleine Wanderung. Dies hat er schon hundert Mal gemacht. Aber jetzt ist alles schöner, intensiver, und er ist mit Dankbarkeit erfüllt, daß nicht alles stirbt – die Natur lebt (vgl. dazu auch den Begriff der *hightened existential awareness* von YALOM & LIEBERMAN 1991).

Viertens. Die Entwicklung von spirituellen Interessen, die Beschäftigung mit Sichtweisen, die den Einzelnen in viel größere Zusammenhänge stellen, eingebettet in ein kosmisches Geschehen, in dessen Angesicht ein einzelner Tod weniger wiegt, oder Leben und Tod gar nicht so sehr verschieden sind...

Mit den obigen Zitaten zum Gewinn durch Krisen und der erwähnten Studie zur positiven Bewältigung von schweren Belastungssituationen ist die Gegenbewegung in der Streß- und Coping-Forschung in Richtung auf die lichte Seite des Menschen illustriert.

Im Zuge der Positivierung der Coping-Forschung ist aber die »negative« Seite zu sehr aus dem Blickfeld gerückt. Diese Schräglage korrigiere

folgenden durch die Einbeziehung des Begriffs der Barrieren.
cen sind die Möglichkeiten, die ein Mensch zur Verfügung hat,
... schwierige Situationen zu bewältigen. Barrieren hindern ihn an der Ressourcen-Nutzung.

Es gibt nun eine große Fülle von Ressourcen und Barrieren. Wie könnte man sie gliedern?

In der Regel werden Ressourcen nur grob nach Personen-bezogenen und Umwelt-bezogenen Ressourcen unterschieden – innere und äußere Ressourcen – und man würde ergänzen: innere und äußere Barrieren.

Darüber hinaus kann man physische, materielle, emotionale, kognitive, soziale und spirituelle Ressourcen und Barrieren unterscheiden:

- Physische Ressourcen sind z. B. Attraktivität. Sportlichkeit. Gesundheit.
  Barrieren: Schwergewichtigkeit. Schlafstörungen. Krankheit

- Materielle Ressourcen: Besitz und Ausstattung. Kommunikations- und Mobilitätsmedien usw.
  Barrieren: Mittellosigkeit.

- Emotionale Ressourcen: Fähigkeit zur Freude. Intensität des Erlebens. Liebesfähigkeit.
  Barrieren: Mißtrauen. Pessimismus. Grundängstlichkeit.

- Kognitive Ressourcen: Intelligenz. Fähigkeit zur Analyse einer Situation. Gedankenreichtum, um Alternativen zu finden.
  Barrieren: Unklares Denken. Perseveration. Vorurteile.

- Soziale Ressourcen: Die zur Verfügung stehenden, wichtigen Bezugspersonen. Tragfähigkeit dieser Kontakte. Fähigkeit zu geben und Hilfe anzunehmen.
  Soziale Barrieren: Exzessive Autonomiewünsche. Isolation.

- Spirituelle Ressourcen: Interesse an weiteren Zusammenhängen, wonach das Ich Teil eines umfassenderen Ganzen ist. Religion. Glaube.
  Barrieren: Unfähigkeit, über die materielle Welt hinauszudenken. Spirituelle Konzepte, die zu Resignation oder Selbststrafe führen usw.

Ein weiterer Versuch der einfachen Klassifikation von Ressourcen und Barrieren ist die nach intra-, inter-, non- und transpersonalen Ressourcen und Barrieren.

- Intrapersonale Ressourcen sind solche persönlichen Eigenschaften wie z. B. Optimismus, interpersonelles Vertrauen, Selbstvertrauen, Selbstwertgefühl, Selbstwirksamkeitsüberzeugung, Intelligenz, Problemlösungsfähigkeit, Kompetenz, Kompetenzvertrauen.
  Intrapersonale Barrieren sind Fatalismus, Hoffnungslosigkeit, Hilflosigkeit, Pessimismus, Depressivität, mangelndes Selbstvertrauen.

- Interpersonelle Ressourcen und Barrieren liegen im sozialen Umfeld, dem Netz an Beziehungen (Familie, Freunde, Kollegen) (oder dessen Fehlen).

- Nonpersonale Ressourcen und Barrieren beziehen sich auf Materielles, Gegenständliches, auf situative Bedingungen, Umweltbedingungen.

- Transpersonale Ressourcen sind solche Fähigkeiten, sich selbst, sein Leben und seine Stellung in der Welt als sinnvoll und positiv zu sehen.
  Transpersonale Barrieren sind spirituelle Konzepte, die am Problemlösen, Handeln, Alternativen-Finden, am flexiblen Ressourcenwechsel oder einer positiven Sicht bestimmter materialler und interpersoneller Ressourcen hindern.

Auf dem Hintergrund dieses Fächers von Ressourcen und Barrieren läßt sich nun besser verdeutlichen, was mit Meta-Ressourcen gemeint ist. Es sind solche inneren Fähigkeiten eines Menschen, welche die Nutzung SÄMTLICHER anderer, innerer und äußerer Ressourcen erleichtern, es ist eine Art übergeordnete »Zugangs-Ressource« zu den vielfältigen Einzel-Ressourcen.

Ich stelle kurz drei der in der Streß- und Coping-Forschung diskutierten Meta-Ressourcen vor: Banduras Konzept der *self-efficacy*, Kobasas *hardiness*, Antonovskys *sense of coherence*.

(1) Das in der Coping-Forschung, auch bei Untersuchungen zum Umgang mit Arbeit und Krankheit, oft diskutierte Konzept der *self-efficacy* geht auf Arbeiten von BANDURA (1982, 1986, 1988, 1997, 1999, 2001) zurück. JERUSALEM (1990) übersetzt diesen Begriff mit »allgemeine Selbstwirksamkeit«.

Gemeint ist eine bestimmte Selbstwahrnehmung, die durch das Gefühl geprägt ist, die Dinge »im Griff zu haben«, das heißt, in Belastungssituationen handlungsfähig zu sein und sie lösen zu können. Es ist die Wahrnehmung »aufgrund der eigenen Kompetenzen mit unterschiedlichen Problemen erfolgreich umgehen zu können« (JERUSALEM 1990:51). BANDURA (1986) definiert »Selbstwirksamkeit« als

> ... *people's judgements of their capabilities to organize and execute courses of action required to attain designated types of performances. It is concerned not with the skills one has but with the judgements of what one can do with whatever skills one possesses.* (BANDURA 1986:391)
>
> ÜBERSETZUNG
>
> ... die Einschätzungen von Menschen in bezug auf ihre Fähigkeiten, Handlungsabläufe zu organisieren und auszuführen, die nötig sind, um bestimmte Handlungsresultate zu erbringen. (Der Begriff) meint nicht die Fertigkeiten, die man hat, sondern die Urteile über die Einsetzungsfähigkeit dieser Fertigkeiten, über die man verfügt.

Selbstwirksamkeit ist also die Selbsteinschätzung der Wirksamkeit der eigenen Ressourcen. Diese Selbsteinschätzung hat drei Aspekte (vgl. JERUSALEM 1990:33), die individuell variieren können:

1. NIVEAU. Diese positive Selbsteinschätzung kann sich auf einfache oder auf komplexe Probleme beziehen. Ein Mensch mag ein hohes Gefühl der *self-efficacy*, der Selbstwirksamkeit, haben für die Organisation und Lösung aller beruflichen Probleme – und eine geringe in den komplexeren Situationen interpersonellen Konfliktes. Das ist mit dem Merkmal »Niveau« gemeint.

2. ALLGEMEINHEIT. Dieser Aspekt bezieht sich auf den Umfang der Probleme, die situative Vielfalt der Probleme, für die dieses Gefühl der *self-efficacy*, der Selbstwirksamkeit, besteht.

3. STÄRKE. Man könnte dieses Merkmal der *self-efficacy* auch Erschütterbarkeit nennen: Es ist die Frage nach der Stabilität dieser Selbstwahrnehmung.

Man kann diese Selbsteinschätzung der eigenen Wirkungsfähigkeit und Wirksamkeit als Meta-Ressource bezeichnen, weil sie die Bewertung aller Ressourcen der Person betrifft. Zu wissen, ich KANN die Dinge, die zur Lösung anfallen, geben dem Menschen ein Gefühl von »Kontrolle« über das eigene Leben.

(2) Viel Aufmerksamkeit hat auch das Konzept der *hardiness* von Kobasa auf sich gezogen (KOBASA 1979, 1982; KOBASA, MADDI & KAHN 1982), das ich schon kurz erwähnt habe. Es ist eine allgemeine Belastbarkeit auf der Basis einer inneren Sicherheit, die auftauchenden Situationen steuern und bewältigen zu können, oder, anders ausgedrückt, eine hohe innere Überzeugung der Kontrolle über alle Lagen des Lebens, die Fähigkeit, sich auf das Leben einzulassen und die belastenden Erfahrungen zum Positiven wenden zu können, wie es SCHÜßLER (1993:34) umschreibt.

Jemand, der diese Eigenschaft *hardiness*, Belastbarkeit, in hohem Maße hat, sieht – so hat es die Autorin des Konzepts empirisch untersucht – belastende Situationen eher als Herausforderung, als steuer- und bewältigbar, ist eher auf aktive Lösung orientiert, auf Veränderung und Wachstum und ist jedenfalls engagiert und involviert. Das Gegenbild ist: Belastende Situationen nicht als herausfordernd, sondern als bedrohlich anzusehen, als unkontrollierbar, weshalb man sich in Passivität und Meidung zurückzieht, eher Schutz und Abschirmung sucht.

(3) Eine dritte Meta-Ressource ist *sense of coherence* (SOC). Das »Kohärenzgefühl« definiert ANTONOVSKY (1979, 1984, 1987) als

> ... eine globale Orientierung, die das Ausmaß ausdrückt, in dem jemand ein durchgängiges, überdauerndes, zugleich dynamisches Gefühl der Zuversicht hat, daß seine inneren und äußeren Umwelten vorhersagbar sind, und eine hohe Wahrscheinlichkeit besteht, daß sich die Angele-

genheiten so gut entwickeln, wie vernünftigerweise erwartet werden kann. (Übersetzung nach Beutel 1989:459-460)

Ebenso wie das Konzept der Selbstwirksamkeit von Bandura und der *hardiness*/Belastbarkeit von Kobasa ist dieses »Kohärenzgefühl« eine allgemeine Lebenseinstellung, die sehr stark den Umgang mit Ressourcen betrifft und damit selbst eine Art Meta-Ressource ist. Die Vorhersagbarkeit der Welt und die Verständlichkeit, Kohärenz, Sinnhaftigkeit der Welt sind die wichtigsten Komponenten in dieser Lebenseinstellung. Wieder ist hier sehr deutlich der Aspekt der »Kontrolle«.

Die Welt aber ist nicht immer vorhersagbar und kohärent. Streß und Krankheit seien, so sieht es Antonovsky, unvermeidlich – und die Frage ist nicht, wie man sie abschafft, sondern wie man damit umgeht. Und dabei spiele das Kohärenzgefühl eine entscheidende Rolle.

SOC ist bei Antonovsky eingebettet in ein alternatives Modell von Gesundheit und Krankheit, das salutogene Paradigma. In diesem Paradigma wird nicht an erster Stelle nach den Bedingungen von Krankheit gefragt – sondern nach den Bedingungen von Gesundheit. Gesundheit wird als MEHR angesehen als nur Abwesenheit von Krankheit.

Im Kontext des salutogenen Paradigmas interessiert die Frage, warum Leute GESUND bleiben. Und Antonovsky hat das individuelle Merkmal SOC als besonders bedeutsam erachtet für die Aufrechterhaltung von Gesundheit.

Nach diesem Exkurs in die Streß- und Coping-Forschung kann ich mich mit einem geschärften Blick auf die Suche nach positiven Sichtweisen innerhalb der Burnout-Forschung begeben.

(a) Self efficacy und Burnout

Self efficacy wurde auch aufgegriffen als alternative Bezeichnung für die dritte der MBI-Dimensionen. Diese dritte Komponente des Burnout wurde zunächst *personal accomplishment* (Leistungsfähigkeit) genannt, aber dann von Maslach, als sie ihre Burnout-Theorie auf den Gegenpol Engagement hin erweiterte (vgl. unten) zu *inefficacy* (dritte Komponente von Burnout) oder *efficacy* (dritte Komponente von Engagement) umbenannt.

Dabei wird nun allerdings *efficacy,* was als eine Meta-Ressource konzipiert war, konsequent auf die Ebene einer spezifischen Selbstwahrnehmung herunterdefiniert. Denn bei Burnout oder Engagement ist nie eine alle Lebensbereiche umfassende Meta-Ressource oder Meta-Barriere der Selbstwirksamkeits-Grundeinstellung gemeint. Gemeint ist nur eine Einstellung in bezug auf die ARBEIT. Im gleichen reduzierten Sinn benutzen auch SCHAUFELI & ENZMANN (1998:98) den Begriff und sprechen explizit von der *professional self-efficacy.* Auch CHERNISS (1993) verwendet *self-efficacy* keinesfalls als Meta-Ressourcen-Begriff, sondern als »professionelles arbeitsbezogenes Selbstvertrauen«.

Es bleibt zu prüfen, in welcher Weise *self-efficacy* in der neueren Literatur aufgegriffen wird. Ich gebe zunächst einen Überblick und werde die neuen vorliegenden Forschungsergebnisse dann einer kritischen Prüfung unterziehen.

Bei der jüngeren Forschung zum Zusammenhang von Burnout und *self-efficacy* gibt es zwei produktive Forschungsteams sowie eine ganze Reihe von Einzelarbeiten.

Die rein quantitativ produktivste Gruppe ist die um André Brouwers, Will Evers und Welko Tomic von der Open Universiteit Nederland (Fernuniversität) in Heerlen, Niederlanden. Sie sind seit fünf Jahren unermüdlich an der Aufklärung des Zusammenhangs zwischen Burnout und *self-efficacy* bei Lehrern interessiert. Ihr Untersuchungsfeld ist die Schule. Sie wenden bevorzugt das MBI an und haben Selbstwirksamkeitswahrnehmung – bezogen auf die Fähigkeit des Umgangs mit der Schulklasse – zunächst mit der Rolle von Disziplinproblemen in der Schule in Zusammenhang gebracht (BROUWERS & TOMIC 1998).

Es folgte 2000 dann zum gleichen Thema eine Längsschnittstudie, um die kausalen Bezüge aufzuklären (BROUWERS & TOMIC 2000). Die Auswertung der Daten nach dem *structural equation modeling* zeigte, daß sich *self-efficacy* (niedriger Wert) langfristig auf die Dimension der Depersonalisation auswirkt, während *self-efficacy* und emotionale Erschöpfung gleichzeitig synchron aufeinander wirken. Auch hier geht es um die ganz spezielle *self-efficacy,* die schon vorangehend untersucht worden war, gemessen mit der *Self Efficacy Scale for Classroom Management and Discipline.*

EVERS, TOMIC & VAN ALPHEN (2001) haben dann untersucht, wie sich der Zusammenhang von Burnout und *self-efficacy* bei einem innovativen Schulmodell gestaltet (gleiche Fragestellung, gleiches Sample nochmals: EVERS, BROUWERS & TOMIC 2002). 490 niederländische Lehrer wurden nach Burnout und *self-efficacy* in bezug auf die Programmumsetzung (also wieder ein sehr spezifischer *self-efficacy*-Begriff) gemessen. Eine hierarchische Regressionsanalyse der Daten ergab, daß *self-efficacy* im Rahmen dieses innovativen Schuldmodells – Burnout voraussagt, wobei auch die Einstellung zum Innovationsmodell eine Rolle spielt: Negative Einstellungen sind erwartungsgemäß eher mit hohen Burnout-Werten korreliert.

BROUWERS, EVERS & TOMIC (2001) nahmen dann noch einige weitere Variablen z. B. *social support* in ihre Fragestellung mit auf (und das verwendete Meßinstrument *self-efficacy* bezieht sich auf die wahrgenommene Fähigkeit, sich diese zu beschaffen), und eine weitere Arbeit aus diesem Team erweitert auch das Untersuchungsfeld auf die Altenpflege (EVERS, TOMIC, BROUWERS 2001).

Der Zusammenhang zwischen *self-efficacy*-Werten und den MBI-Burnout-Werten ist in diesen Untersuchungen relativ stabil, auch wenn sich die höchst spezifischen *self-efficacy*-Begriffe in verschiedenen Untersuchungen auf die jeweiligen Einzelkomponenten des MBI verschieden auswirken. In jedem Fall erweist sich *self-efficacy* in den von diesem Team untersuchten Populationen als eine relevante Größe in bezug auf Burnout.

Ein zweites Team, das sich besonders mit dem Zusammenhang von Burnout und *self-efficacy* befaßt hat, besteht aus Ralf Schwarzer und Gerdamarie Schmitz von der Freien Universität Berlin. Sie führten in 10 Bundesländern (davon vier in der ehemaligen DDR) eine aufwendige Längsschnittuntersuchung durch mit drei Meßpunkten (1976, 1977, 1978) und bezogen neben individueller *self-efficacy* auch noch ein Maß der KOLLEKTIVEN Wirksamkeitswahrnehmung ein. Diese bezieht sich auf die wahrgenommene Wirksamkeit der Berufsgruppe. Auch ihr Untersuchungsfeld ist die Schule. Niedrige *self* und *collective efficacy*-Werte sagen auf der Basis einer LISREL-Analyse hohe MBI-Burnout ein Jahr später voraus (SCHWARZER & SCHMITZ 1999) Sie verwenden zwei *self-efficacy* Maße: ein speziell auf Lehrer zugeschnittenes und eines der allgemeinen *self-efficacy*.

Am gleichen Untersuchungs-Sample kommt SCHMITZ (2000) zu dem Ergebnis, daß der Meta-Ressource *self-efficacy* eine Schutzfunktion im Burnout-Prozeß zukomme. Dabei wurden drei *efficacy*-Messungen vorgenommen: eine ganz spezielle Lehrer-bezogene, dann die kollektive Wirksamkeitswahrnehmung bei der beruflichen Bezugsgruppe sowie die allgemeine *self-efficacy*. Zwei weitere Längsschnitt-Untersuchungen an deutschen Lehrern (SCHMITZ & SCHWARZER 2000) und an chinesischen Lehrern (TANG, AU, SCHWARZER & SCHMITZ 2001) bestätigen die Bedeutung von *self-efficacy*.

Hatte das niederländische Team durchgehend *self-efficacy* nicht nur berufsspezifisch definiert, sondern auch noch spezifisch in bezug auf bestimmte Handlungen INNERHALB des Berufs (Fähigkeit der Klassenleitung, Fähigkeit sich Hilfe zu besorgen), womit natürlich jede Basis von Meta-Ressourcen oder Persönlichkeitsvariablen wie es BANDURA (1997, 1999, 2001) verstanden hatte, zugunsten eines punktuellen Selbstvertrauens aufgehoben ist – ist das Schwarzer-Schmitz-Team weiter in seiner Perspektive:

So verwendeten TANG, AU, SCHWARZER & SCHMITZ (2001) die *Generalized Self Efficacy Scale*, die von Schwarzer entwickelt wurde (SCHWARZER 1993, 1994, 1999; JERSUALEM & SCHWARZER 1995; SCHWARZER & JERUSALEM 1999). Sie verwendeten auch noch ein anderes von SCHMITZ & SCHWARZER (2000) entwickeltes Maß, welches sich ebenso wie die Meta-Ressource *self-efficacy* auf eine positive Eigenschaft bezieht, die mit einer Skala gemessene sogenannte »proaktive Einstellung«. Diese bezieht sich auf das Vertrauen oder die Sicherheit, daß gerade Änderungen ein reiches Potential bieten, sich selbst und die eigene Umwelt zu entwickeln (vgl. auch SCHMITZ 2002).

Außerhalb dieser beiden Teams gibt es auch für andere Untersuchungsgruppen und Länder (außer bei Lehrern in den Niederlanden und Deutschland) Evidenz für die Bedeutung der Selbstwirksamkeitswahrnehmung auf den Burnout-Prozeß. Sie zeigt sich auch in einer italienischen Langzeitstudie an Krankenschwestern (MARTIN, PEDRABISSI, SANTINELLO & VIDOTTO 1998) und in zwei spanischen Studien (SALANOVA, GRAU, CIFRE & LLORENS 2000; SALANOVA, PEIRO & SCHAUFELI 2002) an

Angestellten, die viel mit Computern arbeiten. SALANOVA, GRAU, CIFRE & LLORENS (2000) und SALANOVA, PEIRO & SCHAUFELI (2002) untersuchen die ganz spezifische Computer-bezogene *self-efficacy* in bezug auf die MBI-Burnout-Komponenten von emotionaler Erschöpfung und Zynismus. Hier nähert sich die Definition von *self-efficacy* der dritten (in der Studie nicht berücksichtigten) ursprünglichen MBI-Komponente (arbeitsbezogene Selbsteinschätzung) allerdings nahezu ununterscheidbar an.

Eine weitere spanische Untersuchung an Krankenschwestern (MANZANO GARCÍA & RAMOS CAMPOS 2000) zeigt ebenfalls, daß *self-efficacy* (als Persönlichkeitskorrelat) im Zusammenhang mit Burnout steht.

ZELLARS, HOCHWARTER, PERREWÉ et al. (2001) greifen in ihrer Untersuchung an Krankenschwestern nochmals die Unterscheidung von *self-efficacy* und *collective efficacy* auf und zeigen, daß auch letztere eine große Bedeutung im Burnout-Prozeß hat.

Die Popularität dieser Variablen der *self-efficacy* zeigt sich auch an mehreren Dissertationen aus jüngerer Zeit – bald mit positiven Ergebnissen (*self-efficacy* spielt eine Rolle im Burnout-Prozeß) (ANOPCHAND 2000; BATTLES 2000; MADDEN-SZESZKO 2000; YUEN 2002), bald mit negativen (z. B. DUNN 2000, SEYMOUR 2001). Sie verwenden überwiegend berufsbezogene oder sogar Berufs-aspekt-bezogene *self-efficacy*-Maße.

Wie verhält sich nun dieser Forschungsbereich in bezug auf die Frage nach »Gegentendenzen«? Wie dargelegt, wird in der internationalen Burnout-Forschung *self-efficacy* von einer Meta-Ressource meist herunterdefiniert auf die Ebene einer arbeitsbezogenen Einstellung. Bei vielen der zitierten Untersuchungen unterscheidet sich *self-efficacy* kaum noch von der ursprünglichen dritten MBI-Komponente. Wo *self-efficacy* nur eine Umbenennung dieser dritten Komponente ist, liegt uns erstens nichts Neues an Ergebnissen vor und zweitens kein Beitrag zur Frage positiver Persönlichkeitsvariablen, welche im Burnout-Prozeß eine Rolle spielen könnten. Nur wo *self-efficacy* als Persönlichkeitsvariable gemessen wird (vgl. z. B. im Schwarzer-Schmitz-Team) zeigen sich mit diesem Forschungsbereich Ansätze zu einer »Entpathologisierung« von Burnout und einer leisen Wende zu einer salutogenen Fragestellung.

(b) Hardiness und Burnout

Auch *hardiness* wurde als Persönlichkeitskorrelat in der Burnout-Forschung aufgegriffen, wie bereits kurz erwähnt – zuerst von NOWACK (1986), später von PIERCE & MOLLOY (1990). Es zeigt sich erwartungsgemäß, daß hohe *hardiness*-Werte, so wie der Begriff von den Autoren gemessen wurde, mit niedrigeren MBI-gemessenen Burnout-Werten assoziiert sind.

Aber *hardiness* als eine positive Persönlichkeitsvariable, welche wie eine Meta-Ressource anzusehen ist, wurde in der jüngeren Burnout-Forschung wenig aufgegriffen.

Ich konnte ab 1998 nur vier Studien zum Thema *hardiness* und Burnout finden: DE PEW, GORDON, YODER & GOODWIN 1999) stellten fest, daß bei Krankenschwestern immerhin 35% der Varianz an Burnout mit *hardiness* erklärbar sei; MARTIN, KELLEY & EKLUND (1999) untersuchten *athletic directors*, und auch sie fanden eine negative Korrelation zwischen *hardiness* und Burnout (desgleichen SCIACCHITANO, GOLDSTEIN & DIPLACIDO 2001). DAINES (2000) ist eine mehr theoretische Abhandlung der Bedeutung von *hardiness* als Puffer vor Burnout bei Krankenschwestern der Intensivstation. Hinzukommen – soweit ich weiß – noch sechs Dissertationen (JOHNS 1998; MARSH 1998; FISHER 1999; MASTALERZ 2000; SIMS 2000 und ARAGONES 2001). Alle stellen fest, daß die Persönlichkeitsvariable der *hardiness* einen Puffer oder Schutz gegenüber Burnout darzustellen scheinen. Damit aber endet dann auch die Burnout-Forschung zu dieser potentiellen »Gegentendenz«. Am Rande sei noch WEISS (2002) genannt, die sich aber nicht auf den Beruf, sondern auf die private, häusliche Pflege von autistischen und geistig zurückgebliebenen Kindern bezieht, und der es um Streßbewältigung und nicht um Burnout geht.

Es kann sein, daß mir die eine oder andere Studie entgangen ist, aber sehr virulent ist das Forschungsgebiet sicher nicht – jedenfalls nicht im Vergleich zu der Forschung zu der meist »herabgewässerten« *self-efficacy* und zu der im folgenden darzustellenden salutogenischen Variable des *sense of coherence*. Einen spezifischen Grund für diese ungleiche Entwicklung konnte ich nicht identifizieren.

(c) Sense of coherence (SOC)[6] *und Burnout*

Während *self-efficacy* und *hardiness* in allen Reviews der Burnout-Forschung behandelt werden, fehlen *sense of coherence* und die Arbeiten ihres Schöpfers ANTONOVSKY (1979, 1984, 1987, 1993) konsequent in allen bisherigen Reviews: Aaron Antonovsky kommt nicht in SCHAUFELI & ENZMANN (1998) vor, nicht in MASLACH (2001b), nicht in LEITER & MASLACH (2001), nicht in BURKE & RICHARDSEN (2001), nicht in MASLACH, LEITER & SCHAUFELI (2001).

Sense of coherence ist, wie vorne dargestellt, mehr als eine Meta-Ressource, es ist ein Begriff, welcher zu einem grundlegend anderen Modell der Untersuchung von Gesundheit und Krankheit gehört – dem salutogenen Paradigma, in dessen Kontext man nach den Bedingungen von GESUNDHEIT, nicht Krankheit fragt.

Angewandt auf Burnout würde sich die Forschungsrichtung in verschiedener Hinsicht ganz erheblich verschieben: Man würde sich mehr für diejenigen Menschen interessieren, die unter hohem und anhaltendem Arbeitstreß KEIN Burnout entwickeln (so wie der Fokus bei CHERNISS 1995/1999). Man würde nach den Ressourcen Ausschau halten, über welche diese Menschen verfügen und welche ihnen Schutz und Abwehrkraft geben, um ihre Gesundheit aufrecht zu erhalten. Wenn eine der wichtigen Meta-Ressourcen das Kohärenzgefühl ist, kann man davon ausgehen, daß es eine umgekehrte Assoziation zwischen Burnout und Kohärenzgefühl gibt.[7]

Nur wenige Arbeiten zu Burnout griffen diesen salutogenen Ansatz auf. Zu den frühen Arbeiten gehören RYLAND & GREENFELD (1991), LEWIS, CAMPBELL, BECKTELL et al. (1992) sowie BAKER, NORTH & SMITH (1997) an Sozialarbeitern.

In der neueren Forschung (ab 1998) ist an erster Stelle die Untersuchung von GILBAR (1998) an Sozialarbeitern aus Israel zu nennen sowie ARIES & ZUPPIGER RITTER (1999a, vgl. auch 1999b) bei Pflegepersonal.

6 Nicht zu verwechseln mit SOC = Spheres of Control (SPITTAL, SIEGART & WALKEY 2002).

7 Ein fruchtbarer verwandter Begriff ist der der *inconsequentiality* von FARBER (1999).

Aus Frankreich kommt eine Untersuchung an Polizisten und Lehrern (GANA & BOBLIQUE 2000), aus Südafrika und aus Griechenland eine zu Krankenschwestern (LEVERT, LUCAS & ORTLEPP 2000; TSELEBIS, MOULOU & ILIAS 2001) und aus Schweden eine über Angestellte aus Institutionen der Gesundheitsfürsorge (SÖDERFELDT, SÖDERFELDT, OHLSON et al. 2000) sowie über Infarkt-Patienten und ihre Partner (NILSSON, AXELSSON, GUSTAFSON et al. 2001).

Fügen wir diesen internationalen Beiträgen noch zwei amerikanische Dissertationen hinzu (SALYERS 1999; NANIN 2001) sowie zwei deutsche Bücher (KERNEN 1998; SCHAARSCHMIDT & FISCHER 2001), dann ist das Forschungsfeld bis heute im wesentlichen vollständig erfaßt. Die Ergebnisse sind insgesamt recht einheitlich.[8] Die Meta-Ressource *sense of coherence*, wie sie von der *Sense of Coherence Scale* von ANTONOVSKY (1979, 1984, 1987, 1993) gemessen wird, spielt im Burnout-Prozeß – meist MBI erfaßt – die erwartete Schutzrolle.

Die Herkunft der Beiträge zu Burnout und *sense of coherence* ist auffällig. Die Hochburgen der Burnout-Forschung, die USA und die Niederlande, haben speziell zum *sense of coherence* meines Wissens (außer Dissertationen) nichts (zumindest nichts in Englisch) veröffentlicht. Dieser Ansatz zum *sense of coherence* hat sich in die Peripherie zurückgezogen, in die geographische Peripherie und in die Peripherie der Nachwuchsforschung (Dissertationen).

Insbesondere in den USA scheint die salutogene Perspektive nicht eben populär zu sein – d. h. möglicherweise nicht so reputationsträchtig wie andere Fragestellungen. In den Niederlanden ist die Lage jedoch anders. Hier ist eine explizit salutogene Perspektive auf Burnout und

8 Relevant sind am Rande auch diejenigen Arbeiten, welche Arbeitsstreß im Zusammenhang mit *sense of coherence* untersuchen, so wie die dänische Arbeit von ALBERTSEN, NIELSEN & BORG (2001). Auch diese Arbeit zeigt den Vorteil hoher SOC-Werte bei der Bewältigung von Streß. Diese Autoren zitieren auch die Burnout/*sense of coherence*-Arbeit von LEWIS, CAMPBELL, BECKTELL et al. (1992) und von SÖDERFELDT, SODERFELDT, OHLSON et al. (2000).
Es gibt ein Syndrom, welches eine Brücke bildet zwischen Burnout und Posttraumatischer Belastungsstörung – der sekundäre traumatische Streß. ORTLEPP & FRIEDMAN (2001) untersuchten diesen bei Trauma-Beratern und erfaßten auch deren *sense of coherence*. Das Ergebnis zeigt, daß SOC eine starke Auswirkung hat auf alle Indikatoren des sekundären traumatischen Streß. Diese Autoren bringen ihre Forschungsergebnisse jedoch nicht in Zusammenhang mit der Forschung zu Burnout und SOC.

Arbeitsstreß fest institutionalisiert, wie ich in Kapitel 5 (vgl. Abschnitt 3) ausgeführt habe, auch wenn der spezielle SOC-Ansatz dort nicht unbedingt populär ist.

Was in diesem Forschungsbereich zu SOC dazukommt, ist eine aus der Burnout-Forschung auch sonst wohl bekannte Zersplitterung in Einzelarbeiten. Da baut nicht eine Arbeit systematisch auf der nächsten auf. Dies läßt sich etwa daran aufzeigen, daß kaum einmal eine der erwähnten Arbeiten eine der vorangehenden zitiert (wobei eine Arbeit, die im gleichen Jahr erschien, oft noch nicht zur Verfügung steht und dieser Fall deshalb hier nicht berücksichtig wird):

1 RYLAND & GREENFELD (1991)
2 LEWIS, CAMPBELL & BECKTELL et al. (1992)
3 BAKER, NORTH & SMITH (1997)
4 GILBAR (1998)
5 ARIES & ZUPPIGER RITTER (1999a, 1999b)
6 GANA & BOBLIQUE (2000)
7 LEVERT, LUCAS & ORTLEPP (2000)
8 SÖDERFELDT, SÖDERFELDT, OHLSON et al. (2000)
9 TSELEBIS, MOULOU & ILIAS (2001)
10 NILSSON, AXELSSON, GUSTAFSON et al. (2001)

Nr. 10 zitiert keine vorangehende Arbeit. Nr. 9 und Nr. 8 zitieren immerhin Nr. 1. Nr. 7 kennt unter seinen 78 Literaturangaben keine der vorangehenden Arbeiten. Das Gleiche gilt für Nr. 5 und Nr. 6. Nr. 4 zitiert weder Nr. 1 noch Nr. 2 oder Nr. 3. Und Nr. 3 übergeht Nr. 1 und Nr. 2. Somit steht fast jede dieser Arbeiten so da, als sei sie gerade die erste und einzige.

Nun sind es oft erst Reviews, welche verstreute Arbeiten zusammenbringen und die Ergebnisse systematisch miteinander vergleichen. Wie einleitend bereits zitiert: Keine der bisher vorliegenden größeren Reviews der Burnout-Forschung kennt auch nur eine einzige dieser salutogenen Arbeiten. Ein salutogener Ansatz wird auch nicht erwähnt, wenn es ausdrücklich um Burnout und Gesundheit geht – wie in der Review von LEITER & MASLACH (2001) im *Handbook of Health Psycho-*

logy. Auch andere neue Gesamtdarstellungen der Gesundheitspsychologie gehen nur kurz oder gar nicht auf die salutogene Perspektive ein. In *Health Psychology* von STRAUB (2002) und im *Handbook of Mental Health in the Workplace* von THOMAS & HERSEN (2002) ist Antonovsky unbekannt – in *Health Psychology* von DI MATTEO & MARTIN (2002) wird sein Ansatz kurz gewürdigt. In allen drei, viele Hunderte von Seiten umfassenden Hand- und Lehrbüchern wird Burnout jedoch auch nur auf zwei bis drei Seiten abgehandelt.

Die Schlußfolgerung, daß hier eine potentielle Gegentendenz zu dem »pathologischen« Grundansatz der Burnout-Forschung eher übergangen wird, ist wohl unausweichlich.[9] Gleichzeitig ist dieser Teilbereich der Burnout-Forschung ein ziemlich drastisches Beispiel unverbundener Additivität.

(2) POSITIVE PSYCHOLOGIE: HUMOR, OPTIMISMUS, SPIRITUALITÄT

Auch in der Wissenschaft wird, wie in der Mode, gern einmal ein ganz neuer Akzent in der äußerlichen Erscheinungsweise und Verkleidung eines Faches gesetzt. So geschah es mit der sogenannten Positiven Psychologie, die mit einem programmatischen Heft des American Psychologist zum neuen Jahrtausend deklariert wurde. Daß in einigen psychologischen Forschungsbereichen, so der Streß- und Coping-Forschung (vgl. oben), eine solche Wende längstens schon stattgefunden hat, stört die Programmatik der Positiven Psychologie nicht.

> *Psychology has, since World War II, become a science largely about healing. It concentrates on repairing damage within a disease model of human functioning. This almost exclusive attention to pathology neglects the fulfilled individual and the thriving community. The aim of positive psychology is to begin to catalyze a change in the focus of psy-*

9 Als ein gutes, wenn auch sehr bescheidenes Zeichen darf ich abschließend vielleicht noch erwähnen, daß die *International Encyclopedia of the Social and Behavioral Sciences* (SMELSER & BALTES 2001) immerhin in einem ihrer Stichwort-Kapitel Burnout mit WOHLBEFINDEN zusammenbringt: SONNENTAG (2001a) faßt die Forschung zur »*Psychology of well being and burnout at the workplace*« zusammen. Aber Aaron Antonovsky oder die oben erwähnten empirischen Arbeiten zu SOC und Burnout kommen auch bei ihr nicht vor. Vgl. auch die positive Sicht bei FAY, SONNENTAG & FRESE (1998).

chology from preoccupation only with repairing the worst things in life to also building positive qualities.

The field of positive psychology at the subjective level is about valued subjective experiences: well-being, contentment, and satisfaction (in the past); hope and optimism (for the future); and flow and happiness (in the present). At the individual level, it is about positive individual traits: the capacity for love and vocation, courage, interpersonal skill, aesthetic sensibility, perseverance, forgiveness, originality, future mindedness, spirituality, high talent, and wisdom. At the group level, it is about the civic virtues and the institutions that move individuals toward better citizenship: responsibility, nurturance, altruism, civility, moderation, tolerance, and work ethic...

A science of positive subjective experience, positive individual traits, and positive institutions promises to improve quality of life and prevent the pathologies that arise when life is barren and meaningless. The exclusive focus on pathology that has dominated so much of our discipline results in a model of the human being lacking the positive features that make life worth living. Hope, wisdom, creativity, future mindedness, courage, spirituality, responsibility, and perseverance are ignored or explained as transformations of more authentic negative impulses. (SELIGMAN & CSIKSZENTMIHALYI 2000:5)

ÜBERSETZUNG

Die Psychologie ist seit dem 2. Weltkrieg zum größten Teil ein Fach geworden, das von Heilung handelt. Sie konzentriert sich auf Schadensreparatur im Kontext eines Krankheitsmodells menschlichen Funktionierens. Diese fast ausschließliche Orientierung auf Pathologie vernachlässigt das »erfüllte« Individuum und die blühende Gemeinschaft. Das Ziel der Positiven Psychologie ist es, eine Wandlung des Fokus der Psychologie herbeizuführen, weg davon, sich lediglich mit der Reparatur der schlimmsten Dinge im Leben zu beschäftigen, hin auch zum Aufbau positiver Aspekte.

Auf der subjektiven Ebene geht es bei der Positiven Psychologie um wertvolle subjektive Erfahrungen: Wohlbefinden, Zufriedenheit und Erfüllung (in der Vergangenheit); Hoffnung und Optimismus (im Blick auf die Zukunft); und *flow* (Fluß) und Glück (in der Gegenwart). Auf der individuellen Ebene geht es um positive individuelle Eigenschaften: die

Fähigkeit zur Liebe und Hingabe, um Mut, interpersonelles Geschick, Sinn für Ästhetik, Ausdauer, Versöhnlichkeit, Originalität, Zukunftsgerichtet-sein, Spiritualität, Talent und Weisheit. Auf der kollektiven Ebene geht es um gesellschaftliche Tugenden und um Institutionen, welche die Menschen zu einem besseren Umgang miteinander bewegen: Verantwortung, Sich-Kümmern, Altruismus, Höflichkeit, Mäßigung, Toleranz und Arbeitsmoral...

Eine Wissenschaft der positiven, subjektiven Erfahrung, positiver individueller Eigenschaften und positiver Institutionen verspricht die Lebensqualität zu verbessern und die Fehlentwicklungen zu verhindern, die entstehen, wenn das Leben leer und sinnlos ist. Der ausschließliche Fokus auf die Pathologie, welcher so weite Bereiche unseres Faches dominiert hat, führte zu einem Menschen-Modell, in dem die positiven Aspekte, die das Leben lebenswert machen, fehlen. Hoffnung, Weisheit, Kreativität, Zukunftsgerichtetheit, Mut, Spiritualität, Verantwortlichkeit und Ausdauer werden ignoriert oder als Umformungen von authentischeren negativen Impulse erklärt.

Inzwischen hat sich die Positive Psychologie soweit entfaltet, daß uns auch schon die ersten umfassenden Handbücher dieser »neuen« Psychologie vorliegen (SCHMUCK & SHELDON 2001 und das über achthundertseitige *Handbook of Positive Psychology* von SNYDER & LOPEZ 2002).

Diese neuen Akzente der Positiven Psychologie sind auch in der Burnout-Forschung aufgegriffen worden – am schnellsten und konsequentesten in den Niederlanden, wo bereits 2001 die Grundsatzarbeit *Werk en welbevinden: Naar een positieve benadering in de Arbeids- en Gezondheidspsychologie* erschien (SCHAUFELI & BAKKER 2001). Das Forschungsklima in den Niederlanden ist im Blick auf Positive Psychologie auf dem Hintergrund der dort staatlich institutionalisierten, grundsätzlich salutogenen Orientierung auf Arbeitsstreß keinesfalls eine Kehrtwendung oder erforderliche Neuerung gewesen. Sie liegt gewissermaßen im niederländischen *mainstream*.

Im Zuge der Positiven Psychologie begann man nun auch anderenorts positive Burnout-Korrelate aufzugreifen und – als bisher häufigst gewählte Korrelate – Humor, Optimismus und Spiritualität zu untersuchen.

1. HUMOR ist kein neues Forschungsthema. Die Zeitschrift *Humor: International Journal of Humor Research* stand zu Beginn des Jahrtausends (2000) bereits im 13. Jahrgang. Dient Humor als Bewältigungsstrategie von Burnout oder kann Humor als Puffer gegen Burnout dienen? TALBOT & LUMDEN (2000) sind dieser Frage nachgegangen und sie fanden: Wer mehr Humor im Umgang mit streßvollen Situationen verwendet, hat niedrigere Burnout-Werte. FRANZINI (2001) handeln Humor programmatisch ab. Sie schlagen vor, ein »formales Humor-Training« als freiwillig zu belegende Ausbildungseinheit in die Psychotherapieausbildung aufzunehmen.

Neben dieser Arbeit ist meines Wissens Burnout und Humor nur noch in Dissertationen aufgegriffen worden, so von BOWDEN (2000) und von MESMER (2001) – beide mit dem Ergebnis, daß Humor Schutz vor Burnout zu bieten scheint.

2. OPTIMISMUS ist im Vergleich zu Humor in der Burnout-Forschung schon etwas populärer geworden. Auch Optimismus ist kein neues Thema der Psychologie. Schon ab Mitte der 80er Jahre haben sich SCHEIER & CARVER (1985, 1987, 1992, 1993) und SCHEIER, CARVER & BRIDGES (1994) mit der Persönlichkeitsdisposition des Optimismus befaßt und zu seiner Messung den Life Orientation Test (LOT) entwickelt (zum LOT vgl. ROYSAMB & STRYPE 2002).

Zu der »traditionellen« Optimismus-Forschung[10] gehören auch noch vier weitere Forschungsrichtungen:

- die Untersuchung des optimistischen und pessimistischen Stils der Kausalerklärung (BUCHANAN & SELIGMAN 1995);
- die Forschung zu Hoffnung vgl. vor allem SNYDER (1994a, 1994b, 1995) und SNYDER, SYMPSON, MICHAEL & CHEAVENS. (2000);
- die Forschung zum Glücklichsein ARGYLE (2001) (vgl. auch die neue Fachzeitschrift *Journal of Happiness Studies*, die 2002 in ihren 3. Jahrgang ging,
- sowie die Arbeiten zu *well-being* von DIENER, EUNKOOK, RICHARD & SMITH (1999) DIENER (2001a, 2001b).

10 Vgl. PETERSON (2000) und CHANG (2000) für Reviews und Übersichten sowie den exzellenten Essay von Sandra SCHNEIDER (2001).

Optimismus als eine Persönlichkeitsdisposition kann auch in der Burnout-Forschung an eine gewisse Tradition anknüpfen. Allgemeine positive und negative Affektivität waren auch vor der Deklaration der Positiven Psychologie schon gelegentlich als Korrelat von Burnout untersucht worden (als jüngere Beispiele vgl. IVERSON, OLEKALNS & ERWIN 1998; ZELLARS, PERREWÉ & HOCHWARTER 1999; HOUKES, JANSSEN, DE JONGE & NIJHUIS 2001b).

Speziell zu Burnout und Optimisums tragen zwei Dissertationen bei: SALYERS (1999) und GERHARD (2000). Beide zeigen (wie schon die Forschung zur allgemeinen positiven Affektivität) eine gewisse Schutzfunktion von Optimismus gegenüber einem Burnout-Risiko. Dies wird von drei jüngeren Untersuchungen bestätigt (CHANG, RAND & STRUNK 2000; RIOLLI-SALTZMAN & SAVICKI 2001b, 2003).

Die Positive Psychologie ergänzt das Bild, so daß nicht nur das schwarze »pathologische« Persönlichkeitsprofil des Burnoutlers im Raume steht, sondern auch das strahlende Bild eines eher Burnout-resistenten Menschen: Er hat Selbstvertrauen, glaubt an die Wirksamkeit seines Tuns (*self-efficacy*), sieht Sinn und Zusammenhang in der Welt (*sense of coherence*), verfügt über eine hohe allgemeine Belastbarkeit (*hardiness*) und ist humorvoll und optimistisch...

3. SPIRITUALITÄT als Korrelat von Burnout fügt diesem heiteren Bild noch eine weitere Perspektive zu. Im Zusammenhang mit der Untersuchung von Burnout bei Priestern (vgl. RODGERSON & PIEDMONT 1998; VIRGINIA 1998b; GROSCH & OLSEN 2000)[11] sind Religiosität, Gottesbild und Glaube auch schon untersucht worden – aber Spiritualität wird weiter gefaßt als (christliche) Religiosität und wird vor allem auch bei Nicht-Theologen untersucht. Bisher sind diese Ansätze jedoch nur zaghaft und schlagen sich zunächst einmal nur in einigen wenigen Dissertationen nieder (vgl. MARSH 1998 zur Auswirkung von Burnout auf das »spirituelle Wohlbefinden« von Krankenschwestern, PERSING 2000 mit Spiritualität bei Psychologen, SIMS 2000 bei Krankenschwestern, KELLNER 2001 im notärztlichen Dienst). In einer empirischen Arbeit be-

11 Vgl. auch die Dissertationen von CORRIGAN (1998), RUTTAN (1998), VIRGINIA (1998a), CAPARISOS (1999), JEONG (2000), RHEE (2000), KIRSCH (2001), SHIREY (2001).

DL (2001) bei Lehrern einen deutlichen Zusammenhang zwi- angelnder) »existentieller Sinnerfüllung« und allen Aspekten . Burnout.

(3) ENGAGEMENT ALS GEGENPOL

Es mag überraschen, daß die Entwicklung eines Konzeptes, welches einen Gegenpol zu dem negativ gefärbten und mit dem MBI mechanisch gemessenen Burnout-Begriff gerade von der Schöpferin eben dieses Burnout-Instrumentes kommt: Christina Maslach.[12]

Während die allermeiste empirische Forschung weiterhin fleißigster Nutzer des MBI ist, samt der diesem Meßinstrument zugrunde liegenden Dreikomponenten-Theorie des Burnout, ist Christina Maslach selbst längst darüber hinausgegangen (vgl. MASLACH 1998; LEITER & MASLACH 1998; MASLACH & GOLDBERG 1998; LEITER & MASLACH 2001). Sie führte den Begriff *engagement* in die Burnout-Forschung ein.

Menschen haben eine BEZIEHUNG zu ihrer Arbeit. Ihre Beziehung zur Arbeit kann man, so MASLACH (1998), auf einem Kontinuum zwischen den Polen Burnout und Engagement anordnen. Das berufsübergreifende Burnout-Konzept umfaßt, wie bekannt, drei Komponenten:

- Emotionale, physische und mentale Erschöpfung
- Zynismus als einer negativen Einstellung gegenüber der Arbeit
- Wahrgenommene eigene Ineffektivität und Leistungsreduktion.

Der andere Pol des Kontinuums, Engagement wird auf der gleichen Drei-Komponenten-Basis definiert wie Burnout – nur mit dem jeweils umgekehrten Vorzeichen. Engagement besteht aus

- Energie (physische, emotionale, mentale Energie)
- *involvement* (Einstellung des Sich-einlassens)
- Gefühl der Selbstwirksamkeit (*efficacy*, vgl. oben).

12 PINES & ARONSON (1988) hatten schon 1988 entsprechende Konzepte in ihrem psychodynamischen, existentiellen Burnout-Ansatz verwendet; sie sprechen von 2 Wegen: Burnout versus *peak experience* und setzen dem Burnout das »*sense of significance and success*« entgegen.

Was bringt die Konzeptionalisierung eines solchen Burnout-Engagement-Kontinuums? Maslach selbst formuliert es folgendermaßen:

> *One important implication of the burnout-engagement continuum is that strategies to promote engagement may be just as important for burnout prevention as strategies to reduce the risk of burnout. A work setting that is designed to support the positive development of the three core qualities of energy, involvement, and effectiveness should be successful in promoting the well-being and productivity of its employees.* (MASLACH 1998:74)
>
> ÜBERSETZUNG
>
> Eine wichtige Implikation des Burnout-Engagement-Kontinuums ist, daß Strategien, die das Engagement fördern, genauso wichtig für die Burnout-Prävention sein könnten wie Strategien, die das Risiko von Burnout reduzieren. Ein Arbeitskontext, welcher der Unterstüzung der positiven Entwicklung der drei Kern-Qualitäten von Energie, Involviertheit und Effektivität dient, kann erwartungsgemäß dazu führen, das Wohlbefinden und die Produktivität der Angestellten zu fördern.

Leider bleibt genau das, was sie hier als Hauptgewinn definiert, die Entwicklung von Interventionen, welche auch den Engagement-Pol des Kontinuums fördern, nur ein warmes Wort. In ihren »Neuen Perspektiven für die Burnout-Prevention« gehen MASLACH & GOLDBERG (1998) für »Engagement« über die Empfehlung einiger *wellness*-Programme nicht hinaus.

Ergänzt wird das Konzept durch eine andere potentiell fruchtbare Blickerweiterung, eine wirklich erweiterte Theorie des Burnout – zuerst dargestellt in MASLACH & LEITER (1997, 2001).

Diese Theorie von Burnout präzisiert die Ursachen von Burnout und sieht diese in einem sechsfachen *mismatch* von Arbeitsansprüchen oder -Realitäten auf der einen und den Möglichkeiten und Ressourcen auf der anderen Seite. Es handelt sich also um eine Variante der Job Demands Resources-Theorie (JD-R), die ich oben schon behandelt habe.

Der Verdienst dieser Maslach-Leiter-Theorie gegenüber den erwähnten Gleichgewichts-Theorien ist, daß der Widerspruch oder *mismatch* auf verschiedenen EBENEN bzw. in verschiedenen BEREICHEN, wo er auftreten kann, präzise definiert wird.

Wenn Ausgewogenheit auf allen Ebenen herrscht, Übereinstimmung, Einklang, Gleichgewicht, dann befinden wir uns auf dem Pol »Engagement« des Kontinuums. Wenn eine Nicht-Übereinstimmung auf allen Ebenen vorliegt, befinden wir uns am äußersten Ende bei Burnout.

Die sechs Ebenen von potentiellem *mismatch* sind folgendermaßen definiert (vgl. MASLACH 1998):

> WORK OVERLOAD *occurs when job demands exceed human limits. People have to do too much in too little time with too few resources. When overload is a chronic job condition, not an occasional emergency, there is little opportunity to rest, recover, and restore balance.*
>
> LACK OF CONTROL *occurs when people have little control over the work they do, either because of rigid policies and tight monitoring, or because of chaotic job conditions. Such lack of control prevents people from being able to solve problems, make choices, and have some input into the achievement of the outcomes for which they will be held accountable.*
>
> INSUFFICIENT REWARD *involves a lack of appropriate rewards for the work people do. This lack of recognition devalues both the work and the workers. Prominent among these rewards are external ones such as salary and benefits, but the loss of internal rewards (such as pride in doing something of importance and doing it well) can also be a critical part of this mismatch.*
>
> BREAKDOWN OF COMMUNITY *occurs when people lose a sense of positive connection with others in the workplace. Some jobs isolate people from each other, or make social contact impersonal. However, what is most destructive of community is chronic and unresolved conflict with others on the job. Such conflict produces constant negative feelings of frustration and hostility, and reduces the likelihood of social support.*
>
> ABSENCE OF FAIRNESS *occurs when there is a lack of a system of justice and fair procedures which maintain mutual respect in the workplace. Unfairness can occur when there is inequity of workload or pay, or when there is cheating, or when evaluations and promotions are handled inappropriately. If procedures for grievance or dispute resolution do not allow for both parties to have voice, then those will be judged as unfair.*

VALUE CONFLICT *occurs when there is a mismatch between the requirements of the job and people's personal principles. In some cases, people might feel constrained by the job to do things that are unethical and not in accord with their own values. For example, they might have to tell a lie or be otherwise deceptive or not forthcoming with the truth. In other instances, people may be caught between conflicting values of the organization, as when there is a discrepancy between the lofty mission statement and actual practice, or when the organization undergoes major changes (...)* (MASLACH 1998:75-76):

Um diese Begriffsbestimmungen der Ebenen von *mismatch* in eigenen Worten kurz zusammenzufassen:

(1) Übermaß an Arbeit. Mehr Arbeit als Kraft (Energie-*mismatch*).

(2) Mangelnde Mitbestimmung oder Kontrolle über die eigenen Arbeitsbedingungen. Das kann an zu engen Vorschriften und Vorgaben liegen, aber auch am Firmen-Chaos.

(3) Ungenügende Belohnung im Vergleich zu eingebrachten Leistungen: zu wenig Gehalt, zu wenig Sonderzuwendungen und Privilegien, zu wenig Anerkennung.

(4) Gestörtes Gemeinschaftsklima: Leute arbeiten isoliert nebeneinander her, Kommunikation ist gering, Konflikte werden unter den Tisch gekehrt, wenig Solidarität und Unterstützung unter Kollegen.

(5) Unfairness geht weiter als gestörtes Gemeinschaftsklima und schließt ungleiche Belastung verschiedener Mitarbeiter durch die Firmenleitung ein, ungerechte Zeugnisse, Lügen von Kollegen zwecks Vorteilsgewinnung, alle Formen des *mobbing*.

(6) Wertkonflikte: Widerspruch zwischen Arbeitsaufgaben (z. B. Arbeit an einem militärisch hoch relevanten Produkt) und eigener Einstellung (Pazifismus). (Als Beispiel hinzufügen könnte man: den Widerspruch zwischen geforderten Gefühlsdarstellungen und dem eigenen Wert der emotionalen Aufrichtigkeit, ein Wertkonflikt im Bereich des *emotional work*, vgl. oben).

Zunächst einmal erscheint es als eine beachtliche Blickerweiterung, daß auch WERTE mit in dieses Konzept aufgenommen wurden – ein Bereich, der bis dahin von der Burnout-Forschung weitgehend ausgeblendet blieb und welcher nicht nur ermöglicht, die Forschung der *emotional work* mit in diesem Modell unterzubringen, sondern auch eine Reihe von Ressourcen, die bisher kaum einmal in der Burnout-Forschung erwogen wurden (z. B. transpersonale Ressourcen).

Da allen Ebenen ein Ungleichgewicht unterliegt, kann man dieses Modell von Burnout auch als ein erweitertes und präzisierteres Gleichgewichtsmodell ansehen, so daß man dieses mit den anderen dargestellten Gleichgewichtsmodellen theoretisch integrieren könnte.

Daß dies nicht geschehen ist, und das *mismatch*-Modell von Leiter und Maslach in nachfolgender Forschung nicht aufgegriffen wurde und folglich empirisch bisher nicht belegt ist, liegt u. a. auch an dem enormen Präzisionsmangel der Definitionen. Soll Nicht-Übereinstimmung (von Job/Person) der Kern aller sechs Ebenen sein, so müssen auch stets zwei Seiten oder zwei Pole (Job und Person) angegeben sein.

Dies geschieht aber nicht auf allen sechs Ebenen. EIN Pol ist in der obigen Definition stets definiert: die Job-Seite. Was aber steht auf der anderen? Was steht auf der Seite des arbeitenden Menschen, wenn wir hier lauter *job/person-mismatches* vor uns haben sollen? Das kann man immer nur mit »entsprechend unpassenden Erwartungen seitens des Individuums« umschreiben, was weder für Theorie noch für Messung noch für irgend welche empirische Überprüfungen ausreichend erscheint.

Zusammenfassend kann man sagen: Hier sind neue Ansätze und neue Gedanken entwickelt worden, hier liegt sicher auch eine Blickerweiterung (auf den positiven Pol) vor und eine signifikante Perspektivenerweiterung auf Werte. Die Frage ist nun: Wurden diese Impulse aufgegriffen?

Was in der neueren Burnout-Forschung durchaus aufgegriffen wurde, ist der Begriff des Engagements.[13]

13 Auch Wert wurde aufgegriffen – allerdings in einem vollkommen anderen Kontext: arbeitsbezogene Werte im transkulturellen Vergleich (vgl. Kapitel 7). Daneben konnte ich überhaupt nur eine Arbeit über Werte (Gleichheit, Altruismus, Ästhetik) und Burnout finden (ALTUN 2002).

Es war die derzeit produktivste Burnout-Forschungsgruppe, (derländische Forschungsteam um Wilmar Schaufeli und Arnold (Universität Utrecht), die diese neue Forschungsrichtung in Gang te. Es sind bisher – soweit ich weiß – fünf relevante Studien erschienen. Es lohnt sich, diesen Bereich genauer zu betrachten.

Die erste Aufgabe sahen Schaufeli und seine Kollegen darin, ein Meßinstrument für Engagement zu entwickeln. Theoretische Überlegungen (SCHAUFELI & BAKKER 2001) und vor allem Tiefeninterviews (SCHAUFELI, TARIS, LE BLANC et al. 2001) waren die Basis für eine konzeptionelle Klärung von Engagement, welche über die Anregungen von Maslach (Energie, Involviertheit, *efficacy*) hinausgeht.

Als die wichtigsten, einem arbeitsbezogenen Wohlbefinden (dem Gegenteil von Burnout) zu Grunde liegenden Merkmalsdimensionen benennen SCHAUFELI & BAKKER (2001) die AKTIVATION (zwischen den Polen Erschöpfung und Energie) und die IDENTIFIKATION (zwischen den Polen Zynismus und Hingabe).

Noch ein drittes wichtiges Merkmal ergab sich aus den Tiefeninterviews (SCHAUFELI, TARIS, LE BLANC et al. 2001): ABSORBIERTHEIT. Und damit ist Arbeits-Engagement folgendermaßen definiert:

> ENGAGEMENT *is defined as a positive, fulfilling, work-related state of mind that is characterized by vigor, dedication, and absorption. Rather than a momentary and specific state, engagement refers to a more persistent and pervasive affective-cognitive state that is not focused on any particular object, event, individual, or behavior.*
>
> VIGOR *is characterized by high levels of energy and mental resilience while working, the willingness to invest effort in one's work, and persistence even in the face of difficulties.*
>
> DEDICATION *is characterized by a sense of significance, enthusiasm, inspiration, pride, and challenge. Instead of involvement we prefer to use the term dedication. Although, involvement – like dedication (...) – is usually defined in terms of psychological identification with one's work or one's job (...), whereby the latter goes one step beyond, both quantitatively as well as qualitatively. In a qualitative sense, dedication refers to a particularly strong involvement that goes one step further than the*

usual level of identification. In a qualitative sense, dedication has a wider scope by not only referring to a particular cognitive or belief state but including the affective dimension as well.

The final dimension of engagement, ABSORPTION, *is characterized by being fully concentrated and deeply engrossed in one's work, whereby time passes quickly and one has difficulties with detaching oneself from work. Being fully absorbed in one's work comes close to what has been called »flow«, a state of optimal experience that is characterized by focused attention, clear mind, mind and body unison, effortless concentration, complete control, loss of self-consciousness, distortion of time, and intrinsic enjoyment (*CSIKSZENTMIHALYI *1990). However, typically, flow is a more complex concept that includes many aspects and refers to rather particular, short-term »peak« experiences instead of a more pervasive and persistent state of mind, as is the case with engagement.*

Thus, contrary to Maslach and Leiter (1997/2001) we do not feel that engagement is adequately measured by the opposite profile of MBI scores. Although we concur that, conceptually speaking, engagement is the positive antithesis of burnout, we acknowledge that the measurement of both concepts, and hence its structure, differs. As a consequence, engagement is operationalized in its own right. (SCHAUFELI, SALANOVA, GONZÁLEZ-ROMÁ & BAKKER 2002)

ÜBERSETZUNG

ENGAGEMENT wird definiert als eine positive, erfüllende, Arbeitsbezogene Geistesverfassung, die durch Vitalität, Hingabe und Absorbiertheit charakterisiert ist. Es ist kein kurzfristiger und spezifischer Zustand. Engagement ist vielmehr eine eher konstante und umfassende affektiv-kognitive Verfassung, die nicht auf ein spezielles Objekt, Ereignis, Individuum oder Verhalten fokussiert ist.

VITALITÄT ist charakterisiert durch einen hohen Grad an Energie und mentaler Belastbarkeit bei der Arbeit, die Bereitschaft, Anstrengung in die Arbeit zu investieren, und durch Ausdauer, selbst wenn man Schwierigkeiten gegenübersteht.

HINGABE ist charakterisiert durch Sinn für Bedeutung, Enthusiasmus, Inspiration, Stolz und Herausforderung. Wir ziehen den Ausdruck Hingabe dem des Engagements vor. Engagement – ebenso wie Hingabe (...) –

ist normalerweise definiert als psychologische Identifikation mit der eigenen Arbeit oder mit dem eigenen Job (...). Aber letzterer Begriff geht einen Schritt weiter – quantitativ ebenso wie qualitativ. Im qualitativen Sinn bezieht sich Hingabe auf eine ganz bestimmte starke Involviertheit, die einen Schritt weiter geht als der normale Grad der Identifikation. Im qualitativen Sinn deckt Hingabe einen weiteren Bereich ab, da sie sich nicht nur auf einen bestimmten kognitiven oder Meinungsbereich bezieht, sondern auch affektive Dimensionen einschließt.

Die letzte Dimension von Engagement, ABSORBIERTHEIT, ist charakterisiert durch eine völlige Konzentration auf und ein großes Vertieft-Sein in die eigene Arbeit, wobei die Zeit schnell vergeht und man Schwierigkeiten hat, sich von der Arbeit zu lösen. Dieses völlige Absorbiert-Sein in seiner Arbeit kommt dem nahe, was »*flow*« genannt wurde, eine Verfassung der optimalen Erfahrung, die charakterisiert ist duch fokussierte Aufmerksamkeit, klaren Verstand, Einklang von Geist und Körper, anstrengungsfreie Konzentration, totale Kontrolle, Verlust des Selbst-Bewußtseins, verändertes Zeitgefühl und intrinsische Freude (CSIKSZENTMIHALYI 1990/1999). Normalerweise ist »*flow*« jedoch ein complexeres Konzept, das viele Aspekte einschließt und sich eher auf eine bestimmte, kurzzeitige Gipfel-Erfahrung bezieht als auf eine konstant vorhandene, dauerhafte Geistesverfassung, wie es bei Engagement der Fall ist.

Im Gegensatz zu MASLACH & LEITER (1997/2001) meinen wir deshalb, daß Engagement NICHT mit dem Gegensatz-Profil der MBI-Werte richtig gemessen ist. Obwohl wir zustimmen, daß – begrifflich gesprochen – Engagement der Gegenpol zu Burnout ist, betonen wir, daß die Messung der beiden Konzepte und damit seine Struktur anders ist. Entsprechend wird Engagement eigenständig operationalisiert.

Eine erste Arbeit zur Entwicklung eines Meßinstrumentes erschien im Jahr 2000. Vorsichtig fragen SALANOVA, SCHAUFELI, LLORENS et al. (2000): *Desde el »burnout« al »engagement«: una nueva perspectiva?* (Titel ihrer Arbeit). In dieser Untersuchung an 514 spanischen, im Bereich der Informationstechnologie arbeitenden Angestellten bestätigten sie nicht nur die Drei-Komponenten-Struktur von Burnout – sondern auch die von Engagement (*vigor, dedication, absorption*).

Die zweiterschienene Arbeit zum Meßinstrument von Engagement (SCHAUFELI, SALANOVA, GONZÁLEZ-ROMÁ & BAKKER 2002) bestätigt diese

Drei-Komponenten-Struktur nochmals in zwei weiteren spanischen Untersuchungsgruppen: 314 Studenten und 619 Angestellte privater Firmen (vgl. auch SCHAUFELI, MARTINEZ, MARQUES PINTO et al. 2002). Um einen Eindruck vom Konzept und Meßinstrument zu geben, zitiere ich die offizielle deutsche Version des Arbeitsengagement-Meßinstruments.

Übersicht 6.1: Meßinstrument zum Arbeitsengagement (nach SCHAUFELI, SALANOVA, GONZÁLEZ-ROMÁ & BAKKER 2002)

Arbeitsengagement

In der folgenden Liste finden Sie Aussagen dazu, wie man die Arbeit erleben kann. Kreuzen Sie bitte das für Sie Zutreffende an. Bitte beachten Sie, dass Sie hier sieben Antwortmöglichkeiten haben.

nie	fast nie	ab und zu	regelmäßig	häufig	sehr häufig	Immer
0	1	2	3	4	5	6
Nie	ein paar Mal im Jahr oder weniger	einmal im Monat oder weniger	ein paar Mal im Monat	einmal in der Woche	ein paar Mal in der Woche	jeden Tag

1	Bei meiner Arbeit bin ich voll überschäumender Energie **VI01**	0	1	2	3	4	5	6
2	Meine Arbeit ist nützlich und sinnvoll **HI01**	0	1	2	3	4	5	6
3	Während ich arbeite, vergeht die Zeit wie im Fluge **VA01**	0	1	2	3	4	5	6
4	Beim Arbeiten fühle ich mich fit und tatkräftig **VI02**	0	1	2	3	4	5	6
5	Ich bin von meiner Arbeit begeistert **HI02**	0	1	2	3	4	5	6
6	Während ich arbeite, vergesse ich alles um mich herum **VA02**	0	1	2	3	4	5	6
7	Meine Arbeit inspiriert mich **HI03**	0	1	2	3	4	5	6
8	Wenn ich morgens aufstehe, freue ich mich auf meine Arbeit **VI03**	0	1	2	3	4	5	6
9	Ich fühle mich glücklich, wenn ich intensiv arbeite **VA03**	0	1	2	3	4	5	6
10	Ich bin stolz auf meine Arbeit **HI04**	0	1	2	3	4	5	6

11	Ich gehe völlig in meiner Arbeit auf **VA04**	0	1	2	3	4	5	6
12	Wenn ich arbeite, kann ich für sehr lange Zeit dran bleiben **VI04**	0	1	2	3	4	5	6
13	Meine Arbeit ist eine Herausforderung für mich **HI05**	0	1	2	3	4	5	6
14	Meine Arbeit reißt mich mit **VA05**	0	1	2	3	4	5	6
15	Bei meiner Arbeit bin ich geistig sehr widerstandsfähig **VI05**	0	1	2	3	4	5	6
16	Ich kann mich nur schwer von meiner Arbeit lösen **VA06**	0	1	2	3	4	5	6
17	Bei meiner Arbeit halte ich immer durch, auch wenn es mal nicht so gut läuft **VI06**	0	1	2	3	4	5	6

Konstruktubeschreibung

Arbeitsengagement setzt sich aus drei Dimensionen zusammen:

Vitalität (VI) wird gekennzeichnet durch die Verfügbarkeit von viel (geistiger) Energie und Tatkraft, Unermüdlichkeit und Durchhaltevermögen, auch wenn die Dinge bei der Arbeit einmal nicht so gut laufen.

Hingabe (HI) wird gekennzeichnet durch Engagement, Begeisterung, Inspiration, Herausforderung und Stolz auf die Arbeit.

Absorbiertheit (AB) wird gekennzeichnet durch das völlige und glückliche Aufgehen in der Arbeit, davon mitgerissen zu werden und sich nur schwer davon lösen zu können.

Damit liegt also ein neues Meßinstrument für den Gegenpol von Burnout vor, und die Frage ist, was damit geschehen soll. SCHAUFELI, SALANOVA, GONZÁLEZ-ROMÁ & BAKKER (2002) skizzieren selbst das Programm der künftigen Forschung:

> *A logical next step would be to investigate the relationship of the engagement scales with other job-related variables in a similar fashion as has been done with burnout. Burnout research has shown that different types of variables are related to different dimensions of burnout ... (and) is related to various negative personal outcomes ... and (negative) organizational outcomes ... Given these results with burnout, it is an intriguing research question –with considerable relevance for practice – whether or not the »opposite« engagement scales yield similar patterns but with reversed signs...*

... We hope that the engagement instrument that is proposed in the current article will be used in future research on the »opposite« of burnout. Such research might help us to rephrase questions like »How do we prevent burnout?« into »How do we promote engagement at the job?« (SCHAUFELI, SALANOVA, GONZÁLEZ-ROMÁ & BAKKER 2002:87-88)

ÜBERSETZUNG

Der logische nächste Schritt wäre eine Untersuchung der Beziehung der Engagement-Skalen mit anderen arbeitsbezogenen Variablen ähnlich, wie es für Burnout gemacht wurde. Die Burnout-Forschung hat gezeigt, daß verschiedene Typen von Variablen mit verschiedenen Dimensionen von Burnout in Beziehung stehen ... (und) mit verschiedenen negativen, personengebundenen... und (negativen) organisationsgebundenen Folgen assoziiert sind ... Angesichts dieser Burnout-Ergebnisse ist es eine faszinierende Forschungs-Frage – mit einer erheblichen Relevanz für die Praxis –, ob oder ob nicht die »gegensätzliche« Engagement-Skala ähnliche Muster ergibt – nur mit umgekehrtem Vorzeichen...

... Wir hoffen, daß das Meßinstrument für Engagement, das in dem vorliegenden Artikel vorgestellt wird, in der künftigen Forschung für den »Gegenpol« von Burnout benützt wird. Solche Forschung könnte uns helfen, die Frage »Wie können wir Burnout verhindern?« umzuformulieren in die Frage «Wie können wir Engagement bei der Arbeit fördern«.

Die Abschluß-Vision klingt vielversprechend und positiv. Wenn man jedoch Schaufelis Programm ernst nimmt und sich den Weg zur Realisierung dieser schönen Vision aufgrund seiner Anregungen konkret vorstellt, so kann man sich eines gewissen Unbehagens nicht erwehren. Die Vorstellung, daß dieses neue Meßinstrument die gleiche Variablen-Forschung hervorbringt wie das MBI und in den gleichen filigranen Filz widersprüchlicher Ergebnisse führt – könnte einen am Begriff des Engagements ein wenig Engagement verlieren lassen.[14]

14 Und die ersten Arbeiten erscheinen auch schon: DEMEROUTI, BAKKER, DE JONGE et al. (2001). Hier wird in die bisher nicht eben erfolgreiche JD-C (Job Demands Control)-Forschung auch die Messung von Engagement eingefügt... Vgl. auch SCHAUFELI, MARTINEZ, MARQUES PINTO et al. (2002). In dieser Arbeit wurde die Utrecht Work Engagement Scale (vgl. oben) bei Studenten in Spanien, Portugal und den Niederlanden eingesetzt.

Trotzdem erscheint mir dieser Begriff des Engagements der Würdigung wert. Denn neben Engagement findet man in der Burnout-Literatur kaum je einmal einen positiven Gegenbegriff. Nur wenige weitere Ausnahmen konnte ich finden. GUSSONE & SCHIEPEK (2000) greifen in ihrem Buch *Die »Sorge um sich«. Burnout-Prävention und Lebenskunst in helfenden Berufen* den von FOUCAULT (1986) stammenden Begriff der *souci de soi* auf (vgl. auch OCHSMANN 2001; SCHMID 1992).

Was ist dieser »positive Gegenbegriff zu Burnout«, wie sie ihn nennen? Der Seltenheit dieser Begriffe wegen sollen Explikationen der Autoren etwas ausführlicher zu Wort kommen:

> Die Sorge um sich, *Le Souci de Soi* war eines der zentralen Themen im Spätwerk des französischen Philosophen und Psychologen Michel Foucault. »Le Souci de Soi« steht für eine Haltung und das Verhalten eines Menschen, der es unternimmt, das eigene Leben zu gestalten, es nicht an fremden Normen und Vorstellungen zu orientieren, sondern ihm eine unverwechselbare eigene ästhetische Form zu geben. Eine solche Haltung der Existenz meint, schöpferisch tätig zu sein, bedeutet, die »Regierung« über sich selbst zu übernehmen und sich nicht von jemand oder etwas anderem regieren und bestimmen zu lassen. Dabei geht es nicht darum, die eigene Individualität zu entdecken – wenn das heißt, danach zu suchen, wer ich *eigentlich* bin –, sondern die eigene Existenz als Prozeß zu begreifen, dessen Ziel es ist, immer wieder die Perspektiven zu wechseln, andere Blickwinkel einzunehmen, anders zu denken und anders zu sein als vorher. Eine Haltung der »Sorge um sich« ist jedoch nicht zu verwechseln mit Beliebigkeit. Vielmehr bedeutet die Selbstsorge eine ernsthafte, beharrliche Arbeit an sich. Erst durch diesen Prozeß der Arbeit an sich selbst konstituiert sich das Subjekt; also nicht durch einen einmaligen Kraftakt, sondern durch beständiges Gestalten und Entwickeln eines eigenen Lebensstils... (S. 108)
>
> Die Selbstsorge findet nicht im a-sozialen Raum statt, sondern ist in vielfältiger Weise auf andere Menschen bezogen. »Sie bildet nicht eine Übung in Einsamkeit, sondern eine wahrhaft gesellschaftliche Praxis« (FOUCAULT 1986:71). Selbstsorge berührt die Beziehung zu anderen, da sie befähigt, den passenden Platz im Leben einzunehmen – sei es im Richteramt, sei es in Freundschaftsbeziehungen oder bei der Leitung des eigenen Hauses. Sie befähigt, die dort notwendigen Aufgaben in rechter

> Weise auszuüben – sei es die der Regierung, der Pädagogik oder der Anleitung eines Menschen bei seiner Selbstsorge... (S. 126/127)
>
> Selbstsorge – hierin unterscheidet sie sich einmal mehr von Weltflucht – bedeutet nicht Machtabstinenz (wobei zu fragen wäre, ob Machtabstinenz überhaupt möglich ist). Selbstsorge bedeutet vielmehr, die Regierung seiner selbst nicht anderen zu überlassen, dafür zu sorgen, daß Machtbeziehungen nicht in Herrschaftszustände eingefroren werden, bedeutet, sich im komplexen Feld der Machtbeziehungen zurechtzufinden. Selbstsorge ist insofern »ein Einsatz im Spiel der Macht«. (SCHMID 1992:226) (S. 130)
>
> Für Foucault bedeutet die Selbstsorge Ästhetik. In Bezug zur menschlichen Existenz gesetzt verbindet sich Ästhetik einerseits mit dem Imperativ des Perspektivenwechsels: Immer geht es um die Möglichkeit des »Andersdenkens« und des »Andersseins«. Für Foucault bedeutet der Begriff der Ästhetik aber auch eine spezifische Aufmerksamkeit der Wahrnehmung, die es zu schulen gilt: »Die ästhetische Form des Lebenswissens meint eine gewisse Umsicht und Vorsicht, Aufmerksamkeit und Wachsamkeit; ihre Wahrnehmung ist die eines Spürsinns und erschließt einen größeren Raum an Realität als eine auf das Kognitive begrenzte Rationalität« (SCHMID 1992:286) (S. 136)
> (GUSSONE & SCHIEPEK 2000)

Wenn es dann aber zur Frage der Anwendung auf Burnout kommt, bleiben Gussone und Schiepek jedoch ziemlich im Unklaren. Perspektivenwechsel, Selbstverantwortlichkeit, Selbstgestaltung – das sind zentrale Elemente des Foucault'schen Konzeptes. Und wie sollen Psychotherapeuten – die Zielgruppe der Autoren – dies nun in der Praxis anwenden, um Burnout zu verhindern? Zunächst gibt es auf drei bis vier Seiten einige recht allgemeine Empfehlungen der Achtsamkeit mit sich selbst und dem anderen. Es folgen dann vier Fallbeispiele, Gespräche mit Psychotherapeuten/innen über die Frage, wie sie für sich sorgen, um nicht auszubrennen. Diese Ergebnisse werden dann in einem analytischen Teil noch einmal sorgfältig auf den Burnout-Begriff und auf die Begrifflichkeit Foucaults zurückgebunden.

Dieser Beitrag von GUSSONE & SCHIEPEK (2000) greift über die »Fachgrenzen« von Burnout hinaus tief in die Philosophie, arbeitet qualitativ mit Fallstudien und untersucht nicht ausgebrannte Menschen, sondern solche, die auf dem Wege der Sorge für sich selbst das Ausbrennen her verhindern konnten. Alle diese Aspekte machen das Buch auf dem Hintergrund der sonstigen Burnout-Forschung zu einem wertvollen und originellen Beitrag.

Ein Jahr später erschien SKOVHOLT (2001) *The Resilient Practitioner. Burnout Prevention and Self-Care Strategies for Counselors, Therapists, Teachers, and Health Professionals.* Ohne Rückgriff auf philosophischen Apparat und Foucault behandelt der Autor das gleiche Thema – die Sorge um sich – allerdings mehr noch unter einem interaktionellen Aspekt: Die Sorge um den anderen und die Sorge um sich selbst wird als eine Gratwanderung angesehen, die immer wieder und von neuem in Balance gebracht werden muß. Dafür wird am Schluß dann auch ein ganz konkreter, praktischer Aktionsplan entworfen.

Nun ist der Engagement-Begriff, bezogen auf Arbeit, weder neu noch in der »neuen« Landschaft der Positiven Psychologie einmalig. Die Burnout-Forschung hat nur etwas Altes neu entdeckt und baut programmatisch aus, was an anderer Stelle ebenfalls – allerdings leise und behutsam (d. h. qualitativ) – untersucht wird. LAWLER & HALL (1970) hatten sich bereits vor über 30 Jahren mit einem ähnlichen Begriff beschäftigt: *Job involvement.* Und KANUNGO (1982) hat ein Meßinstrument zu *job involvement* entwickelt. Auch werden – ohne jede Zurkenntnisnahmen durch die Burnout- oder Engagement-Forschung – weitere ähnliche Begriffe entwickelt und beforscht. Ich möchte nur einige wenige Beispiele nennen:

DLUGOS & FRIEDLANDER (2001) haben Psychotherapeuten untersucht, die leidenschaftlich in ihrer Arbeit engagiert sind (*passionately committed*). Dieser Zustand wird definiert als eine Verfassung kontinuierlicher Energetisierung, bei der man sich durch die Arbeit für die Arbeit immer wieder selbst erneuert und neu stärkt. Die Arbeit verwendet freilich keinen schlichten Fragebogen, sondern halbstrukturierte Interviews und fokussierte darauf, wie Menschen eben dieses anhaltende Engagement hoch halten (ausführlicher in DLUGOS 2000).

WILLIAMS (2001) untersuchte bei Lehrern »*creativity, connectedness, and the spirit of teaching*«, also Faktoren, die zur kontinuierlichen Selbsterneuerung und Aufrechterhaltung des Engagements bei besonders engagierten Lehrern eine Rolle spielen. Auch diese Forschung ist qualitativ.

ZONDAG (2001) untersuchte das Berufsengagement von Geistlichen verschiedener Konfessionen in den Niederlanden. *Affective commitment* ist für Zondag die emotionale Zuwendung zum Beruf. Hier wurden überwiegend Fragebögen verwendet und die Ergebnisse mit der Berufszufriedenheit in Zusammenhang gebracht.

Abschließend sei noch eine Arbeit zum *job involvement* in einer vierten Berufsgruppe – Geschäftsleute, Verkäufer – genannt (LASSK, MARSHALL, CRAVENS & MONCRIEF 2001); sie entwickelten auch ein Meßinstrument zum *job involvement.*

Dies sind Ansätze, die außerhalb der Burnout/Engagement-*scientific community* laufen und von dieser nicht weiter wahrgenommen und rezipiert werden. Die dominante »Kultur« der Burnout-Gemeinde ist sicher nicht unbedingt einem qualitativen Ansatz – wie in den beiden erstgenannten Arbeiten verwendet – zugänglich. Zu sehr, so scheint es, hat man sich daran gewöhnt, mit einfachen Meßinstrumenten schnell garantierte Ergebnisse zu erzielen. Zu sehr hat man sich an die schönen, raffinierten, neuen, statistischen Verfahren gewöhnt, welche die Daten bis auf den Grund auszuschöpfen wissen. Tiefeninterviews und qualitative Inhaltsanalysen sind unvergleichlich viel aufwendiger.

3. GESAMTBILANZ DER GEGENTENDENZEN

Bestimmte auffallende Defizite oder Lücken in einem Forschungsbereich lassen einen als Wissenschaftssoziologe aufhorchen und nach den Ursachen fragen. Die eindrückliche Monotonie und nicht-kumulative Additivität der Burnout-Forschung sind solche Defizite.

Und wenn man als Kulturanthropologe Belastungssyndrome in anderen Kulturen studiert hat, wie ich z. B. das Krankheitsbild des »Seelenverlustes« in den Anden, dann kann man, gerade im Vergleich, die starke negative Wertung, wie sie sich in den »pathologischen« Burnout-Konzepten niederschlägt, nicht überhören.

Diesen beiden Problemen der Burnout-Forschung habe ich das vorliegende Kapitel gewidmet, wobei ich vor allem meinen Blick auf die Gegentendenzen gerichtet habe.

Die unzusammenhängende Additivität habe ich zunächst einmal auch immer wieder dokumentiert, und das gerade auch in der jüngsten Forschung. Da gibt es die durchaus vielversprechenden Untersuchungen zu neuen theoretischen Konzepten in der Burnout-Forschung, vor allem die Reziprozitäts- und *equity*-Gleichgewichtsmodelle, und die (allerdings sehr viel spezifischeren und weniger erfolgreichen) JD-C- (Job Demands-Control) und JD-R- (Job Demands-Resources) Gleichgewichtsmodelle. Ein Versuch, diese aufeinander zu beziehen und jenseits von großen empirischen Einzelstudien einmal in die vorliegende, durchaus umfangreiche Forschung zu integrieren und nach fruchtbaren und weniger sinnvollen Forschungswegen zu trennen und damit sinnvolle künftige Forschungsbemühungen zu identifizieren – solche Ansätze fehlen leider. Da gibt es in verschiedenen Forscherteams, die zu verschiedenen Gleichgewichtsmodellen publizieren, sogar personelle Überschneidungen – und trotzdem fehlt Bezugnahme und Koordination von theoretischen Ansätzen und Ergebnissen. Ein Teil dieser Modelle sind durchaus geeignet, alte Fragestellungen neu zu beleuchten, neue Fragestellungen zu eröffnen und verschiedene Ergebnisse zu integrieren, aber die Forschung schreitet gewissermaßen blind voran, blind in bezug auf das, was rechts und links und vorher geforscht wird oder wurde.

Ein anderes Beispiel dieser blinden Vorgehensweise hatte ich im Bereich der zart sich entfaltenden salutogenen Ansätze identifiziert. Da wird das salutogene Konzept, der *sense of coherence*, kreuz und quer in aller Herren Länder untersucht – doch bleibt jede Untersuchung fast unangefochten die vermeintlich einzige, weil sie auf vorangehende einfach nicht eingeht.

Es ist ganz klar, daß dieses Problem der Burnout-Forschung, monoton immer und immer weiter auf dem MBI-Meßinstrument basierend vor sich hinzuforschen – bei großen, eindrucksvollen Sample-Zahlen, immer eindrucksvolleren statistischen Verfahren und immer komplizierteren, praxisferneren Ergebnissen – auch heute, Januar 2003, in der Burnout-Forschung nicht überwunden ist.

Sicher spielt der Produktions- und der Reputationsdruck in der *scientific community* der Burnout-Forschung hier eine nicht geringe Rolle. Die Gründe für diesen Druck sind allenthalben bekannt: Verknappung des Forschungsgeldes, Konkurrenzsteigerung, Evaluationseuphorie an den Universitäten. Der Druck bedingt, daß SCHNELL, EINFACH und SICHER geforscht werden muß – und auf dem »höchsten« Niveau, wobei das Niveau von dem sich modisch wandelnden Selbstverständnis des Faches abhängt.

Schnell, einfach und sicher ist Burnout-Forschung dann, wenn man den hauseigenen, kleinen, schlichten MBI-Fragebogen anwendet und dazu eine Reihe von potentiellen Antezedenzbedingungen, Korrelaten oder Konsequenzen (auch alle flott mit Papier-und-Bleistift-Verfahren gemessen) dazunimmt. Da einem inzwischen die hierarchische multiple Regressionsanalyse, das *linear structural equation modeling* und andere reputierte, komplizierte statistische Verfahren zur Verfügung stehen, sind Ergebnisse auch garantiert.

Hinzu kommt sicher auch das fachliche Selbstverständnis der Psychologie (die einen Großteil der Burnout-Forschung trägt) als eines naturwissenschaftlichen, empirisch arbeitenden, methodisch auf dem höchsten Stand sich befindenden, modernen Faches. Da zählen in der Burnout-Forschung tatsächlich raffinierte statistische Verfahren mehr als jedes qualitative, substantielle Ergebnis.

Im Konkurrenzdruck ist immer wieder Neues gefragt. Also greift man mit Pauken und Trompeten echte Nebengleise auf (emotionale Ansteckung als Beispiel), ohne sich darum zu kümmern, daß dies von anderen unter anderem Begriff (*cross over*) auch schon gemacht wurde. Oder man springt auf den Zug der modernen Forschungsrichtung Emotionsarbeit und verliert aus dem Auge, daß dies immer nur ein kleiner Teil des gesamten Burnout-Gefüges sein kann. Oder man untersucht – jeweils unter anderem Namen – gleiche Modelle, als wenn neue Etiketten neue Fragestellungen konstituierten.

Beim Blick auf die dominante negative Wertung des Belastungssyndroms »Burnout« habe ich in der jüngsten Forschung einige Gegentendenzen ausmachen können. Zaghaft werden Anregungen aus der sogenannten Positiven Psychologie aufgegriffen, zaghaft werden salutogene Ansätze eruiert – wobei auch hier allerdings das Muster unverbundener *patchwork*-Arbeit voll erhalten bleibt. Da wird wenig geschaut, was rechts und links schon an Optimismus-Forschung vorlag und vorliegt. und die Untersuchung des Kohärenzgefühls ist bisher das nahezu unkohärenteste Forschungsgebiet geblieben, das die Burnout-Forschung aufzuweisen hat.

Wie ein Durchbruch in der »pathologischen« Sicht von Burnout mag der Begriff des Engagements erscheinen – und ich habe ihn auch in diesem Sinne gewürdigt. Ein Meßinstrument ist entwickelt, die Forschung kann voranschreiten. Wenn diese dann jedoch, wie ich gezeigt habe, im Sinne einer spiegelbildlichen Forschung zur bisherigen Burnout-Forschung konzipiert wird, kann man sich am Thema Engagement vielleicht doch nicht so sehr erwärmen.

Die Lösung dieser Probleme ist allseits bekannt. Mehr qualitative Studien, mehr integrative Bemühungen, mehr Innehalt und Nachdenken (statt blind vor sich hinforschen), mehr systematische Suche nach theoretischen Konzepten außerhalb der kleinen Burnout-Gemeinde, mehr Interkulturalität (vgl. unten), neue Meßinstrumente und vor allem viel mehr Forschungskoordination sind gefragt. Das alles ist nur erreichbar bei einem gewissen wissenschaftssoziologischen, informierten Abstand von den dominanten Werten einer reputationsorientierten Wissenschaft.

KAPITEL 7

Grundlagenkritik der Burnout-Forschung

Ich habe vorangehend die Fragestellungen, Methoden, Theorien und jüngsten Entwicklungen der Burnout-Forschung dargestellt und auch immer wieder kritisch analysiert. Im vorliegenden Kapitel möchte ich einige Punkte der Kritik auf eine grundsätzlichere Ebene führen – aber auch Gegentendenzen erwähnen. Dies geschieht in sechs Abschnitten.

1. BURNOUT: EIN ETHNOZENTRISCHER BEGRIFF

Die Burnout-Forschung ist ganz überwiegend ein Produkt westlicher, industrieller, kapitalistischer Staaten. Sie war zunächst rein US-amerikanisch, inzwischen haben sich auch Schwerpunkte in Europa gebildet, besonders in den Niederlanden, aber auch in Deutschland, Polen, Spanien, Schweden, Italien usw.

Die Forschung, so heißt es stolz in Burnout-Forscherkreisen (vgl. z. B. MASLACH 2001a:607) sei international. Und nicht nur das. Ihre Inhalte seien auch trans-national. Burnout werde in allen Kontinenten untersucht, auch in Australien, Afrika, Asien. Eine eindrucksvolle Bilanz.

Trotzdem ist die Burnout-Forschung fast durchgehend ethnozentrisch. Und das auf verschiedenen Ebenen.

Daß es – mit einer Ausnahme – in der gesamten Burnout-Forschung ernsthafte Beiträge einer interpretierend, erklärend kulturvergleichenden Forschung gäbe, würde kein Burnout-Forscher behaupten. Solche Ansätze fehlen bis heute weitgehend. Es wurden 1. Chancen einer solchen Forschung verpaßt, aber es sind auch 2. Chancen konzeptionell verbaut.

Zu 1. Burnout-Ergebnisse, die in verschiedenen Ländern erhoben wurden, unterscheiden sich in mehrfacher Hinsicht. Erstens unterscheiden sich die Prävalenzen. In den USA z. B. gibt es offensichtlich besonders häufig Burnout. Zweitens unterscheiden sich die Gewichte im Bereich der drei Burnout-Komponenten: In den USA sind die Werte für emotionale Erschöpfung und Depersonalisation (um nur ein Beispiel zu nennen) signifikant höher als etwa in den Niederlanden, und die USA-Werte für reduziertes Leistungsgefühl sind signifikant geringer (SCHAUFELI & ENZMANN 1998:64-65).

Nun sind die USA und die Niederlande beides westliche, industrialisierte, kapitalistische Staaten, wenn auch ganz gewiß mit vielen kulturellen Unterschieden. Es ist deshalb bemerkenswert, daß die gefundenen Burnout-Unterschiede NICHT auf die Kulturen des jeweiligen Landes reflektiert werden. Sie bleiben einfach im Raum stehen. Es interessiert nicht. Der Blick ist auch mehr auf Gleichheiten ausgerichtet, und so gehen z. B. SCHAUFELI & ENZMANN (1998:64-65), nachdem sie diese Unterschiede erwähnt haben, auch sogleich dazu über, eine Analyse vorzulegen, wonach die Burnout-Profile verschiedener Berufsfelder in diesen beiden Ländern doch sehr ähnlich seien.

Und was ist, wenn man Burnout in Ländern wie Simbabwe, Japan, China, Ägypten, Ghana, Indien usw. untersucht (vgl. GOLEMBIEWSKI, BOUDREAU, MUNZENRIDER & LUO 1996:16) und feststellt, daß auch da natürlich Unterschiede auftauchen?

Gewiß, in diesen Ländern wird Burnout nicht »auf dem Land« gemessen, sondern in Betrieben, Großfirmen und Gesundheitsinstitutionen der Städte, und man kann mit Recht darauf verweisen, daß diese »westlich« geprägt sind und im Zuge der Globalisierung immer »westlicher« sein werden: Firmen sind auf individuelle Gewinnmaximierung orientiert, Krankenhäuser auf die technisch naturwissenschaftliche westliche Medizin.

Aber in diesen Institutionen arbeiten Menschen aus Kulturen, die sich von der US-amerikanischen unterscheiden. Um sich dies zu verdeutlichen, reicht es, einen kurzen Blick auf den Unterschied zwischen den USA und Japan zu werfen – beides kapitalistische Länder. Die umfangreichen Forschungen zur transkulturellen Kommunikation (Kommunikationstechniken, Verhandlungsstil in Firmen), zur transkulturell vergleichenden Werteforschung (individuelle/kollektive Orientierung), zu den transkulturell unterschiedlichen Konzepten von Gesundheit und Krankheit zeigen, wie ungemein umfassend und subtil sich die US-amerikanische Kultur von anderen Kulturen unterscheidet – und das zeigt sich bis in die kleinsten Interaktionen: denen zwischen Verhandlungspartnern in der Wirtschaft, zwischen Arzt und Patient, zwischen Chef und Angestellten. Und diese Unterschiede sind verständlich zu machen, wenn man sie auf die gesamte Kultur zurückbezieht, in welche »gleiche« wirtschaftliche oder medizinische, institutionelle Strukturen eingebettet sind.

Dieser Rückbezug aber fehlt in der Burnout-Forschung fast vollkommen. Die transkulturell vergleichende Abstinenz der Burnout-Forscher ist auffällig.

Auf diese Weise versäumt es die Burnout-Forschung aber, sich mit ihren Ergebnissen in diese großen transkulturellen Forschungsgebiete einzuklinken und jene Gebiete zu bereichern. Die Burnout-Forscher blieben daher bisher im wesentlichen eine kleine abgeschlossene »Sekte«.

Zu 2. Neben den vertanen Chancen, wenigstens die gefundenen nationalen Unterschiede auf die Kulturen der Nationen zu beziehen, sind natürlich die Chancen der Burnout-Forschung für eine ernst zu nehmende transkulturell vergleichende Forschung bisher einigermaßen verbaut. Und dies auf zwei Ebenen:

a) durch die Einengung des BEZUGSFELDES von Burnout
b) durch die ethnozentrische operationale Definition.

Zu a). Historisch hat sich Burnout als wissenschaftlicher Begriff aus dem Bezugsfeld »Beruf« heraus entwickelt. Die ersten Burnout-Forscher – Freudenberger, Maslach usw. – untersuchten BERUFE, nicht alle, nicht irgendwelche, sondern Berufe des Gesundheitswesens. Es hat bald zwei Jahrzehnte gedauert, bis die Burnout-Forschung sich wenigstens aus dieser Einengung auf einen TEIL-Bereich des Feldes »Beruf« gelöst hatte und außer Ärzten, Krankenschwestern und Pflegern auch einmal andere Berufsgruppen untersuchte.

Aber einmal ein paar Schritte aus dem Feld »Beruf« hinausgehen in die unzähligen weiteren Bereiche menschlichen Lebens, das hat die Burnout-Forschung bisher nicht geschafft. Die bemerkenswerte Ausnahme ist natürlich mit dem Buch *Couple Burnout: Causes and Cures* von Ayala MALACH PINES (1996) gegeben. Dieses Vorbild wurde jedoch kaum aufgegriffen.

Nun gibt es aber emotionale Erschöpfung an einem bestimmten Bereich, negative Einstellungen zu diesen Bereich, Verlust des Leistungsvertrauens in bezug auf diesen Bereich (um noch relativ nah an der gängigen wissenschaftlichen Burnout-Definition zu bleiben) ganz gewiß auch außerhalb des Feldes »Beruf«.

Warum hat die Burnout-Forschung (unbeweglich und konservativ bleibend) keine Schritte über ihre eigenen Grenzen hinaus gewagt und ist statt dessen obstinat INNERHALB des Feldes »Beruf« geblieben? Dies hat gewiß seine guten Gründe.

Ich hatte im ersten Kapitel schon aufgezeigt, daß Burnout sowohl ein Alltagsbegriff ist als auch ein wissenschaftliches Konzept. Ich habe im Verlauf der anderen Kapitel immer wieder darauf verwiesen, daß diese »Überschneidung« gewisse unerwünschte Rückwirkungen auf das Forschungsgebiet Burnout hat. Auf der einen Seite wird manchmal durchaus auf die werbewirksame Seite des öffentlichen Burnout-Begriffes zurückgegriffen. Auf der anderen Seite – und mir scheint, das ist eine mit Abstand ernstere Nebenwirkung – bestehen auch sehr starke und in ihrer Auswirkung definitiv unproduktive Abgrenzungsinteressen.

Solange man in dem Forschungsfeld bleibt, in welchem sich der renommierte wissenschaftliche Burnout-Begriff nunmehr fest etabliert hat, hat man sich erfolgreich von alltagssprachlichen Burnout-Begriffen abgegrenzt. Das ist sicher EIN Grund für das immer gleiche Forschungsfeld »Beruf« in der Burnout-Forschung.

Ein anderer Grund ist sicher, daß Forschung im Feld »Beruf« ein höheres öffentliches Interesse beanspruchen kann als Forschung, sagen wir, im Bereich von Paarbeziehung oder privater Lebensgestaltung. Mehr öffentliches Interesse heißt, bessere Legitimierbarkeit und damit leichteres Forschungsgeld. Selbstverständlich spielt die Zugänglichkeit von Forschungsmitteln eine entscheidende Rolle in der Auswahl der Forschungsinhalte.

Es kommt hinzu (darauf habe ich vorangehend schon verwiesen), daß heute in der Psychologie empirische Forschung, komplizierte Designs, große Untersuchungspopulationen und raffinierte statistische Verfahren reputationsträchtiger sind als qualitative klinische, tiefenpsychologische Forschung. Im Berufsfeld können Variablen (manchmal) besser »manipuliert«, kontrolliert, konstant gehalten werden als in den subtilen, empfindlichen, persönlichen, zwischenmenschlichen Bereichen.

Wenn man für diese weniger leicht Forschungsgeld bekommt und keine gleichermaßen reputationsträchtige Forschung machen kann – warum sollte man sie dann aufgreifen?

Gerade dieses Verweilen im Forschungsfeld »Beruf« engt nun aber für die Burnout-Forschung auf eine ganz grundsätzliche Weise auch den transkulturellen Vergleich ein. In Kulturen, in welchen das Konzept »Beruf« keinen Sinn ergibt – macht dann auch Burnout-Forschung keinen Sinn. Hier setzt sich die Burnout-Forschung ihre eigene Grenze.

Zu b). Diese Selbstblockierung der Burnout-Forschung gegenüber transkulturellen Fragestellungen fängt aber noch früher an – was jedoch mit dieser Berufs-Fixierung zusammenhängt. Man muß sich nur einmal den wissenschaftlichen Burnout-Begriff mit seinen drei Komponenten unter transkultureller Perspektive genauer betrachten:

Die wichtigste Komponente ist *emotional exhaustion*, emotionale Erschöpfung (oder physische, mentale Erschöpfung). Ein Blick in andere Kulturen zeigt, daß emotionale Erschöpfung sicher kein schlechter Kandidat ist für transkulturelle Gültigkeit, d. h. universell vorkommt, ebenso wie Freude, Trauer und andere Grundemotionen. Kulturen unterscheiden sich danach, welche Auslöser, Ausdrucksformen, Verhaltensumsetzungen usw. sie für solche Grundemotionen kennen, aber deren transkulturelles Vorkommen ist doch erwiesen. Und folglich kann man Trauer und Freude – und könnte man auch emotionale Erschöpfung – transkulturell untersuchen.

Die zweite Komponente heißt Depersonalisation oder (in der weiteren MBI-Fassung) Zynismus. Zumindest »Depersonalisation« ist schon sehr Ethnozentrismus-verdächtig. Der Begriff setzt eine bestimmte Vorstellung von »persönlicher« Beziehung voraus, eine bestimmte Ich-zu-Du-Orientierung, eine bestimmte interpersonelle zweisamkeitsorientierte Grundhaltung.

Es kann erwiesenermaßen nicht davon ausgegangen werden, daß diese Grundhaltung in anderen Kulturen gilt. Weder in als eher »kollektivistisch« gekennzeichneten Kulturen, noch in jenen, in welchen die Bewältigung der Lebensaufgaben dazu führt, den interpersonellen Bereich geradezu depersonalisierend zu organisieren. Man denke etwa an die in verschiedenen Kulturen üblichen Modelle der Eheschließung. Es ist noch nicht lange her, daß sowohl in den Anden Südamerikas

(Quechua- und Aymara-Kultur) als auch in den tibetischen Kulturen des Himalaya die GESTIFTETE Heirat das fast ausschließlich vorkommende Modell war. Persönliche Beziehung zum Partner? Ein vollkommen fremdes Denken! Partnerschaften werden »hergestellt« nach wirtschaftlichen Erwägungen, nach Überlebensinteressen, nach Fortpflanzungsinteressen. Unter den extremen ökologischen Bedingungen von Hochgebirgskulturen wie Anden und Himalaya kann man sich keinen Partner nach solchen Luxuswerten wie Ästhetik und Liebe aussuchen.

Sicher ist also, daß Depersonalisation ein ethnozentrischer Begriff ist, weil er ein Personalitäts-Modell voraussetzt, welches typisch»westlich« ist.

»Zynismus« ist transkulturell bisher nicht untersucht, es ist ein recht subtiler und komplexer Begriff (vgl. ABRAHAM 2000), er KÖNNTE aber in Gestalt des weiteren Begriffs von »negativen Einstellungen« durchaus transkulturell relevant formuliert werden.

Auch die dritte Komponente des operationalen wissenschaftlichen Burnout-Begriffs ist ethnozentrisch: reduziertes leistungsbezogenes Selbstwertgefühl (*reduced personal accomplishment*).

Ein solcher Begriff setzt zunächst einmal ein »Selbst« voraus, etwas was als »*personal*«, d. h. Ich-bezogen erlebt wird. Es setzt voraus, daß es einen bestimmten »Leistungs«-Begriff gibt. Es setzt voraus, daß man »Leistung« auch stets auf sich »selbst« bezieht, d. h. persönlich nimmt. Dies alles sind ethnozentrische Prämissen. Das »Selbst« einer eher kollektivistischen Kultur ist ein anderes als das »Selbst« einer eher individualistischen Kultur ebenso wie die »persönliche« »selbst«bezogene »Leistung« und das »Selbst«-»Wert-Gefühl« in anderen Kulturen vollkommen andere Bedeutungen haben können. BANDURA (1997), der »Vater« des *self-efficacy*-Begriffs, welcher mit der MBI-Komponente leistungsbezogenes Selbstwertgefühl verwandt (jedoch sehr viel weiter!) ist, ist selbst auf die Kritik eingegangen, *self-efficacy* sei ein Begriff der westlichen Kultur (vgl. S. 31-33). Leider hat gerade hier seine Diktion eine nicht überhörbare Defensivität. Diese allerdings ist nicht nötig, denn *self-efficacy* ist der Glaube an die Fähigkeiten, positive Zustände herstellen zu können (also nicht nur Leistung), was sehr viel weiter gefaßt ist als »*personal accomplishment*«.

Ein Begriff von Burnout, der sich strikt an »Beruf« hält, der unter seinen drei Dimensionen zwei stark ethnozentrische Dimensionen führt und dessen Erforschung auf gesellschaftliche Legitimation, Forschungsgeld und Reputationsgewinn aus ist – ist in der Tat für eine transkulturelle Perspektive nicht sehr geeignet.

So überrascht es nicht, wenn es nur vereinzelte kulturanthropologisch relevante Arbeiten in der Burnout-Forschung gibt. Dabei kann man vier Ebenen unterscheiden.

1. Burnout-Prävalenzstudien in Nicht-USA-Ländern, ohne Kulturvergleich, ohne kulturanthropologische Deutung.

2. Studien EINER fremdkulturellen Nation (bezogen auf die Burnoutforschungsdominanten USA und Europa), die intrakulturell bleiben, aber wenigstens in der Deutung der Ergebnisse auf die Kultur des Untersuchungslandes eingehen.

3. Kulturvergleiche (mehrere fremdkulturelle Nationen) ohne kulturanthropologische Interpretation der Ergebnisse.

4. Kulturvergleiche (mehrere fremdkulturelle Nationen) mit kulturanthropologischer Interpretation der Ergebnisse.

In der Burnout-Forschung haben wir, wie schon erwähnt, eine Fülle von Studien des ersten Typs. Sie sind kulturanthropologisch irrelevant. Man könnte sie zwar als Rohmaterial oder Basis für Meta-Studien systematisch vergleichen und auszuwerten versuchen, aber das hat bisher niemand unternommen.

Auf der zweiten Ebene liegen »fremdkulturelle« Untersuchungen ohne transkulturelle Vergleichsforschung. Solche Forschung kann dann durchaus relevant sein, wenn die Studien die Burnout-Ergebnisse in eingehender Analyse auf die jeweilige Kultur beziehen.

Hier sind immerhin zwei Untersuchungen erwähnenswert.

Eine eindrucksvolle Studie ist die von RAVIOLA, MACHOKI, MWAIKAMBO & DELVECCHIO GOOD (2002) aus einem Aids-Krankenhaus in Nairobi. Die extremen Arbeitsverhältnisse dort unter dramatisch wachsenden

Zahlen von Aids-Kranken und die Burnout- und Demoralisationsfolgen beim ärztlichen Personal haben die Autoren z. T. auch mit qualitativen Methoden erfaßt. Die Studie aber bleibt »intrakulturell«. Sie zeigt Burnout-Bedingungen in einem Land Ostafrikas, ohne Vergleich.

Im Untersuchungsansatz intrakulturell ist auch die Studie von TAN & AKHTAR (1998) unter Bankangestellten in Hongkong. Burnout wird mit dem MBI gemessen. Was diese Studie dennoch bemerkenswert macht, ist, daß die Ergebnisse sehr sorgfältig auf die konfuzianisch geprägte chinesische Kultur und die ebenfalls von diesen Prämissen geprägte institutionelle Kultur bezogen und auch mit der ganz anders strukturierten Organisationsideologie etwa der USA konfrontiert wird.

Auf der dritten Ebene – kulturanthropologisch höchstens marginal relevant – sind die kulturvergleichenden Studien ohne jede Interpretation. JAMAL (1999a, 1999b) z. B. vergleicht College-Professoren in Kanada und Pakistan. LOSINSKAYA & WIED (2000) untersuchen Psychiater, Psychologen und Krankenschwestern in Rußland und vergleichen die Ergebnisse mit Schweden und USA. Erwartungsgemäß ergeben sich Unterschiede. Auch Australien, Singapur und Hongkong sind nicht unbedingt gleich (LUSHINGTON & LUSCRI 2001). Eine kulturanthropologische Unterschiedsanalyse aber fehlt.

Zur vierten Ebene gehören transkulturelle Vergleiche, welche auch einen kultur-interpretativen Beitrag leisten. Auch hier (wie in den Bereichen aller anderer Thematik) habe ich versucht, systematisch alle Studien zu lokalisieren, die entweder vor 1998 liegend von SCHAUFELI & ENZMANN (1998) NICHT in ihre Review einbezogen wurden oder aber später erschienen. Ich konnte nur vier finden: ETZION & PINES (1986), SAVICKI (1999a, 1999b), PINES (2002) und LINZER, MCMURRAY, VISSER et al. (2002). Auf Savicki gehe ich im nächsten Abschnitt näher ein. Bleiben drei andere Studien kurz vorzustellen:

In der ersten (ETZION & PINES 1986) wird Burnout in Humandienstleistungsberufen in den USA und Israel mit einem Meßinstrument von Pines gemessen, dazu zwölf verschiedene Bewältigungsstrategien erhoben. Diese umfassen aktive/direkte und inaktive/indirekte Strategien. Zunächst einmal fanden die Autoren, daß die aktiv-direkten Bewältigungsmechanismen als Streßbewältigung erfolgreicher zu sein scheinen, ein Ergebnis, das vertraut ist (vgl. oben). Weiter fanden sie, daß diese Strategien in beiden Ländern mehr von Männern als von Frauen verwendet werden, und zwar im Ländervergleich mehr von Befragten in Israel als von denen der USA. Und diese Unterschiede werden nicht nur in bezug auf Geschlechtsrollenstereotype, sondern auch im Blick auf die unterschiedliche politische Kultur und auf kulturelle Werte hin interpretiert.

Die zweite Studie (PINES 2002) vergleicht Lehrer in Israel und in den USA, verwendet quantitative und qualitative Methoden und geht theoretisch aus von einer psychoanalytisch psychodynamischen Theorie-Orientierung. Hier steht allerdings das Ergebnis Burnout-relevanter Kindheitserfahrungen mehr im Vordergrund als die kulturanthropologische Deutung der Unterschiede.

Die dritte Studie (LINZER, MCMURRAY, VISSER et al. (2002) ist ein Vergleich von Burnout bei Ärzten in den USA und in den Niederlanden. Die gefundenen Unterschiede werden immerhin auf die unterschiedlichen Arbeitsbedingungen in beiden Ländern bezogen.

Damit wären alle (auch nur entfernt) kulturanthropologisch relevanten Beiträge der Burnout-Forschung im wesentlichen erschöpft – eine äußerst dürftige Bilanz – bis auf einen Lichtblick vom März 2002, den ich im nächsten Abschnitt doch etwas genauer besprechen möchte.

2. EIN TRANSKULTURELLER LICHTBLICK: DIE FORSCHUNG VON VICTOR SAVICKI

Im März 2002 gab es auf der bislang nahezu makellos ethnozentrischen Bühne der Burnout-Forschung einen Lichtblick: Das Erscheinen des Buches *Burnout Across Thirteen Cultures. Stress and Coping in Child and Youth Care Work* von Victor SAVICKI (vgl. auch SAVICKI 1999a, 1999b, RIOLLI-SALTZMAN & SAVICKI 2001a, 2001b, 2001c, 2002).

Hatte es nicht einen – inzwischen allerdings schon über 20 Jahre alten – Forschungsstrang der kulturvergleichenden Forschung zu Beruf und Arbeit gegeben? War nicht auf eben diese umfangreiche Vorarbeit zurückzugreifen, um den arbeits-/berufsbezogenen Burnout-Begriff einer transkulturellen Analyse zu unterziehen? Genau das hat Savicki unternommen. Es scheint so nahe zu liegen, diesen Weg zu gehen, aber vor ihm ist in 20 Jahren Burnout-Forschung keiner darauf gekommen. Das Klima innerhalb der Burnout-Forschung war transkulturellen Fragestellungen gegenüber nicht offen.

Ich muß kurz auf diese alte Forschung transkulturellen Vergleichs von Arbeitswerten eingehen, um Savickis Ansatz darzustellen.

1980 hatte Geert HOFSTEDE seinen ersten großen Beitrag zu arbeitsbezogenen Werten in verschiedenen Kulturen vorgelegt (vgl. auch HOFSTEDE 1990, 1993, 1997, 1998). Seine Studie basierte auf den Daten von mehr als einer halben Million Menschen in über 40 verschiedenen Ländern, die mit Hilfe eines entsprechenden Meßinstruments, der Cultural Work Value Scale, zu ihren Arbeitswerten befragt wurden.

Auf der Basis einer faktorenanalytischen Auswertung konnte Hofstede vier verschiedene polare Dimensionen identifizieren, wonach Arbeitswerte sich in verschiedenen Kulturen/Ländern unterscheiden:

(1) Eine erste Unterschieds-Dimension ist INDIVIDUALISMUS – KOLLEKTIVISMUS. In einer eher individualistischen Kultur werden die eigenen Interessen und Werte über die Bedürfnisse der Gruppe gestellt, in einer solchen Kultur sieht man sich als autonom und selbstverantwortlich. Entsprechend wertet man Arbeit höher, in welcher einem autonome Handlungsräume zur Verfügung stehen, in der man persönlich verantwortlich ist und sich nicht nach Kollektiven richten muß. In kollektivistischen Kulturen ist der Gruppenbezug wichtiger.

(2) Eine zweite Dimension ist die UNSICHERHEITSVERMEIDUNG (*uncertainty avoidance*). In manchen Kulturen ist sie eher hoch, d. h. ambivalente, unklare Situationen machen in der Regel eher Angst und werden entsprechend vermieden. In einer solchen Kultur werden Regeln und Verfahrensweisen entwickelt, welche solche Unsicherheitsspielräume möglichst reduzieren. Kulturen mit einer eher niedrigen Unsicherheitsvermeidung scheuen nicht im gleichen Maße undefinierte Situationen und können ohne Probleme Spielräume der Einschätzung offen lassen.

(3) Der GRAD DER HIERARCHISIERUNG (*power distance*) ist eine dritte Unterschieds-Dimension. Sie bezeichnet die Wertschätzung, welche eine Kultur auf Hierarchie und Statusunterschiede legt, und wieweit für sie Gehorsam von unten nach oben und ungefragter Autorität von oben nach unten natürliche Gegebenheiten oder unerwünschte Bedingungen

darstellen. Diese Dimension spiegelt sich auch in den Arbeitswerten und in der Arbeitsorganisation wieder: Wieweit werden Muster und Regeln gleichberechtigter horizontaler Miteinander-Beratung institutionalisiert oder praktiziert oder wieweit sind die Zuständigkeiten eher statusmäßig geordnet? Schätzt man in seiner Arbeit klare Befehlsstrukturen oder sucht man kollegiale Kommunikationsmuster?

(4) Die vierte Dimension nannte Hofstede *masculinity/femininity* (vgl. auch HOFSTEDE 1998) – ein Begriffspaar, mit welchem er in einige Kritik geriet. Denn es bezieht sich auf gewisse Weiblichkeits-/Männlichkeitsstereotypen der westlichen Welt. »Männliche« Kulturen sind danach solche, die Wert legen auf Selbständigkeit, Durchsetzungsfähigkeit, Sachen, Dinge, Besitz. »Weibliche« Kulturen stellen Fürsorge, Verbundenheit, Einfühlung in den Vordergrund, ihnen sind Menschen wichtiger als Dinge. ADLER (1997) hat diese Dimension umbenannt in »Karriereorientierung« versus »Lebensqualität«.

Auf der Basis dieser Forschung unternahm Victor Savicki nun für 13 verschiedene Nationen (»Kulturen«) den ersten umfassenden, transkulturellen Vergleich in der Burnout-Forschung in 30 Jahren. Die untersuchten Länder bzw. Teil-Länder sind

Australien
Kanada (englisch-sprachig)
Kanada (französisch-sprachig)
Dänemark
Deutschland Ost
Deutschland West
England
Israel
Österreich
Polen
Schottland
Slowakische Republik
Vereinige Staaten von Amerika

Im Berufsfeld der Kinder- und Jugendarbeit (wobei nicht das spezielle Berufsfeld im Vordergrund steht) erhob er Burnout (ganz klassisch, nämlich mit dem Maslach Burnout Inventory, MBI) und Arbeitswerte – letztere mit Hilfe der Hofstedeschen Cultural Work Value Scale, CWV, sowie Arbeitsplatzparameter und den Coping Stil (Control Coping/Escape Coping).[1]

Auf der Basis dieser vierfachen Erhebung hat Savicki nun verschiedene statistische Analysen unternommen, die Ergebnisse möchte ich in zwei kurzen Abschnitten zusammenfassen, wobei ich alle methodische und inhaltliche Details weglasse und nur auf die im vorliegenden Kontext wichtigsten Ergebnisse eingehe.

2.1 Transkulturelle Unterschiede in Arbeitswerten (CWV)

Die 13 untersuchten Länder bzw. Teilländer unterscheiden sich nach den kulturellen Werten signifikant voneinander. Eine Multiple Diskriminanzanalyse ergab, daß die Kombinationen je zweier Dimensionen diese Kulturen am besten unterscheiden:

60 Prozent der gesamten Varianz wird erklärt durch Unterschiede im Bereich von Unsicherheitsvermeidung und Lebensqualität versus Karriereorientierung. Weitere 23 Prozent der Gesamtvarianz sind abgedeckt von Hierarchisierung und Individualismus/Kollektivismus. Berücksichtigt man diese beiden Kombinationen, hat man also 83 Prozent der Varianz erklärt.

Savicki stellt dieses Ergebnis in der nachfolgenden Abbildung dar:

1 Diese Coping Stile sind bei Savicki folgendermaßen definiert:
Control coping consists of both actions and cognitive reappraisals that are proactive and take-charge in tone. They address the actual source of stress. This approach is sometimes called »problem-focused coping«...
Escape coping consists of both actions and cognitive reappraisals that suggest an escapist, avoidance mode. They are oriented to decrease the negative feelings of stress. This approach is sometimes called »emotion-focused coping«. (SAVICKI 2002:41)

Abbildung 7.1: Die zwei Hauptfunktionen der Diskriminanzanalyse nach SAVICKI *(2002:54)*

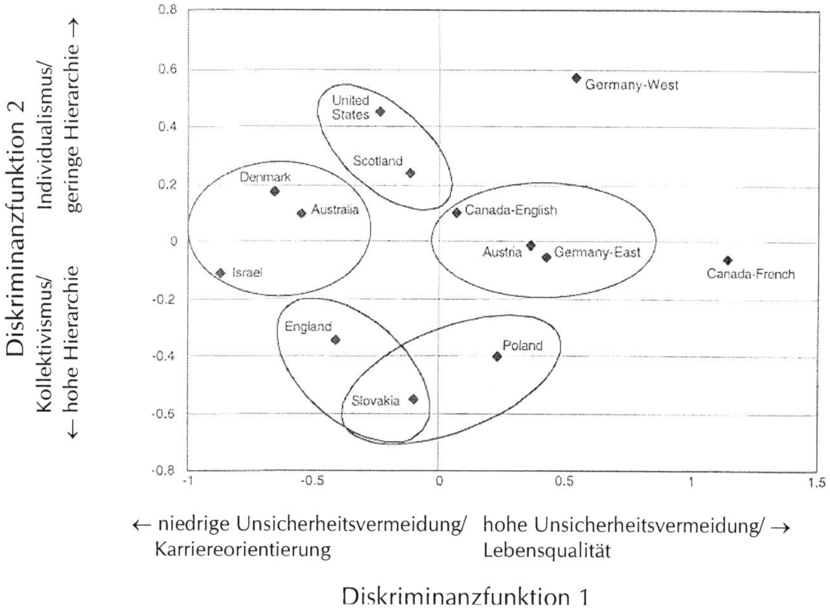

Die wichtigsten Ergebnisse dieser Graphik faßt er folgendermaßen zusammen:

> *Function 1 (Uncertainty Avoidance and Quality of Life) emerged as a result of the significant first-order correlation of these two cultural work value dimensions ... The uncertainty avoidance-quality of life function captures a real difference in cultural variation which reflects both a desire to reduce workplace uncertainties and to maintain a balance in the pressures from various aspects of life. In cultures with a higher emphasis on balance in life, it may be logical to presume that methods to reduce workplace ambiguities would be valued as a way to constrain the impact of work on other aspects of life. At the other end of the function, a value of work and career may be seen as focusing a worker's motivations such that rules and structures were not as valued in dealing with work ambiguities since they may detract from job flexibility.*
>
> *After the variance from Function 1 was accounted for, the low power distance-individualism Function 2 emerged. In cultures with high regard for individual action and responsibility, consultative or collaborative*

leadership would seem to accent the role of the individual. Rather than waiting for someone in authority to tell them what to do, workers in individualistically oriented cultures would be more likely to use their own initiative. On the other end of the function (high power distance-collectivism), workers with a sense of shared responsibility and group orientation might find it congenial to defer to authority figures rather than taking individual initiative.

(The above) figure ... shows interesting differences and similarities between cultures. The Denmark, Israel, and Australia cluster has one culture from each of three different continents. England was in a different cluster than any of the other English-speaking cultures. Of English-speaking cultures, only the United States and Scotland were in the same cluster. No two cultures from the same political nation-state were in the same cluster, that is, Germany-West and Germany-East were significantly different, as were Canada-English and Canada-French and Scotland and England. It seems clear that culture has its own logic and must be considered as unique when considering differences on other variables such as burnout. (Savicki 2002:55)

Übersetzung

Die Diskriminanzfunktion 1 (Unsicherheitsvermeidung und Lebensqualität) ergab sich aus der signifikanten Korrelation erster Ordnung dieser zwei kulturellen Arbeitswert-Dimensionen ... Die Funktion Unsicherheitsvermeidung /Lebensqualität erfaßt einen wirklichen Unterschied der kulturellen Varianz; sie zeigt sowohl den Wunsch, Arbeitsplatzunsicherheiten zu reduzieren als auch ein Gleichgewicht zwischen den Anforderungen aus verschiedenen Lebensbereichen aufrecht zu erhalten (Lebensqualität). Für Kulturen mit einer höheren Betonung dieses Gleichgewichts kann man erwarten, daß Methoden zur Reduzierung von Arbeitsplatz-Unsicherheit geschätzt werden als eine Methode, die Auswirkung der Arbeit auf andere Lebensbereiche einzudämmen. Am anderen Ende der Diskriminanzfunktion hat die Wertschätzung von Arbeit und Karriere möglicherweise die Bedeutung, die Motivation eines Arbeitnehmers zu bündeln, so daß Regeln und Strukturen, um mit Arbeitsplatz-Unsicherheit umzugehen, als nicht so wichtig angesehen werden, da diese die Arbeitsflexibilität reduzieren würden.

Nachdem die Varianz der Funktion 1 erklärt ist, kristallisiert sich die Funktion 2 (geringe Hierarchisierung/Individualismus) heraus. In Kulturen mit einer hohen Wertschätzung von individuellem Handeln und individueller Verantwortung betont eine konsultative oder kollaborative Führung die Rolle des Individuums. Individualistisch orientierte Kulturen werden mehr auf Eigeninitiative setzen, als daß man auf eine Autoritätsperson wartet, die sagt, was man tun soll. Am anderen Pol der Funktion (hohe Hierarchisierung/Kollektivismus) sehen es Arbeitnehmer mit einem Sinn für gemeinsame Verantwortlichkeit und Gruppenorientierung als angemessen, sich lieber einer Autoritätsperson unterzuordnen, als individuelle Initiative zu ergreifen.

Die obige Abbildung (7.1) zeigt interessante Unterschiede und Ähnlichkeiten zwischen Kulturen. Die Dänemark-Israel-Australien-Gruppe umfaßt je eine Kultur von drei verschiedenen Kontinenten. England stellt sich anders dar als alle anderen englisch-sprachigen Kulturen. Von den englisch-sprachigen Kulturen sind lediglich die USA und Schottland in der gleichen Gruppe. Keine zwei Kulturen aus EINEM Nationalstaat sind in der gleichen Gruppe; d. h. Westdeutschland und Ostdeutschland sind signifikant verschieden, ebenso wie das englisch-sprachige und das französisch-sprachige Kanada sowie Schottland und England. Es scheint deutlich, daß Kultur seine eigene Logik hat und als einzigartig angesehen werden muß, wenn man die Unterschiede in den anderen Variablen wie Burnout berücksichtigt.

Neben diesen deutlichen kulturellen Unterschieden bei Berücksichtigung aller vier Dimensionen der Hofstedeschen Arbeitswerte, zeigen sich auch eine Fülle von Unterschieden beim Einzel-Dimensionsvergleich. Hier seien nur einige wenige Beispiele gegeben:

Individualistisch orientierte Kulturen (z. B. englisch-sprachiges Kanada, Dänemark, Österreich, Westdeutschland und die Vereinigten Staaten) unterscheiden sich signifikant von mehr kollektivistischen Kulturen wie z. B. Australien, Polen, Ostdeutschland und Israel.

Bei der Unsicherheitsvermeidung ist das französisch-sprachige Kanada (hoch) signifikant unterschieden von Ländern mit niedriger Unsicherheitsvermeidung wie Australien, Israel und Dänemark.

Hierarchisierung und Status werden mehr in Polen, Österreich oder England geschätzt als etwa in den USA, Westdeutschland oder Australien.

Dies sind nur Beispiele. Auf der Basis von je zwei der vier Dimensionen bildet Savicki auch Gruppen – wobei die 13 untersuchten Kulturen bei den Dimensionen Individualismus/Kollektivismus und Hierarchisierung besonders deutlich nach ihrer Lokalisation auf den vier Quadranten zu unterscheiden sind. (vgl. Abbildung 7.2)

Abbildung 7.2: Vergleich von 13 Kulturen nach Individualismus/Kollektivismus und Hierarchisierung nach SAVICKI *(2002:49)*

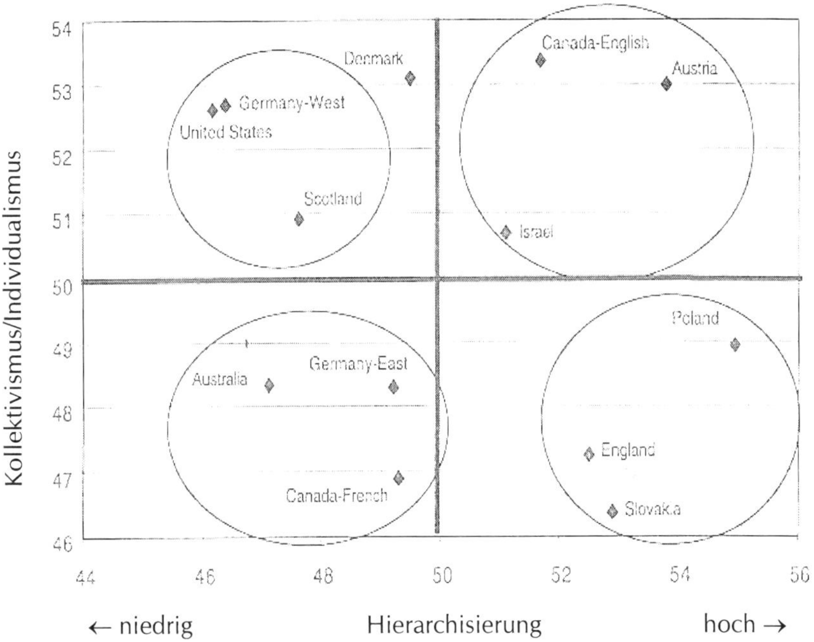

Auch die Gruppierungen nach Individualismus versus Kollektivismus und Karriereorientierung versus Lebensqualität ordnen sich recht klar in wohl unterscheidbare Gruppen (vgl. Abbildung 7.3):

Nachdem auf diese Weise belegt ist, daß sich die arbeitsbezogenen Werte, wie sie von der Hofstede Cultural Work Value Scale gemessen wurden, in diesen untersuchten Nationen deutlich unterscheiden – ist auf der zweiten Ebene zu prüfen, ob und wie sich die Burnout-Daten unterscheiden.

Abbildung 7.3: Vergleich von 13 Kulturen nach Individualismus/ Kollektivismus und Karriereorientierung/Lebensqualität nach Savicki (2002:51)

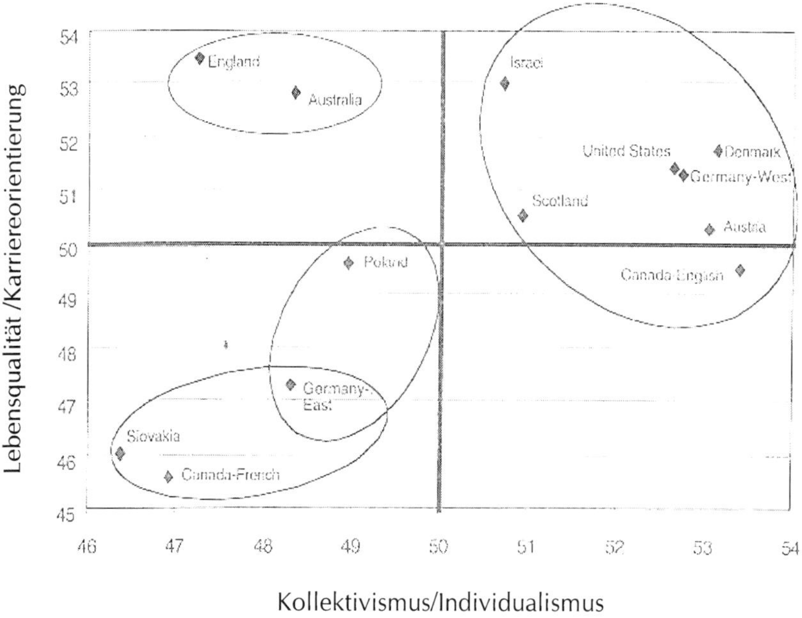

2.2 Burnout und »Kultur«

Die Ergebnisse sind recht klar. Die Unterschiede zwischen den 13 untersuchten Ländern bzw. Teilländern sind »dramatisch«, wie es Savicki ausdrückt – sie unterscheiden sich statistisch hoch signifikant. In bezug auf die Komponente emotionale Erschöpfung liegen die Vereinigten Staaten an dem einen Extrem (hoch), Dänemark am anderen. In bezug auf die Burnout-Komponente Depersonalisation ist Westdeutschland an der Spitze – Israel am anderen Pol. Bei der MBI-Dimension der arbeitsbezogenen Selbstwerteinschätzung liegen die USA wieder besonders hoch – die Slowakische Republik liegt am anderen Ende. Ich will im Kontext meiner Darstellung nicht auf die ebenfalls hoch interessanten, transkulturellen Gleichheiten im Burnout-Muster, die Abhängigkeit von Arbeitsbedingungen, Coping Stile usw. eingehen – sondern auf die Unterschiede. Hier unternimmt Savicki folgende Vergleiche:

zwei Kulturen in Großbritannien: England und Schottland
zwei Kulturen in Deutschland: West- und Ostdeutschland
zwei Kulturen in Kanada: das englisch- und das französisch-sprachige Kanada
die früheren »Ostblock-Staaten« und der Westen

Um die Ergebnisse zu illustrieren, sei nur kurz auf den Unterschied zwischen Ost- und Westdeutschland eingegangen.

(a) Sie unterscheiden sich zunächst signifikant in bezug auf zwei der vier Arbeitswert-Dimensionen: auf der Ebene Individualismus/Kollektivismus und der Dimension Karriereorientierung versus Lebensqualität. Hier liegt Westdeutschland jeweils auf dem erstgenannten Pol, Ostdeutschland am anderen Pol der Skala, ein Unterschied, den Savicki im Blick auf die unterschiedliche politische Kultur interpretiert:

> *Taken together, the two significant cultural work value differences seem to reflect differing ideologies regarding a person's role at work and elsewhere. Ideologically, capitalism and communism (in its more theoretical form) make contrasting statements that seem to reveal themselves in the cultural differences between Germany-West and Germany-East. Collectivist action and social consciousness were key features of the communist ideology. In collectivist cultures there is more »we« consciousness, more emotional dependence on organizations and institutions, and a belief in group decisions (...) The quality of life work value is demonstrated in ideals of service to others, interdependence, and orientation to people over things (...)*
>
> *These characteristics were found in the Germany-East culture. In contrast, individual action and the centrality of work characterize the free-market, capitalistic ideology. The Germany-West culture showed a higher regard for individual initiative and autonomy; it also rated achievement, independence, and trying to be the best as important (...). Thus, the Germany-West culture contains strong themes of capitalistic ideology. The forty years of separation under two different political and Ideological systems seem to reveal Itself In the cultural contrasts between Germany-West and Germany-East.* (Savicki 2002:121)

> Zusammengenommen scheinen die zwei signifikanten kulturellen Arbeitswert-Unterschiede unterschiedliche Ideologien widerzuspiegeln, welche die Stellung des Menschen in der Arbeit und in anderen Lebensbereichen betreffen. Ideologisch gehen Kapitalismus und Kommunismus (in ihrer theoretischeren Form) von gegensätzliche Annahmen aus, die sich in den kulturellen Unterschieden zwischen West- und Ostdeutschland zeigen. Kollektivistisches Handeln und soziales Bewußtsein waren Schlüsselmerkmale der kommunistischen Ideologie. In kollektivistischen Kulturen existiert mehr »wir«-Bewußtsein, mehr emotionale Abhängigkeit von Organisationen und Institutionen und die Überzeugung vom Wert der Gruppen-Entscheidungen (...). Der Arbeitswert Lebensqualität zeigt sich in Idealen des Dienstes am Anderen, an Interdependenz und an mehr Orientierung an Menschen als an Dingen (...)
>
> Diese Charakteristika zeigen sich in der ostdeutschen Kultur. Im Gegensatz dazu sind individuelle Handlung und die zentrale Bedeutung der Arbeit charakteristisch für die freie Marktwirtschaft, die kapitalistische Ideologie. Die Kultur Westdeutschlands zeigt eine höhere Wertschätzung für individuelle Initiative und Autonomie; auch werden hier Erfolg, Unabhängigkeit sowie der Versuch, der beste zu sein, als wichtig eingeschätzt (...). Die westdeutsche Kultur beinhaltet also sehr deutlich Themen der kapitalistischen Ideologie. Die vierzig Jahre der Teilung in zwei unterschiedlichen politische und ideologischen Systeme zeigen sich in den kulturellen Gegensätzen zwischen West- und Ostdeutschland.

(b) Auch in bezug auf alle drei MBI-Komponenten des Burnout unterschieden sich Ost- und Westdeutschland signifikant. In Westdeutschland findet man höhere Werte der emotionalen Erschöpfung, höhere Werte der Depersonalisation und geringere des arbeitsbezogenen Selbstwertgefühls – also insgesamt mehr Burnout als in Ostdeutschland.

(c) Um Unterschiede im Muster der Bedingtheiten oder Konsequenzen von Burnout darzustellen, muß ich an dieser Stelle einen besonderen Auswertungsansatz von Savicki erwähnen.

Oft werden intrakulturelle individuelle Unterschiede bei transkulturellen Vergleichen nicht berücksichtigt – man geht der Einfachheit halber von einer (natürlich unrealistischen) Konformitätsannahme aus, so als seien alle Individuen einer Kultur von dieser gleichermaßen geprägt.

Savicki aber berücksichtigt auch intrakulturelle individuelle Unterschiede, indem er für jede einzelne Person, welche an der Untersuchung teilnahm, berechnete, wie weit sie auf den vier Dimensionen der Arbeitswerte vom Durchschnitt der Gesamtkultur abweicht. Dieser Wert ist ein Ausdruck der kulturellen Konformität oder Devianz.

Ein solcher Indikator ermöglicht dann ganz neue Fragestellungen: In welchen Kulturen oder unter welchen Bedingungen hängen arbeitswertbezogene Konformität oder Devianz ggf. mit dem Burnout-Syndrom zusammen?

Die Ergebnisse des Korrelaten-Musters der drei Burnout-Komponenten mit den Datensätzen zu

- Arbeitsbedingungen
- Coping Stil
- Kulturelle Konformität und Devianz

sind hoch kompliziert und zwischen den beiden deutschen Staaten unterschiedlich. In Ostdeutschland korreliert Devianz vom kulturellen Muster der Arbeitswerte deutlicher mit Burnout als dies in Westdeutschland der Fall ist – was Savicki damit in Zusammenhang bringt, daß in kollektivistisch orientierten Kulturen Abweichungen auch weniger toleriert werden, also mehr Anspannung und Streß-Erleben verursachen könnten als in individualistischen Kulturen.

2.3 Pan-kulturelle Ergebnisse

Nach all diesem (nur beispielhaft dargestellten) Filigran an Kultur-Unterschieden kann auch gefragt werden, was bei dem von Savicki untersuchten Ensemble an Variablen

- Arbeitswerte
- Arbeitsbedingungen
- Coping Stil
- Kulturelle Konformität/Devianz

nun im Blick auf die drei verschiedenen Komponenten von Burnout eigentlich transkulturell GLEICH ist.

Diese Frage wird angegangen mit der statistischen Methode der Hierarchischen Multiplen Regressionsanalyse, die in vier Schritten – jeweils ein weiteres Variablen-Paket einbeziehend – deren Beitrag zur Erklärung der Gesamtvarianz unternimmt.

Die Ergebnisse seien für die drei Burnout-Komponenten kurz illustriert.

Über alle 13 untersuchten Länder hinweg gibt es eine hohe und signifikante Korrelation zwischen negativen Arbeitsbedingungen (hoher Arbeitsdruck, wenig Unterstützung) auf der einen Seite und ausgeprägterer emotionaler Erschöpfung auf der anderen. Über alle Kulturen hinweg hängt auch der Bewältigungsstil mit dieser Burnout-Komponente zusammen: Ausgeprägteres *escape coping* korreliert signifikant mit höheren Werten emotionaler Erschöpfung.

Bei den Arbeitswerten scheint transkulturell besonders eine Abweichung im Bereich der Unsicherheitsvermeidung mit Burnout im Zusammenhang zu stehen: Menschen, die in bezug auf diesen Arbeitswert stark in Richtung hohe Unsicherheitsvermeidung vom Mittelwert ihrer Kultur abweichen – erleben mehr emotionale Erschöpfung (bei den anderen Wert-Dimensionen ergaben sich keine Unterschiede bei kultureller Konformität/Devianz).

Auch im Bereich der individuen-übergreifenden (durchschnittlichen) kulturellen Arbeitswerte ergibt sich ein klares Ergebnis: Kulturen, welche allgemein die Karriereorientierung über Lebensqualität stellen – zeigen signifikant höhere Burnout-Werte.

Das gleiche gilt übrigens auch für die Burnout-Komponente Depersonalisation – d. h. in Kulturen, die mehr Karriere- als Lebensqualitäts-orientiert sind, findet man höhere Depersonalisationswerte.

Auf die anderen Ergebnisse will ich im einzelnen nicht eingehen, denn die genannten verdeutlichen bereits einige ganz wesentliche Punkte, welche in künftiger Länder- oder Kulturen-übergreifender Burnout-Forschung nicht mehr ignoriert werden können:

1. Ein »Land« konstituiert keine »Kultur«.
   Wie Savicki an Kanada, Großbritannien und Deutschland gezeigt hat, können sich intra-nationale Kulturen im Blick auf Arbeitswerte, Burnout, kulturelle Konformität usw. erheblich unterscheiden.

2. Auch individuelle Unterschiede im Grad der Konformität gegenüber kulturell dominanten Arbeitswerten können in der Burnout-Forschung nicht mehr übergangen werden, da auch sie sich erheblich und kulturell unterschiedlich auf die Burnout-Werte auswirken.

Insgesamt eröffnet die Forschung von Savicki viele neue große Forschungsareale für die Burnout-Forschung. Savicki übergeht an keiner Stelle die doppelte Spezifität seines Ansatzes. Hier wurde 1. nur EINE bestimmte Berufgruppe untersucht, und 2. war das Spektrum der »Kulturen« eindeutig begrenzt (kein Asien, kein Südamerika). Über diese beiden spezifischen Bedingungen hinaus können die Ergebnisse deshalb nicht generalisiert werden.

2.4. Die Zukunft transkultureller Burnout-Forschung: Eine kritische Perspektive

Wenn man bedenkt, wie viele Berufe es zu noch zu untersuchen gäbe und wie viele Länder und Kulturen, so sieht man mit einigem Schrekken eine neue Welle monotoner Burnout-Forschung auf einen zukommen. Der Ansatz von Savicki ist *straight forward*, er ist einfach und reproduzierbar. Die Anzahl der berücksichtigten Variablen ist umfangreich genug, um dann in jedem Fall – bei jedem Beruf und jedem Kulturvergleich – Ergebnisse zu erzielen.

Diese Ausgangslage – einfacher Ansatz und Ergebnisgarantie – ist auf dem Hintergrund des bisher praktizierten Stils der Burnout-Forschung (die hohe Toleranz gegenüber »Mehr-vom-Gleichen«) ziemlich gefährlich. Genauso wie in der Burnout-Forschung Dutzende von langweiligen Dissertationen das MBI mit X oder Y korreliert haben, kann man jetzt eine ebenso umfangreiche und lang anhaltende Welle von Savicki-inspirierten Dissertationen erwarten.

Soll das vermieden werden, so muß man sich verdeutlichen, daß die Savicki-Forschung über die von ihm selbst genannten Spezifitäten hinaus durch vier weitere Einschränkungen gekennzeichnet ist, welche auch einmal überschritten werden könnten:

1. Savicki bleibt mit der Verwendung des Maslach Burnout Inventory strikt im konzeptionellen Kontext der bisherigen Burnout-Forschung.

   Wie ich gezeigt habe, basieren mindestens zwei der drei Komponenten dieses Burnout-Konzeptes auf ethnozentrischen Konzepten von Selbst, Beziehung, Interpersonalität, Leistung usw.

   Neue, weniger ethnozentrisch orientierte Entwicklungen im Bereich der Burnout-Messung wären im höchsten Maße wünschenswert.

2. Savicki verweilt weiter in der längst kanonisierten Eingrenzung der bisherigen Burnout-Forschung auf einen einzigen Lebensbereich: Beruf. Wie sehr dies den transkulturellen Vergleich mit Belastungssyndromen in anderen Kulturen behindert, habe ich schon erwähnt. Meine Analyse des Vergleichs von Burnout im Westen und »Seelenverlust« in fremden Kulturen wird dies auch noch zeigen.

3. Wird in der Burnout-Forschung die Berufsfeld-Eingrenzung einmal stärker überwunden, so kommen natürlich auch andere transkulturell unterschiedliche kulturelle Dimensionen in den Blick als nur Hofstedesche Arbeitswerte: transkulturelle Unterschiede der Selbst- und Fremddefinition, der Kausalitätstheorien und Attribution, der Konzepte von Emotion und Ethik, der Kognition des Umgangs mit Raum und Zeit.

4. Der Vergleich verschiedener Kulturen und die Dokumentation von Unterschieden konstitutiert noch keine transkulturell vergleichende Arbeit. Hinzukommen muß eine auf die Gesamtkultur bezogene Deutung der Unterschiede. Savicki hat hier durchaus einen vielversprechenden Anfang gemacht – z. B. bei der Deutung der Unterschiede von Ost- und Westdeutschland. Aber hier ist ganz gewiß im Länder- und Kulturenvergleich noch weitergehendere Analyse und Deutung möglich.

Mit diesen vier Punkten eröffnet sich ein weites Feld der Forschung. Ihr Nachteil ist, daß sie weder flott erledigbar ist, noch sichere Ergebnisse verspricht. Hier ist ein mutiges Überschreiten von Forschungsbereichsgrenzen erforderlich, ein kreatives Sichten, Denken, Entfalten und Weiterspinnen – und endlos geduldige, neue Arbeit. Das allgemeine Forschungsklima in westlichen Ländern ist einem solchen Programm gewiß nicht hold. Somit ist – nach diesem wirklich neuen Savicki-Ansatz – doch eine Flut langweiligster Savicki-Folgeforschung zu befürchten.

3. FRAGWÜRDIGE WERTE, ETHISCHE FRAGEZEICHEN

Mit dem letzten Abschnitt bin ich bereits mitten im Thema des nächsten Kritikpunktes: Ich stelle die Hypothese zur Diskussion, daß die Burnout-Forschung auf langen Strecken in vergleichsweise besonders ausgeprägter Weise eine Produktionsstätte von Reputationsgewinn darstellt. Man gewinnt den Eindruck, daß die inhaltlichen, methodischen und theoretischen Prioritäten gesteuert sind von gewisser Eitelkeit und von Gewinninteresse. Ich möchte hier die im Kapitel 6 skizzierten wissenschaftssoziologischen Überlegungen noch ein wenig erweitern.

Das Theorieinteresse hat in der Burnout-Forschung absolute Oberhand gewonnen über jedes praktische Engagement in diesem Bereich. Manche theoretischen Ansätze sind durchaus interessant – so die verschiedenen Gleichgewichts-Modelle, die Ansätze zu Ressourcen usw. – aber doch nur dann, wenn auch etwas für das beforschte Leid und den beforschten Leidenden abfällt oder wenn es uns den Blick in den transkulturellen Bereich eröffnet, aus dem für Leid und Leidende etwas zu lernen wäre.

Da fällt aber nichts ab für den Leidenden. Denn Theorie-Geleitetheit ist heutzutage hoch korreliert mit dem System der Reputationsverteilung in der *scientific community*. Sorgfältige Dokumentation, Deskription und Praxisbezug gelten weniger in diesem Wertsystem als raffinierte Variablenmanipulation.

Da kann man in der Burnout-Forschung eher ein theorie-geleitetes Experiment mit sogenannten Versuchspersonen machen, bei dem man systematisch durch lügnerische Arrangements (*fake interview* usw.) auch negative Affekte MANIPULIERT, d. h. gewollt induziert, als daß reale Menschen präsentiert werden, welche leiden und Hilfe brauchen:[2]

Das Experiment stammt von VAN DER ZEE, BAKKER & BUUNK (2001), zum Teil vertraute Namen aus der niederländischen Burnout-Forschung. An diesem Experiment kann man aufzeigen, wie weit Burnout-Forscher heute in ihrer Fixiertheit auf kontrollierte Studien zu gehen bereit sind: bis an die Grenze ethischer Erträglichkeit.

Der Ausgangspunkt ist, was in der heutigen Burnout-Forschung als statusträchtig und erforderlich gilt, ein theoretisches Interesse. Geprüft werden soll die Beziehung von sozialen Vergleichsprozessen zu Burnout. Die Untersuchungsgruppe besteht aus achtzig freiwilligen Pflegern sterbender Patienten.

Untersucht wird deren Gefühlsreaktion auf ein fingiertes Interview mit anderen freiwilligen Pflegern. In einem Fall wird das Interview so fingiert, als komme der andere Pfleger mit der belastenden Situation des Umgangs mit Sterbenden BESSER zurecht als die jeweilige »Versuchsperson«, in einer zweiten experimentellen Bedingung wird das Interview so fingiert, als komme der andere SCHLECHTER damit zurecht.

Wie fühlen sich die freiwilligen Pfleger sterbender Menschen, wenn sie dahingehend manipuliert werden, sich »nach oben« (der andere ist besser) oder »nach unten« vergleichen müssen? Nun, wie zu erwarten, weckt es in vielen – von den Versuchsleitern so intendiert! – ausgesprochen schlechte Gefühle. Dazu gab es in diesem Experiment noch einige systematisch variierte Interventionen, welche bezwecken sollten, die schlechten Gefühle entweder zu mildern oder aber nicht zu mildern.

Ungeachtet dessen, was mit solchen Experimenten bei den untersuchten Menschen möglicherweise angerichtet wird, haben BUUNK, YBEMA, GIBBONS & IPENBURG (2001) den gleichen Ansatz bei 91 Sozialtherapeuten angewendet. Auch sie werden einem fingierten Inter-

2 Vgl. aber auch die Ausnahmen, FARBER (2000a, 2000b), über Lehrer und deren Behandlung oder die psychoanalytische Studie zum Burnout von jungen Firmen-Anwältinnen (BERGER 2000).

view ausgesetzt, in welchem Kollegen entweder besser oder schlechter sind als sie selbst. Wenig überraschend auch hier das Ergebnis, daß diese Vergleiche negative Emotionen wecken und zwar um so mehr, je stärker die arme Versuchsperson bereits an Burnout leidet. Mit welchem Recht, für welchen wissenschaftlichen Erkenntnisgewinn darf man als Forscher anderen Menschen – und sei es nur temporär – Leid zufügen? Die Erfahrung zeigt, daß auch eine nachträgliche, umfassende Aufklärung der »Versuchspersonen« über die experimentellen Manipulationen die gesäten Zweifel nicht aufzuheben in der Lage sind (SPIEGEL-RÖSING 1971).

Solche experimentellen Manipulationen sind natürlich recht aufwendig. In der Regel suchen Burnout-Studien nicht den Weg aufwendiger Designs. Denn Forschung, welche primär dazu da ist, Reputation einzutragen, muß BILLIG sein – und natürlich TEUER. Billig im Sinn von einfach, mühelos und flott – teuer im Sinn von geldeinträglich.

Teure Forschung ist immer gut (für den Forscher). Die Höhe der eingetriebenen Forschungsmittel ist in jedem Fall reputationsträchtig.

Gleichzeitig muß die Forschung billig sein – billig, was den Aufwand betrifft. Etwa 90% aller Burnout-Forschung verwendet, wie bekannt, das MBI-Meßinstrument von Burnout, ein flott und einfach anzuwendendes Papier-und-Bleistift-Verfahren, bei welchem nach fünf bis zehn Minuten und nicht mehr als ein paar Kreuzchen das Burnout-Leiden eines Menschen forschungsgerecht festgeschrieben ist.

Der Stillstand bei der Entwicklung von alternativen Verfahren zur Messung von Burnout (sie werden für die Forschung ebenso wie die Praxis tatsächlich gebraucht) ist nur eine Folge der theoretischen Ansprüche und damit zum Teil pervertierten Prioritäten in diesem Forschungsbereich.

Reputationsträchtig ist auch die empirische Forschung im Vergleich zur klinischen oder tiefenpsychologischen. Reputationsträchtig sind, wie erwähnt, die Komplex-Designs, große Populationszahlen und raffinierte statistische Verfahren. DAS ist *first class research.*

In der Geschichtsschreibung der Burnout-Forschung wird immer wieder – etwas verächtlich – ihr *grass roots*-Ausgangspunkt erwähnt: Die Forschung habe sich aus einem sozialen Problem, sozusagen von »unten« (»unten« ist eine Metapher des weniger Werten) entwickelt, nicht von »oben«. »Oben« – das sind die theoretischen Inspirationen und Interessen.

Grass roots-Forschung: das wird man heute von der Burnout-Forschung ganz gewiß nicht mehr sagen können. Im Gegenteil – und darauf sind die Burnout-Forscher stolz: Heute kommt alles, was sie tun, von »oben«, man ist intellektuell und theoretisch auf höchstem Niveau. Gras und Boden gibt es nicht mehr.

4. DER GESICHTLOSE BURNT-OUT CASE

Nach allen Darstellungen zur Geschichte der Burnout-Forschung war die erste Phase gekennzeichnet von klinischem Interesse, Deskription, Fallstudienorientierung, Praxisrelevanz, Ad hoc-Theorien und Alltagsdenken bei Intervention und Prophylaxe. All dies sei – so die Geschichtsschreibung – in der fortgeschrittenen Phase der empirischen, theoriegeleiteten Forschung überwunden.

Überwunden aber ist damit auch der Mensch. Er ist auf der Strecke geblieben. Das Leiden wird überhaupt nicht mehr sichtbar. Es handelt sich heute in allzu vielen Fällen nur um Großuntersuchungen mit wenig Erkenntnisgewinn. Typisch sind große Mengen per Post eingeholter Daten anonymer Berufsrollenträger, welche durch das Mahlwerk höchst aufwendiger statistischer Verfahren geschickt werden, um ein Geflecht an Ergebnissen zu zeitigen, welche wenig Anschauungswert mehr haben. Der leidende Mensch wird in den statistischen Verfahren zu Tode rotiert und faktoriert. Die Burnout-Forschung könnte etwas mit Brennen und Brand zu tun haben, heiß und mitreißend sein, aber sie ist ganz überwiegend langweilig, öde, trocken, kleinkariert und streckenweise erschütternd banal. Ist die Burnout-Forschung selbst ausgebrannt?

Aber es gibt auch bemerkenswerte Fortschritte (vgl. Kapitel 6). Was wirklich geleistet wurde im Verlauf der jetzt drei Jahrzehnte an Burnout-Forschung, ist die Überwindung mono-faktorieller Kausalansätze: Heute sieht man die Entstehung von Burnout als einen interaktiven Prozeß von personalen, situativen, interpersonellen und institutionellen Variablen. Somit ist nicht »nur« die Person, die an Burnout leidet – »*bad*«.

Aber wenn man kritisch das Gesamt der Burnout-Forschung der letzten drei Jahrzehnte sichtet, wird man an den untersuchten Persönlichkeitsvariablen unschwer den *bad burnt-out case* erkennen: Der BO-ler (mein Begriff für den gesichtslosen *burnt-out case*) ist, wie dargestellt, neurotisch, hat Angst, hat ein schlappes Selbstvertrauen, unzureichende *coping techniques* und eine definitiv grantige Grundstimmung. Der Typ ist unsympathisch. »Engagement«, *sense of coherence* werden als weniger »pathologische« Begriffe in die Diskussion eingebracht und haben immerhin ein weniger abwertendes Licht auf den *bad guy* geworfen. Aber es geht nicht nur um die Bewertung der Menschen, die unter Burnout leiden, sondern auch um die Bewertung des Phänomens.

Ich habe in der empirischen Burnout-Forschung nur eine einzige Arbeit gefunden, in welcher auch einmal eine positive Bewertung von Burnout vorkommt:[3] Die Studie *Interpretations of stress in institutions: The cultural production of ambiguity and burnout* von Debra MEYERSON (1994). Nicht zufällig ist dies eine empirische Arbeit, welche die sonst herrschende MBI-Methodenfixiertheit und den Ethnozentrismus der Burnout-Forschung überwindet und mit ethnologischen Feldforschungsmethoden immerhin zumindest einmal verschiedene amerikanische SUB-KULTUREN miteinander vergleicht. Ihrer Besonderheit wegen möchte ich diese Studie im nächsten Abschnitt etwas genauer darstellen.

Ich hatte vorangehend bereits die Untersuchung von KIRKCALDY, ATHANASOU & TRIMPOP (2000) zur Idiosynkrasie der begrifflichen Umfelder, Assoziationen und Bedeutungen von Streß erwähnt. Die Autoren hatten in einer Fallstudie fünf Menschen – jeden aus einem anderen Beruf – mit dem *Kelly Repertory Grid* untersucht und festgestellt, daß jeder von ihnen einen ganz anderen Begriff von Streß hatte, daß also die Bedeutung solcher Begriffe individuell oder aber berufsbedingt ganz erheblich variieren kann. Diese Studie verweist damit auf eine Frage, welche die Burnout-Forschung mit ihrer Orientierung auf die Massen gesichtloser, Kreuzchen malender Befragter ganz aus den Augen verloren hat.

3 Als »klinische« Studie vgl. auch PINES, ARONSON & KAFRY (1981).

Die dominante Burnout-Forschung geht umgekehrt vor: Sie geht für die Definition nicht vom Beforschten aus, sondern setzt sie qua Autorität des Forschers *a priori* fest:

Für die buchstäblich Tausenden von Befragten, egal welcher Nation, welchen Berufsfeldes, welchen Alters oder Geschlechts – definiert die Burnout-Forschung erst einmal selbst, was Burnout zu sein hat – nämlich die Antworten auf das MBI. Man kommt gar nicht mehr auf den Gedanken, die Betroffenen zu fragen, was sie mit Burnout meinen, wenn sie von Burnout reden (vgl. jedoch die beiden bemerkenswerten Ausnahmen TATAR & YAHAV 1999 und RAEDECKE, LUNNEY & VENABLES 2002, vgl. Kapitel 6 Abschnitt 2.1).

Burnout wird »Versuchspersonen«-extern definiert, Burnout wird zu einer fixen Entität, wird reifiziert, IST etwas ganz bestimmtes, was man HABEN kann. Bedeutungen, Interpretationen, Assoziationen, Wertungen sind ausgeblendet.

Die Arbeit von KIRKCALDY, ATHANASOU & TRIMPOP (2000) verweist auf diese fehlenden Fragen, auf die Möglichkeit, den Begriff des Burnout noch einmal vom befragten Menschen her zu verstehen. Aber deren Untersuchung bleibt auf dieser heuristischen Ebene stehen, 1. weil, wie erwähnt, mögliche Berufsunterschiede (jeder der fünf untersuchten Menschen hatte einen anderen Beruf) mit den individuellen Idiosynkrasien konfundiert sind, und 2. weil die Frage, warum die Begriffsbedeutungen bei verschiedenen Menschen möglicherweise unterschiedlich sind, nicht gestellt wird. Kein Mensch hat vollkommen ideosynkratische Konzepte. Alle Konzepte sind auch gesellschaftlich bedingt, beeinflußt von Herkunft und Biographie, Sozialisation und Berufsfeld, Zeit und Raum, Gesellschaft und Kultur.

5. EIN SUBKULTURELLER LICHTBLICK

Eine vorzügliche Arbeit, welche den Blick auf die unterschiedlichen Konstruktionen, Wertungen, Einordnungen von vermeintlich »objektivierbaren« Begriffen wie Burnout in Zusammenhang mit dem Berufsfeld und seinen je dominanten Werten bringt, ist Debra MEYERSON (1994). Die Autorin untersuchte Sozialarbeiter in verschiedenen Kliniken und versuchte, deren individuelles VERSTÄNDNIS von Ambiguität und Arbeitsstreß zu verstehen. Das geht nicht auf dem Weg von Fragebögen, Messungen, postalischem Versand an anonyme Forschungspartner. Das geht nur mit den typischen Methoden der Feldforschung: Partizipation, Beobachtung, Gespräch.

Sie fand unter den Sozialarbeitern, in Abhängigkeit von deren Einsatz und Aufgabe sowie dem beruflichen Umfeld und der Institution, an der sie arbeiten, zwei unterschiedliche Konstruktionen oder Verständnisweisen von Streß und Ambiguität. Die eine war bestimmt von der gängigen und das Gesundheitssystem dominierenden medizinischen Ideologie, die andere von der marginalisierten Ideologie der Sozialarbeit. Ich habe diese beiden Sichtweisen und die daraus sich ergebenden Konstruktionen von Streß, Burnout und Ambiguität in der Übersicht 7.4 einmal zusammengestellt.

Medizin ist als Wissenschaft definiert und legitimiert sich über bestimmte Grundannahmen (»ideologische« Annahmen), welche sich auch in den Begriffen von Burnout, Streß und Ambiguität derjenigen Sozialarbeiter spiegeln, die im Kontext von Institutionen arbeiten, welche nach diesem Selbstverständnis strukturiert sind: Es gibt ein klares Konzept von KRANKHEIT, diese ist im INDIVIDUUM lokalisiert und muß unter KONTROLLE gebracht werden. Entsprechend sind Burnout und Streß »krankhaft«, Schuld des Individuums (mangelnde Professionalität, Zartbesaitetheit etc.), und das muß unter Kontrolle gebracht werden. Jede Ambiguität ist zu vermeiden.

Übersicht 7.4: Krankheit, Streß, Burnout und Ambiguität in zwei Subkulturen (zusammengestellt nach MEYERSON 1994).

Medizin	Sozialarbeit
Medizin ist legitimiert durch Wissenschaft. Sie ist objektiv, distant, rational	Krankheit ist etwas Ganzheitliches im Erleben, Interpretation spielt eine große Rolle
Krankheit ist physisch	Krankheit ist psychosomatisch
Was statistisch nicht normal ist, ist Krankheit	Es gibt viele verschiedene Arten von »normal«, Normalität ist ein breites Band

Das Individuum ist der Ort der Krankheit	Die sozialen Bedingungen sind der Ort der Krankheit
Krankheit muß unter Kontrolle gebracht werden	Krankheit muß nicht immer behandelt werden
Patienten müssen gehorchen	Klienten bestimmten sich selbst
Nur klar definierte Krankheit ist legitim	Auch nicht klare Klagen und Kümmernisse sind legitim
Streß ist unerwünscht	Streß ist normal
Streß ist eine individuelle Angelegenheit	Streß ist sozial bedingt
Streß muß unter Kontrolle gebracht werden	Streß kann als Sinn interpretiert werden
Streß ist schädlich	Streß ist auch positiv
Burnout ist anomal	Burnout ist eher normal
Burnout hat etwas mit Krise zu tun	Burnout ist Anlaß zu lernen
Burnout ist eine individuelle Krankheit, ein Charakterfehler, ein Mißerfolg	Burnout ist ein berufliches, soziales Phänomen
Burnout muß kontrolliert werden	Burnout muß eingedämmt, aber nicht unter Kontrolle gebracht werden
Ambiguität behindert	Ambiguität ist förderlich
Ambiguität muß unter Kontrolle gebracht werden	Ambiguität kann zugelassen werden
Ambiguität ist nicht legitim	Ambiguität ist natürlich

In einer Institution, die mehr nach den Grundannahmen der Sozialarbeit strukturiert ist, geht man von einem ganzheitlichen, psychosozialen Konzept von Krankheit aus, vor allem davon, daß es keinen schlichten Schnitt gibt zwischen Gesundheit und Krankheit, weshalb man ein breites Band an Normalität zulassen kann und nicht Kontrolle ausüben muß, sondern Kooperation und Klientenselbstbestimmung zulassen kann. In einem solchen System herrscht – schon allein im Verständnis von Gesundheit und Krankheit – notwendigerweise Ambiguität, und diese wird als förderlich angesehen, nicht als etwas, was es zu beseitigen gilt. Burnout ist eher normal, Streß ist eher normal, sie sind Teil des psychosozialen Umfeldes, in dem man arbeitet. Man muß damit umgehen, versuchen, etwas Positives daraus zu machen und sie nicht wie eine Krankheit schnellstmöglich abschaffen, beseitigen oder das leidende Individuum herausdefinieren wollen.

Die Hauptunterschiede zwischen diesen beiden »Ideologien« sind, wie hier deutlich wird, die Definition von Gesundheit und Krankheit (folglich von legitimer und illegitimer »Krankheit«) sowie die Bewertung von Kontrolle. Und die Unterschiede sind diametral – und das innerhalb verschiedener Subkulturen der westlichen Kultur der USA. Was die einen krank nennen, nennen die anderen »normal«. Was die einen zu beseitigen trachten, halten die anderen auf eine natürliche Weise für dazugehörig.

SCHAUFELI & ENZMANN (1998) haben in ihrer umfassenden Review der Burnout-Forschung zwar diese Arbeit nicht übersehen – sie behandeln sie als eine der »Theorien« von Burnout –, versäumen es aber, auf das Defizit in der Burnout-Forschung hinzuweisen, welches diese Arbeit aufdeckt. Burnout als ein kulturelles Produkt zu sehen, kulturelle oder subkulturelle Unterschiede einzubeziehen – das ist den MBI-Forschern weitgehend fremd. Meyersons Arbeit ist innerhalb der Burnout-Forschung bisher die einzige Studie, welche nach nun bald 30 Jahren überhaupt eine »ethnologische« Frage aufwirft und Menschen zu Wort kommen läßt, unter denen Burnout nicht notwendig negativ bewertet wird.

Abgesehen von dieser Arbeit und den marxistischen Ansätzen der frühen achziger Jahre findet man in den Tausenden von Seiten von Burnout-Forschung nirgendwo einmal auch nur leise die Vermutung ventiliert, daß ein Mensch, der an seiner Arbeit »ausbrennt«, in unserer Gesellschaft vielleicht ein kostbares und sensibles Barometer der kaputten gesellschaftlichen Bedingungen und der damit korrelierten kaputten Arbeitsverhältnisse ist – der einzige, der GESUND reagiert auf kranke Verhältnisse: leidend.

Der »BO-ler« wird gezeichnet als »krankhaft« – und in diesem Wort liegt die ganze infame Wertung: krankhaft ist er, aber natürlich nicht wirklich krank, denn sonst stünde ihm auch in unserer Gesellschaft Unterstützung, Hilfe und Schutz zu. Gesund ist er nicht, damit wir von ihm lernen können, wie man Streßresistenz entwickelt. Krank ist er nicht, so daß wir nichts Ernsthaftes für ihn tun müssen. Er ist schlicht »*bad*«.

6. BURNOUT IM GESELLSCHAFTLICHEN VAKUUM

Nichts kennzeichnet das relative Gewicht von individualisierender und gesellschaftlicher Perspektive auf das Phänomen Burnout mehr als die Vorschläge zu seiner Heilung. Die meist verwendeten Behandlungsansätze von Burnout sind ein Strauß von kognitiv-verhaltenstherapeutischen Selbst-Management- und Streßbewältigungstechniken, auf der Basis von *coaching* und Training, es sind Techniken der Gefühls-Verhaltens-Manipulation und mentalen Gymnastik, angereichert durch Atemtherapie, Entspannungsübungen, Yoga, Meditation... Sie sind ganz überwiegend auf das Individuum gerichtet.[4]

Diese Individualtherapien finden in einem gesellschaftlichen Vakuum statt. Man findet innerhalb der Burnout-Forschung (außer ein paar Beschreibungen der gesellschaftlichen Änderung von Berufen in der heutigen Zeit, vgl. z. B. FARBER 2000a) – kaum eine gesellschaftliche Analyse. Die entsprechende Forschung aus anderen Disziplinen wird auch nicht rezipiert. Das Konzept der Postmoderne, an dem man in den Sozialwissenschaften (Soziologie, Psychologie, Ethnologie und vielen mehr) überhaupt nicht mehr vorbeikommt, und welches für so viele Disziplinen und Forschungsbereiche aufgegriffen und in der Analyse des eigenen Forschungsgegenstandes und der Interpretation der eigenen Ergebnisse angewandt wurde (auch z. B. in der Forschung zur Posttraumatischen Belastungsstörung) ward in der Burnout-Forschung offensichtlich noch kaum je gehört. Die Burnout-Forschung ist, was Gesellschaftsanalyse betrifft, nahezu vollständig abstinent. Wissenschaftssoziologische Arbeiten, wie sie z. B. ABOTT (1990) und BARLEY & KNIGHT (1992) für den Streß-Begriff vorgelegt haben, fehlen in der Burnout-Forschung ganz.

Folglich werden in der Burnout-Forschung gesellschaftliche Bedingungen weder in der Ursachensuche berücksichtigt noch im Verständnis von Symptomatik und Epidemiologie noch in der Reflexion auf mögliche Ansätze zur Linderung von Burnout. In der Burnout-Forschung bleibt der *burnt-out case* ein anonymes Individuum, für das niemand – außer er selbst – verantwortlich ist.

4 Soweit die Vorschläge (vgl. z. B. MASLACH & GOLDBERG 1998) sich auf die Organisationen beziehen, sind sie eher kosmetischer Natur.

Ganz wenige Arbeiten – ich konnte nur drei ausmachen – gehen auf die gesellschaftliche Basis von Burnout ein. Und das ist um so beeindruckender, als die erste und bis heute ausführlichste gesellschaftliche Analyse von Burnout bereits 1981 erschien: Howard KARGER (1981) *Burnout as alienation.*

Im Buch von SCHAUFELI & ENZMANN (1998) wird dieser Ansatz auf die gleiche Weise beachtet – und sogleich entschärft – wie der ebenfalls einigermaßen neben dem Hauptstrom liegende Ansatz von MEYERSON (1994): Er wird als einer von insgesamt 19 anderen »theoretischen« Ansätzen von Burnout abgehandelt. Er steht neben solchen »Theorien« wie Burnout als »emotionale Ansteckung«, als »emotionale Arbeit«, als »narzißtische Störung« usw. Die Bedeutung der gesamtgesellschaftlichen Analyse für Burnout wird nicht aufgezeigt und sie wird durch diese Art der Behandlung als eine »kleine« Theorie neben 18 anderen auf das Niveau von Erklärungen gestellt, welche auf Gefühl und Narzißmus rekurrieren. Das ist durchaus symptomatisch für die Burnout-Forschung.

Es lohnt sich, wenigstens einen kurzen Blick auf die wenigen Arbeiten zu werfen, welche dieser mehrheitlichen Ausblendung von Gesellschaft aus der Analyse von Burnout ihre Kritik entgegensetzen.

(1) KARGER (1981) sichtet die Burnout-Forschung bis 1981 und konstatiert, daß Burnout ausschließlich als ein individuelles Problem angesehen werde. Burnout werde »privatisiert«. Daß es sich um ein soziales, ein gesellschaftliches Problem handeln könnte, bleibe ausgeblendet.

Dem setzt Karger zunächst einmal ausführliche Zitate von Marx zur Entfremdung des Arbeiters von seiner Arbeit entgegen. Und in der Tat kann man aus diesen Zitaten von Marx sehr deutlich die Sprache des Burnout herauslesen – vor allem die emotionale Erschöpfung und Depersonalisation: Die Arbeit sei dem Arbeitenden äußerlich, so sagt Marx, die Arbeit gehe den Arbeiter persönlich nichts an, sei nicht Teil seiner Natur. Er fühle sich ausgebeutet, könne sich persönlich nicht entfalten, fühle sich elend, physisch erschöpft, emotional ausgelaugt. Bei der Arbeit empfinde er sich selbst als Fremder. Das ist die Entfremdung von sich selbst, dazu komme die Entfremdung von den anderen Menschen, diese werden zu entpersönlichten Objekten...

In Begriffen von Marx ausgedrückt, so erläutert Karger, ist Burnout ein Ausdruck der Entfremdung des Arbeiters von den Produktionsmitteln, seine Arbeit wird zur Ware. Das entfremdet ihn vom Kunden oder Klienten. Die Beziehung zum Empfänger wird auch zur bloßen Ware. Erschöpfung, Entfremdung, Entpersönlichung ist die Folge. In der Tat klingt das recht vertraut nach Burnout-Symptomen.

(2) CHERNISS & KRANTZ (1983) führen Burnout auf den Verlust an gemeinschaftlich geteilten gesellschaftlichen Werten, Visionen, Zielsetzungen zurück – eine Analyse, die sich der Diagnose von Postmoderne durchaus annähert.

(3) Etwa zehn Jahre später haben die schwedischen Forscher STARRIN, LARSSON & STYRBORN (1990) in ihrer Review ebenfalls als eines der Hauptdefizite der Burnout-Forschung den Mangel an gesellschaftlichen Analysen kritisiert. Burnout-Forschung sei zeitlich, räumlich und inhaltlich auf einen ganz kleinen Ausschnitt reduziert: die private Welt des arbeitenden Menschen, seine Persönlichkeit, die sozialen Beziehungen im Berufsfeld. Sie zitieren den schwedischen Forscher ASPLUND (1987), dessen Buch allerdings nur in schwedisch vorliegt. Auf der Basis einer historischen Gesellschaftsanalyse zeigt er auf, wie alle Bezüge in der Gesellschaft immer abstrakter werden. Burnout ist für ihn eine typisch neuzeitliche »Pathologie abstrakt gewordener Individuen in einer abstrakt gewordenen Welt« (STARRIN, LARSSON & STRYRBORN 1990)

(4) Schließlich hat FARBER (2000a), der schon immer ein kritischer Kopf unter den Burnout-Forschern war (vgl. FARBER 1983) sich in der Einleitung zu einem Sonderheft zu Burnout der Zeitschrift *Journal of Clinical Psychology* auch noch einmal sehr kritisch zu diesem Defizit der Burnout-Forschung geäußert:

Vor 30 Jahren, als die Burnout-Forschung anfing, habe Idealismus, persönlicher Einsatz, Engagement und die Vision einer besseren Gesellschaft im Beruf noch eine Rolle gespielt – jene Merkmale, welche nach dem »Vater« der Burnout-Forschung, Freudenberger, durch Burnout gerade zerstört werden. Heute – so Farber – gibt es gar nichts mehr zu zerstören. Heute arbeiten die Menschen nicht mehr motiviert nach Idealen und sozialen Visionen – der Typus »Freudenberger« ist tot –, sondern sind in ihrer Arbeit, auch der mit Menschen, primär Selbst- und Geld-bezogen. Die Art des »klassischen« Burnout, wie sie Freudenberger selbst erlebt und beschrieben habe, könne es unter heutigen gesellschaftlichen Bedingungen gar nicht mehr geben: »*The nature of this disorder has changed over time*« (FARBER 2000a:593).

Die Basis dieser Veränderung sind die Veränderungen der Arbeitsbedingungen u. a. durch ökonomischen Wandel und durch die neuen Informationstechnologien,[5] in deren Folge sich auch die Werte auf der persönlichen Ebene geändert haben. Da herrsche Apathie, Unverbindlichkeit, Gewinninteresse:

> *One might even argue that the ironic and detached perspective of postmodernism has contributed to this process. Certainly the phrases we all hear too much – »doesn't make a difference«, »doesn't matter«, and »whatever« – all bespeak a sense of detachment and are antithetical to the values inherent in earlier (i.e., 1960s style) personal visions that stressed community, connections, and »making a difference«. Thus, a movement toward using work primarily for personal gain, especially financial success, largely has replaced personal investment in work and the search for meaning.* (FARBER 2000a:592)
>
> ÜBERSETZUNG
>
> Man könnte sogar sagen, daß die ironische und abgehobene Perspektive der Postmoderne zu diesem Prozeß beigetragen hat. Sicherlich verraten die Sätze, die wir alle viel zu oft hören – »macht keinen Unterschied«, «macht nichts« und «was soll's« –, alle eine Art Abgehobenheit. Sie stehen im Gegensatz zu den Werten, die früher (d. h. in den 1960er Jahrenl) den persönlichen Visionen innewohnten, welche Gemeinschaft, die Verbundenheit und »einen Unterschied machen« betonten. Deshalb hat die Tendenz, Arbeit in erster Linie zum Zweck persönlichen Gewinns, und hier besonders finanziellen Erfolges zu gebrauchen, größtenteils das persönliche Engagement an der Arbeit und die Suche nach einem Sinn ersetzt.

War früher Burnout eine Frage der Desillusionierung, so sei heute Burnout eine Krankheit (*disorder*) der Konsequenzenlosigkeit (*inconsequentiality*). Man strengt sich an; und was bringt es? Wird die Arbeits-

5 E-mail ersetzt persönliches Gespräch, einsame Arbeit am mit anderen Computern vernetzten PC ein persönlich miteinander interagierendes Team.

last damit je geringer? Bringt es etwa Zuwendung, Anerkennung oder Arbeitsfreiheiten und Vorteile, die einem angesichts dieses Einsatzes zustehen?

Es erscheint jedoch zu kurz gegriffen, wenn man diesen Aspekt der Konsequenzenlosigkeit nun als »Folge« der postmodernen Perspektive ansieht, wie es Farber im obigen Zitat zu tun scheint (so als stünde die Postmoderne daneben oder draußen), statt zu sehen, daß die Veränderung der Arbeitsbedingungen, der Lebensbedingungen, der sozialen Beziehungen, der Werte und der gesellschaftlichen »Krankheiten« (wie Burnout) alle Ausdruck der gleichen veränderten gesellschaftlichen Bedingungen sind, die mancherorts mit Postmoderne umschrieben werden. Doch eine solche weitergehende gesellschaftliche Perspektive auf Burnout fehlt bisher in der Burnout-Forschung.

KAPITEL 8

Zusammenfassung und Schluß: Positive Seiten, negative Seiten, der weitere Weg

Im vorliegenden Kapitel möchte ich ganz knapp noch einmal einige der wichtigsten Merkmale der Burnout-Forschung in kritischer Perspektive zusammenfassen.

Wie in allen vorangehenden Kapiteln soll dies nicht einfach eine negative Zeichnung sein. Vielmehr will ich im ERSTEN Abschnitt beginnen, die »Vorzüge« des Untersuchungsgegenstandes Burnout zu nennen, von dem die Forschung profitieren könnte; ich werde das positive Potential aufzeigen. Im ZWEITEN Abschnitt lege ich dar, welche dieser Vorzüge aufgenommen, welche liegen gelassen, welche pervertiert wurden und was einige der Grundprobleme der Burnout-Forschung zu sein scheinen. Im DRITTEN Abschnitt skizziere ich die anstehende Arbeit. Es wird nicht überraschen, daß ich nicht – wie alle vorangehenden Analytiker und Reviewer des Forschungsbereiches Burnout es taten – die Forderung nach neuen Fragestellungen und theoretischer Kreativität und Meßinstrumentenentwicklung in den Vordergrund stelle, sondern viel basalere Aufgaben: erstens: Rückkehr zu den Wurzeln und zweitens: Forschungskoordination und konzertierte Forschungsplanung.

1. VORZÜGE DER BURNOUT-FORSCHUNG

Das Thema Burnout und somit die Burnout-Forschung hat eine ganze Reihe von eindeutigen Vorzügen und Vorteilen aufzuweisen.

(1) Burnout ist sehr verbreitet, es handelt sich keinesfalls um ein seltenes exotisches Syndrom.

(2) Burnout verursacht für die Betroffenen echtes Leiden, es ist also ganz gewiß auch ein echtes Problem.

(3) Burnout hat vielfältige negative Folgen für die Arbeitsorganisation, Burnout kann also gesellschaftliche Relevanz beanspruchen.

(4) Burnout hat eindeutig Praxisrelevanz.

(5) Burnout ist auch ein Alltagsbegriff, folglich ist Burnout-Forschung im Prinzip leicht öffentlich vermittelbar.

(6) Burnout ist sicher kein landes-spezifisches Phänomen, sondern kann als international verbreitet angesehen werden, was seine Relevanz erhöht.

(7) Burnout als Belastungssyndrom ist keinesfalls so diffus, daß man es nicht auch präzise messen könnte.

(8) Selbst wenn man Burnout *per definitionem* zunächst auf das Feld »Beruf« eingrenzt, ist die Anzahl der Untersuchungsfelder sehr groß.

(9) Gewiß nicht unerschöpflich, aber doch sehr reich ist auch die Anzahl der möglichen Antezedenzbedingungen, Korrelate und Folgen.

(10) Aus Nr. 6, 8 und 9 ergibt sich eine nahezu unerschöpfliche Vielzahl an Untersuchungsmöglichkeiten.

(11) Diese hat die Burnout-Forschung genutzt – es ist ein ungemein produktiver Forschungsbereich, der auch der Nachwuchsforschung (Diplomarbeiten und Dissertationen) vielfältige Möglichkeiten gibt und gab.

(12) Das Gleiche gilt für die »periphere« Forschung außerhalb der großen Zentren der Burnout-Forschung in den USA und Europa.

(13) Wegen seiner gesellschaftlichen und praktischen Bedeutung ist es vergleichsweise leicht, Forschungsmittel für Burnout-Forschung aufzutreiben.

(14) Die Burnout-Forschung hat deutlich gewonnen durch die Entwicklung neuer statistischer Verfahren, welche sie auch sehr konsequent aufgegriffen hat.

(15) Da Burnout kognitive, emotionale und verhaltensrelevante Aspekte umfaßt, da Burnout mit bedingt ist durch gesellschaftliche Verfaßtheit, durch institutionelle, interpersonelle, persönlichkeitsspezifische und situative Faktoren (um nur einen kleinen Ausschnitt aus der vielfältigen Verflechtung zu nennen), kann sich die Erforschung von Burnout aus einer großen Fulle wohl entwickelter psychologischer Forschungsbereiche Anregungen holen.

Die Liste der Vorzüge von Burnout als Forschungsthema lassen sich gewiß erweitern – doch mag das Genannte genügen, um die drei Ebenen von Vorzügen zu illustrieren:

- Die Ebene der Relevanz und Vermittelbarkeit – diese trägt zur finanziellen Machbarkeit der Forschung bei.
- Die Ebene der inhaltlichen »Machbarkeit« der Forschung, d. h. die prinzipielle Untersuchungsfülle.
- Die Ebene des Erreichten, d. h. Vorteile, welche die Burnout-Forschung in ihrem jetzigen Stand auch genutzt hat.

Aber gleichzeitig dürfte erkenntlich sein, daß nicht all diese Vorzüge ohne Ambivalenz sind und daß ganz gewiß nicht alle genutzt wurden. Dies wird deutlich, wenn man sich einmal die Mängel der Burnout-Forschung betrachtet, die prinzipiellen ebenso wie die faktischen:

2. MÄNGEL UND VERSPIELTE CHANCEN

(1) Die prinzipielle Meßbarkeit des Phänomens sowie die prinzipielle Leichtigkeit, mit der man in diesem Bereich forschen kann, stellt auch eine Versuchung dar, ungeheure Mengen »billiger« Forschung zu produzieren. Dieser Versuchung ist die internationale Burnout-Forschung auf langen Strecken anheimgefallen.

(2) Die Vorzüge der vielfältigen Vernetzung mit anderen psychologischen Forschungsbereichen, was die Möglichkeit bietet, vielfältige Anregungen aufzugreifen, Theorien zu adaptieren und Fragestellungen zu entwickeln – wurden in der Burnout-Forschung sicher nicht ausreichend genutzt.

(3) Die öffentliche Relevanz des Phänomens sowie seine Alltagsverständlichkeit und seine Alltäglichkeit macht es der Burnout-Forschung leicht, sich zu legitimieren. Die ist ein weiterer Faktor, der tiefere gedankliche und theoretische Arbeit vielleicht nicht eben herausfordert.

(4) Die frühe Entwicklung eines einfachen Meßinstrumentes hat das gesamte Forschungsgebiet sehr früh ungemein eingeengt und eingeebnet.

(5) Dieses Faktum hat auch zu einer inhaltlich doch wohl mehrheitlich irrelevanten Internationalisierung der Burnout-Forschung geführt bei nahezu ausnahmsloser Aufrechterhaltung eines strikt ethnozentrischen Ansatzes.

(6) Die Alltagsnähe der »Wissenschaft von Burnout« bedingt ihre Beeinflußbarkeit durch Nicht-Wissenschaft. Ein solcher Einfluß ist sicher die abwertende Beurteilung von Burnout. Burnout ist in einer auf individuelle Gewinnmaximierung orientierten Wirtschaftsstruktur gesellschaftlich unerwünscht. Parallel dazu wird Burnout auch von der wissenschaftlichen Forschung überwiegend negativ gezeichnet. Positive Gegentendenzen werden nur spärlich aufgegriffen.

(7) Die Verfügbarkeit neuer statistischer Analyseverfahren hat der Burnout-Forschung zwar einen hohen intra-wissenschaftlich-professionellen Stand ermöglicht, jedoch haben die inhaltlichen Fortschritte gegenüber den methodischen in keiner Weise Schritt gehalten. Der große Fortschritt der Burnout-Forschung ist ein »statistischer« (Anwendung neuer statistischer Verfahren), kein substantieller.

(8) Die ungemein leichte Verfügbarkeit von Fragestellungen und sicher auch die relative Leichtigkeit der Forschungsmittelbeschaffung hat in der Burnout-Forschung offensichtlich eine Reihe von wissenschaftlich an sich »normalen« Bemühungen erstickt: vor allem die Bemühung um Forschungskoordination und Forschungsvernetzung. Trotz existierender Forschungskooperation wird eine Koordination der Forschung und eine minimale systematische Vernetzung vernachlässigt.

(9) Auf diese Weise ergibt sich viel Parallelforschung, Forschung des Stiles »mehr vom Gleichen«, endlose, unreflektierte Teilüberlappung, immer wieder »neue Erfindungen des Rades« – jedoch kein überzeugender kumulativer Fortschritt.

(10) Als psychologischer Forschungsbereich partizipiert die Burnout-Forschung auch an den intra-wissenschaftlichen Schräglagen der Psychologie insgesamt: die Hochwertung von Empirie gegenüber Reflexion und Grundsatzerörterung, die Hochwertung von »Theorie« (und sei sie so niedlich klein wie z. B. die Theorie der emotionalen Ansteckung in der Burnout-Forschung) gegenüber praxisgeleiteteten Fragestellungen, die Abwertung qualitativer Forschung und sorgfältiger Deskription, die ethnozentrische Selbstgefälligkeit sowie die Neigung, in der empirischen Kontrollhaltung an die Grenzen der Forschungsethik zu gehen.

(11) Burnout ist leichter meßbar als heilbar. Außerdem hat das relativ geringe Praxis-Interesse der Burnout-Forschung bedingt, daß unvergleichlich viel mehr über das reine Vorliegen von Burnout geforscht wurde – in noch einer Berufsgruppe, noch einem Land mit noch einem Korrelat usw. – als über seine Linderung. Im Bereich der Intervention herrscht, mit Ausnahme einiger entwickelter Gruppeninterventionen, die absolute Beliebigkeit.

3. WIE KANN ES WEITER GEHEN?

Diese Frage hatten auch SCHAUFELI und ENZMANN bereits 1998 aufgrund ihrer eingehenden Review der Burnout-Forschung gestellt. Aber es ging auch nach ihrem Buch im wesentlichen genauso weiter: Keine Innovation im Bereich der Burnout-Messung, kein theoretischer Lichtblick, der mehr Strahlkraft hätte als eine Kerze, kein Durchbruch im Bereich der Intervention, keine Überwindung der uneinheitlichen, additiven, widersprüchlichen Forschungsergebnisse.

Die Burnout-Forschung kommt aus der monotonen, praxisfernen, ethnozentrischen Stagnation wohl nur heraus, wenn die kritische Betrachtung dieses Forschungsbereiches ein paar intra-wissenschaftliche Defizit-Listen zu erstellen einmal überschreitet und auf eine grundsätzlichere Ebene geht.

Nur beispielhaft habe ich einige solcher etwas grundsätzlicheren Perspektiven angedeutet. Ich habe keine formale wissenschaftssoziologische Analyse des Burnout-Forschungsbereiches unternommen – wie ich das einmal im Fall des Faches Anthropologie unternahm (vgl. SPIEGEL-RÖSING & SCHWIDETZKY 1982) – aber ich habe die Wissenschaftssoziologie doch als kritische Perspektive eingesetzt.

In wissenschaftssoziologischer Perspektive auf ein Fach schauen bedeutet, seine Inhalte, seine kognitive Verfaßtheit, seinen Fortschritt in Beziehung zu setzen zu seiner sozialen Verfaßtheit, dem Grad der Institutionalisierung, den Werten und Motivationen der *scientific community* (z. B. individueller Reputationsgewinn), den Problemen des Wissenschaftsbetriebes (z. B. Stellenunsicherheit, Finanzknappheit, Konkurrenz). Solche Perspektive sollte wenigstens dem »Aufwachen« einer Forscher-Gemeinde etwas förderlich sein.

Die zweite grundsätzliche kritische Perspektive, die ich angewandt habe, ist die kulturanthropologische. Es würde sich eine ungemeine Verengung der Burnout-Forschung aufheben und ein großer neuer Forschungsbereich auftun, würde man diese Perspektive ernst nehmen.

Aber jenseits aller substantiellen Anregungen, die ich im Verlauf der vorangehenden Kapitel auch immer wieder gegeben habe (das Phänomen der Rolle der Firmenkultur für Burnout, Werte und kognitive Modelle von Subkulturen, transkulturelle Fragestellungen usw. zu untersuchen), stehen meines Erachtens andere Notwendigkeiten völlig im Vordergrund: (1) Zurück zu den Wurzeln. (2) Koordination.

Zu (1) Zurück zu den Wurzeln (Grundlagen). Burnout als ein komplex bedingtes seelisches Belastungssyndrom mit vielfältigen, schwerwiegenden und zum Teil auch diffusen und wechselnden Folgen, mit einem schleichenden Krankheitsprozeß und gewisser Gefahr der Chronifizierung – ist durch die Burnout-Forschung zu einem schlichten Testwert zusammengeschrumpft. Dies geschah vor mehr als zwei Dutzend Jahren. Das Ergebnis ist eine definitorische Versteinerung, welche freilich den Export der Burnout-Messung in aller Herren Länder stromlinienförmig gefördert hat.

Aber was ist denn Burnout? Sind das wirklich nur ein paar Kreuzchen auf der rechten Seite eines Blattes Papiers? Ist mein Burnout genauso wie deines? Das eines Schusters genauso wie das eines Managers? Ist Burnout im Beruf und Burnout in der Partnerschaft das Gleiche? Sieht Burnout eines Palästinensers genauso aus wie das eines Andenbewohners? Ist das sich einschleichende Burnout vergleichbar mit dem seit Jahren chronifizierten? Heilt das, was in der westlichen Kultur (völlig indiskriminativ) als Heilungsangebote für Burnout gehandelt wird, die gleichen Elemente, Komponenten, Auslöser und Phasen von Burnout? Wie sehen, deuten, umschreiben ausgebrannte Menschen ihre Verfassung, wie ordnen sie diese ein, wie geben sie dem, woran sie leiden, Sinn? Sofern wir es nicht selbst erfahren haben, wissen wir wirklich, wie das Leiden aussieht? Welche Sprache es spricht? Welche Verzweiflung es zeitigt? Und wissen wir, wer gesund bleibt, wer dem Burnout entrinnt? Und wie sieht dieses Gesundsein aus?

All diese Fragen sind in der grandiosen Verengung der wissenschaftlichen Burnout-Definition und -Forschung fast vollständig unter den Tisch gefallen.

Doch ist eine solche Verengung aufhebbar. Man muß zu den Wurzeln zurück, zu den Grundlagen, man muß zum leidenden individuellen Menschen zurück. Man muß diesen an Burnout leidenden Menschen sprechen, klagen, berichten lassen, ihn begleiten, beobachten, behutsam fragen – ganz von vorne verstehen lernen. Man muß ebenso – und das in seiner Sprache – verstehen lernen, wie er aus dieser Verfassung möglicherweise herauskommt, was die kritischen Punkte sind und was andere Menschen, die unter ähnlichen Bedingungen leben, resistenter macht gegenüber Burnout.

Genau dies war die Intention eines vor nunmehr zwölf Jahren von Matthias BURISCH (1990) initiierten Projektes, des International Project on the Delineation of the Burnout Syndrom (DOBUSY). In der Projektbeschreibung skizziert Burisch das Problem: Man wisse in der Burnout-Forschung eigentlich gar nicht, wovon man rede. Diese Projekt-Initiative wurde als »Flugblatt« auf dem Krakauer Burnout-Kongreß ausgelegt. Einigen Forschern, wie Freudenberger und Farber, wurde es geschickt. Das Projekt schlägt vor, mit basalen Fallgeschichten von ausgebrannten und Burnout-resistenten Menschen diese nicht vorhandene Basis einfach noch einmal darzulegen, von »unten« anzufangen.

Dies war ein mutiger und bereits damals überfälliger Ansatz der *grass roots*-Forschung. Und es muß als im höchsten Maße symptomatisch für die Burnout-Forschung angesehen werden, daß dieses Projekt nicht zustande kam. Mit der Ausnahme von Freudenberger und Pines (und das überrascht uns nicht) waren alle Burnout-Forscher »*too busy*« mit anderen Tätigkeiten (sicher auch mit dem Auszählen von MBI-Kreuzchen), um sich einer solchen Aufgabe zu stellen.

Diese Erfahrung soll mich nicht hindern, ein noch weitaus radikaleres Programm vorzuschlagen, eines, welches die Versteinerung von einer anderen Seite her aufzulösen versucht. Ich schlage vor, aus unserer Kultur hinauszugehen, um Ausgebranntheit von ganz weit weg von neuem zu verstehen.

Vielleicht kann ich den Sinn dieses Weges in Analogie zur intra- versus trans-kulturellen Psychotherapie-Forschung verdeutlichen.

Es gibt in der westlichen Kultur eine Vielfalt psychotherapeutischer Verfahren. Jede von ihnen ist selbstverständlich Theorie-geleitet. Die Theorie besteht aus einem Satz systematischer Annahmen, welche spezifizieren, wie psychologische Störungen zustande kommen und wie man sie folglich heilen kann.

Nun stellte die Effektivitäts-Forschung zum psychotherapeutischen Heilungserfolg alsbald fest, daß es keinesfalls die Theorien und die davon (mehr oder weniger) konsequent abgeleiteten Interventionstechniken sind, welche Unterschiede im Heilungserfolg bedingen. Schließlich stammen alle Theorien (und wenn sie sich noch so sehr bekriegen) sozusagen aus dem gleichen Stall: Es sind Produkte der westlichen Kultur.

Es sind ethnopsychotherapeutische Studien gewesen, die Untersuchung der Ritualheilung in fremden Kulturen, welche ganz wesentlich zu Schulen-übergreifenden Theorien der Symbolischen Heilung beitrugen, in denen es nicht mehr um West-Theorie A und West-Theorie B (sprich Burnout-Prozeß Modell A oder Burnout-Prozeß Modell B) geht, sondern um transkulturell gültige Heilungsfaktoren jenseits solcher kleinen intrakulturellen schulischen Definitionen.

Genau dies ist der Weg, welcher auch der Burnout-Forschung gut zu Gesicht stände. Seelische Belastung, Belastungssyndrome gibt es auch in anderen Kulturen. Manchmal sind es umschriebene »Krankheiten«, welche die westlichen Ethnologen und Ethnomediziner »kultur-gebundene Syndrome« zu nennen belieben. Manchmal sind sie weniger umrissen, manchmal ist ihr Bild im kulturell geprägten *narrative* festgelegt, manchmal erscheint es in vielen verschiedenen »Krankheiten«. Eine ganz systematische Sichtung von Belastungssyndromen und Belastungs-*narratives* in anderen Kulturen würde den westlichen Blick zunächst einmal von aller MBI-Fixiertheit befreien, die festgelegten Vorstellungen entmüllen und Belastungssyndrome neu sehen lehren. Dies würde nicht nur eine systematische Sichtung der vorliegenden kulturanthropologischen Forschung bedeuten (schon das wäre hilfreich), sondern auch die Sichtung der Feldforschung in fremden Kulturen – im jeweils eigenen Land und in anderen Ländern. Ein solcher Ansatz müßte freilich aufgeben, sich nur auf Großstädte und westlich geprägte Institutionen zu konzentrieren – zurück zu den »Wurzeln«, heißt auch, hinausgehen aufs platte Land.

Zu (2). Eine solche Forschung zurück zu den Wurzeln oder zurück zu den *basics* bedürfte einer konzertierten Aktion. Sie hebt auch andere Burnout-Forschung nicht auf. Diese allerdings hätte sich ebenso wie diese *grass roots*-Forschung einer ganz fundamental notwendigen Disziplin zu unterwerfen: der Forschungsplanung.

Die produktivsten Burnout-Forscher – sie sind alle in diesem Band genannt – müßten sich einmal in harter Arbeit zusammentun und Forschungsanalyse und Forschungsplanung betreiben und beraten, wie Monotonie, Stagnation und Additivität zugunsten einer neuen Burnout-Forschung zu überwinden wären. Eine Reihe von Arbeitsgruppen müßte Teilbereichen bisheriger Burnout-Forschung auf den Grund gehen, mehr Meta-Analysen unternehmen, Synthese versuchen, Sackgassen identifizieren, Widersprüche festmachen. Es müßten Forschungsprogramme entwickelt werden, die koordiniert angegangen werden. Es müßten Vereinbarungen getroffen werden, was man als Nachwuchsforschung noch zulassen möchte und was nicht, und wie man die Puzzle-Empirie überschreitend systematisch nach Theorieansätzen sucht, gesellschaftliche Analysen initiiert und den Blick über den eigenen Horizont weitet in andere Kulturen.

4. SCHLUSSGEDANKEN

Burnout ist, wie gesagt, auch ein Alltagsbegriff. Jeder versteht, was gemeint ist mit Burnout oder Ausgebranntsein. In einem Forschungsbereich zu arbeiten, der auf Anhieb von jedem Nicht-Wissenschaftler verstanden wird, ist zunächst einmal ein großer Vorteil – sofern man davon ausgeht, daß Wissenschaft nicht *l'art pour l'art* sein soll, sondern der Menschheit zu dienen habe.

Keine Firma kann sich ausgebrannte Menschen leisten. Es bedeutet schlechtes Klima, unmotivierte Mitarbeiter, Krankmeldungen, reduzierte Leistungen... Auch die Gesundheitsversorgung kann sich keine ausgebrannten Mitarbeiter leisten. Ausgebrannte Ärzte, Krankenschwestern, Pfleger, Sozialarbeiter, Altenbetreuer usw. vergrößern das Leiden der ihnen Anempfohlenen möglicherweise noch, statt es zu lindern.

Ein Phänomen zu beforschen, das als gesellschaftlich relevant angesehen wird, ist ganz gewiß ein Vorteil für die Erforscher dieses Phänomens. Der Sinn des Forschens und die praktische Relevanz sind leichter vermittelbar und somit ist es auch leichter, Forschungsmittel aufzutreiben.

Die Burnout-Forschung hat hier also einen doppelten Vorteil. Ich meine, sie nutzt den doppelten Vorteil nicht. Sie verspielt ihn vierfach: Berührungsangst. Negativierung des Gegenstandes. Praxisferne. Ethnozentrismus.

In der Burnout-Forschung beugt man sich den intra-wissenschaftlichen Werten der relevanten *scientific community*. Diese »Werte« sind leicht zu identifizieren – es sind stets die Hauptargumente von *referees* wissenschaftlicher Zeitschriften oder Kritikern wissenschaftlicher Bücher. Danach hat Empirie, »Theorie« und Beachtung der Hierarchien höchsten Wert. Denken ist weniger gefragt als aufwendige empirische Studien. Etwas muß »theoretisch« relevant sein oder so klingen, Praxisrelevanz steht kaum zur Debatte. Man zitiere die Hauptfiguren des Faches – an allen anderen kann man bedenkenlos vorbeiforschen. Solche Werte bedingen natürlich Berührungsängste mit Alltagsbegriffen, Öffentlichkeit und gesellschaftlicher Relevanz.

Eine öffentliche Relevanz kann man natürlich auch durch die Negativierung des Forschungsgegenstandes verspielen. Die Burnout-Forschung hat bisher wenig dazu beigetragen, das allgemeine negative Bild eines ausgebrannten Menschen durch positive Ansätze zu ergänzen oder aber durch Aufweis der gesellschaftlichen Bedingtheit an die Urteilenden selbst zurückzuverweisen.

Einer nahezu ausschließlichen Orientierung an den intra-wissenschaftlichen Werten geht selbstverständlich der Praxisbezug ganz von alleine abhanden. Die Sprache wird immer geschraubter, die Variablen immer komplizierter, die statistischen Verfahren immer aufwendiger, die Ergebnisse immer filigraner.

Praxis ist immer ein wenig »sumpfig«. In der Praxis vermengen sich unzählige Bedingungen, die in einem Experiment sorgfältig auseinander gehalten werden können. Praxisrelevante Forschung ist viel aufwendiger als »reine Wissenschaft«. Praxisforschung muß auch noch Zeit haben, die Ergebnisse in das Praxisfeld hinein zu vermitteln. Da ist es schon einfacher, ein paar Hundertschaften anonymer Berufsmenschen per e-mail oder postalisch mit dem MBI zu beschicken.

Noch schwieriger ist ganz gewiß transkulturelle Forschung. Ich meine nicht transnationale Forschung, bei der jedes Untersuchungssubjekt, egal aus welcher Kultur, mit dem gleichen leicht adaptierten US-amerikanischen Meßinstrument konfrontiert wird, sondern eine Forschung, welche bereits im Erhebungsprozeß kulturell unterschiedliche Kognitionen, Emotionen, Wertverständnisse, Handlungstendenzen mit einbezieht und die Ergebnisse auf diese zurückblendet. Das aber ist echte Arbeit, Aufarbeit »fremder« (außerhalb von Burnout liegender) Forschung, Entwicklung neuer Meßansätze, breite Explorationsforschung, Langwierigkeit, Geduld.

Darf man sich als Außenstehende – und das bin ich natürlich für die Burnout-Forschung – hinstellen und solche zum Teil substantielle, zum Teil auch polemische Kritik inszenieren? Ich denke, dies KANN nur ein Außenstehender tun: Da ist erstens der Abstand der Unbetroffenheit, zweitens die distantere Sicht, d. h. auch einmal andere Medien und Perspektiven der Kritik. Als Insider (sofern man nicht an der Spitze der Hierarchie steht) würde ich mit solcher Kritik meine eigene Burnout-Forschung und meine Karriere wahrscheinlich ruinieren. Ich habe also die Freiheit der »Fremden« genutzt und hoffe, die Burnout-Forschung ein wenig herausfordern zu können, mit dem fremden Blick ihr Eigenes zu sichten.

Abschließend sei nochmals betont, daß die internationale Burnout-Forschung zwar nicht zufällig »Opfer« dieses fremden Blicks geworden ist, aber auch keinesfalls das einzige Forschungsgebiet der modernen Psychologie darstellt, welches für eine solche wissenschaftssoziologische und kulturanthropologische Kritik ergiebig wäre.

Burnout ist ein individuell und gesellschaftlich hoch relevantes Thema, es ist ein wichtiges, viele angehendes, folgenreiches Phänomen von hoher Praxisrelevanz. Nur deshalb lohnt es sich überhaupt, dieses Forschungsgebiet einmal so genau unter die Lupe zu nehmen.

Das Ergebnis dieser Durchleuchtung aber

- Monotonie und mehr vom Gleichen
- unverbundene Additivität
- praxisferne Filigranforschung
- Variablenfetichismus
- Ethnozentrismus usw.

ist ganz sicher nicht Burnout-spezifisch, gilt ganz gewiß nicht nur für die internationale Burnout-Forschung, sondern betrifft auch die Forschungspraxis vieler weiterer Bereiche der modernen Psychologie.

Wie weise ist man, wenn man die empirische Forschung zur Weisheit analysiert hat? Weiß man, was Glück ist, wenn man die umfangreiche internationale Forschung zum Glück studiert hat? Wie ist es mit Liebe und Leidenschaft, wenn man die internationale psychologische Forschung dazu sichtet? In der Psychologie wird Liebe und Leidenschaft auf weiten Strecken so lieblos und leidenschaftslos in Variablen zerstückelt, daß sie in der Asepsis der Empirie erfrieren.

Diese Forschungsbereiche außerhalb von Burnout seien nur als Beispiele genannt. Ich meine, daß die Art der Kritik und die konzeptionellen Instrumente der Kritik, welche ich an der internationalen Burnout-Forschung einmal durchexerziert habe, paradigmatisch sein können für eine kritische Sichtung vieler weiterer Bereiche der heutigen Psychologie.

Ist zwar die hier vorgelegte Kritik an der internationalen Burnout-Forschung nur exemplarisch, so könnte sie, falls sie in der Burnout-Forschung aufgegriffen und umgesetzt wird, auch – nun in einem anderen Sinn – exemplarisch, nämlich für weite Bereiche der empirischen Psychologie beispielgebend werden und Vorbild setzend für die Fähigkeit der Selbsterneuerung der geplanten Selbststeuerung und des Paradigmawechsels in einem bedeutsamen, gesellschaftlich hoch relevanten, produktiven Forschungsbereich.

ZITIERTE LITERATUR

ABOTT, Andrew (1990), Positivism and interpretation in sociology: Lessons for sociologists from the history of stress research. *Sociological Forum* 5/3: 435-458.

ABRAHAM, Rebecca (2000), Organizational cynicism: Bases and consequences. *Genetic, Social, & General Psychology Monographs* 126/3: 269-292.

ABU-HILAL, Maher M.; EL-EMADI, Abdulqader A. (2000), Factor structure and reliability of burnout among Emirati and Palestinian teachers. *Psychological Reports* 87/2: 597-610.

ACKER, Gila M. (1999), The impact of clients' mental illness on social workers' job satisfaction and burnout. *Health & Social Work* 24/2: 112-119.

ADAMS, J.S. (1965), Inequity in social exchange. In: BERKOWITZ, Leonard (Ed.), *Advances in Experimental Social Psychology 2*. New York, NY: Academic Press: 267-299.

ADAMS, Robert Dale (2000), *The Predictive Value of Selected Stressors and Social Support on Burnout in Radiation Therapists*. Ann Arbor, MI: University Microfilms International.

ADLER, Nancy J. (1997), *International Dimensions of Organizational Behavior*. Cincinnati, OH: South Western College Publishing (3. Ed.).

AGOUB, M.; ELYAZAJI, M.; BATTAS, O. (2000), Epuisement professionnel et sources de stress au travail chez les soignants. *Annales Medico-Psychologiques* 158-9: 687-692.

AGUST NIETO, Sonia; GRAU, R.; BEAS, M. (2001), Burnout en mujeres: Un estudio comparativo entre contextos de trabajo y no trabajo. *Ansiedad y Estrés* 7/1: 79-88.

AKHTAR, Syed; LEE, Jenny S.Y. (2002), Confirmatory factor analysis and job burnout correlates of the Health Professions Stress Inventory. *Psychological Reports* 90/1: 243-250.

ALBERTSEN, Karen; NIELSEN, Martin L.; BORG, Vilhelm (2001), The Danish psychosocial work environment and symptoms of stress: The main, mediating and moderating role of sense of coherence. *Work & Stress* 15/3: 241-253.

AL-FARAH, Adnan (2001), Psychological burnout among professionals serving individuals with special needs in the state of Qatar. *Dirasat: Educational Sciences* 28/2: 247-271.

ALTUN, Insaf (2002), Burnout and nurses' personal and professional values. *Nursing Ethics* 9/3: 269-278.

AMERICAN PSYCHIATRIC ASSOCIATION (1994), *Diagnostic and Statistical Manual of Mental Disorder (DSM-IV)*. Washington, DC: American Psychiatric Association.

AMSTUTZ, Martin C.; NEUENSCHWANDER, Martin; MODESTIN, Jiri (2001), Burnout bei psychiatrisch tätigen Ärztinnen und Ärzten. Resultate einer empirischen Untersuchung. *Psychiatrische Praxis* 28/4: 163-167.

ANDERSON, Shirley Lee (2000), *The Effects of a Rational Emotive Behavior Therapy Intervention on Irrational Beliefs and Burnout among Middle School Teachers in the State of Iowa*. Ann Arbor, MI: University Microfilms International.

ANDERSON, Vidya L.; LEVINSON, Edward M.; BARKER, William; KIEWRA, Kathleen R. (1999), The effects of meditation on teacher perceived occupational stress, state and trait anxiety, and burnout. *School Psychology Quarterly* 14/1: 3-25.

ANGELINI, Giuseppe; CASCIO, Barbara ; Papa, Alfonso (2000), Il burnout nelle professioni sanitarie: Medici ed infermieri. *Rivista di Psichiatria* 35/3: 121-125.

ANONYM (1999), Gold Medal Award for life achievement in the practice of psychology. *American Psychologist* 54/8: 578-580.

ANOPCHAND, Narendra Kumar (2000), *The Impact of Expressive Writing on Prospective Teachers' Sense of Efficacy, Stress, Burnout, and Satisfaction with Teaching*. Ann Arbor, MI: University Microfilms International.

ANTONOVSKY, Aaron (1979), *Health, Stress, and Coping*. San Francisco: Jossey-Bass.

ANTONOVSKY, Aaron (1984), The sense of coherence as a determinant of health. In: MATARAZZO, Joseph D.; WEISS, S.M.; HERD, Alan J.; MILLER, N.E.; WEISS, S.M. (Eds.), *Behavioral Health: A Handbook of Health and Enhancement and Disease Prevention*. New York, NY: Wiley Interscience: 114-129.

ANTONOVSKY, Aaron (1987), *Unraveling the Mystery of Health. How People Manage Stress and Stay Well*. San Francisco, CA: Jossey-Bass.

ANTONOVSKY, Aaron (1993), The structure and properties of the Sense of Coherence scale. *Social Science and Medicine* 36: 725-733.

ARAGONES, Aroldo Omar (2001), *Burnout among Doctoral-Level Psychologists: A Study of Coping Alternatives*. Ann Arbor, MI: University Microfilms International.

ARGYLE, Michael (2001), *The Psychology of Happiness*. New York, NY: Routledge (2. Ed.).

ARIES, Marianne; ZUPPIGER RITTER, Isabelle (1999a), Pflegende mit und ohne Burnout: Ein Vergleich. *Pflege* 12/2: 83-88.

Aries, Marianne; Zuppiger Ritter, Isabelle (1999b), *Burnout – eine quantitative Längsschnittuntersuchung und eine qualitative Vertiefungsstudie beim Pflegepersonal*. Bern: Edition Soziothek.

Aron, Ana María; Milicic, Neva (2000), Desgaste profesional de los profesores y clima social escolar. *Revista Latinoamericana de Psicología* 32/3: 447-466.

Ashkanasy, Neal M.; Härtel, Charmine E.; Zerbe, Wilfred J. (Eds.) (2000), *Emotions in the Workplace: Theory, Research, and Practice*. Westport, CT: Quorum Books/Greenwood Publishing.

Asplund, Johan (1987), *Det sociala livets elementära former*. Göteborg: Bokförlaget Korpen.

Azar, Sandra T. (2000), Preventing burnout in professionals and paraprofessionals who work with child abuse and neglect cases: A cognitive behavioral approach to supervision. *Journal of Clinical Psychology* 56/5: 643-663.

Baba, Vishwanath V.; Galperin, Bella L.; Lituchy, Terri R. (1999), Occupational mental health: A study of work-related depression among nurses in the Caribbean. *International Journal of Nursing Studies* 36/2: 163-169.

Bairey-Ben Ishay, Ariela R. (1999), *Teacher Burnout and Consciousness-Complexity: An Analysis of The Mentors at Kedma*. Ann Arbor, MI: University Microfilms International.

Baker, Martyn; North, Daniel; Smith, Donald F. (1997), Burnout, sense of coherence and sources of salutogenesis in social workers. *Psychology: A Journal of Human Behavior* 34/1: 22-26.

Bakker, Arnold B.; Demerouti, Evangelia; Schaufeli, Wilmar B. (2002), Validation of the Maslach Burnout Inventory–General Survey: An internet study. *Anxiety, Stress, and Coping* 15/3: 245-260.

Bakker, Arnold B.; Killmer, Christel H.; Siegrist, Johannes; Schaufeli, Wilmar B. (2000), Effort-reward imbalance and burnout among nurses. *Journal of Advanced Nursing* 31/4: 884-891.

Bakker, Arnold B.; Schaufeli, Wilmar B. (2000), Burnout contagion processes among teachers. *Journal of Applied Social Psychology* 30/11: 2289-2308.

Bakker, Arnold B.; Schaufeli, Wilmar B.; Demerouti, Evangelia; Janssen, Peter P.M.; Van der Hulst, Renée; Brouwer, Janneke (2000), Using equity theory to examine the difference between burnout and depression. *Anxiety, Stress, and Coping* 13/3: 247-268.

Bakker, Arnold B.; Schaufeli, Wilmar B.; Sixma, Herman J.; Bosveld, Willem (2001), Burnout contagion among general practitioners. *Journal of Social and Clinical Psychology* 20/1: 82-98.

BAKKER, Arnold B.; SCHAUFELI, Wilmar B.; SIXMA, Herman J.; BOSVELD, Willem; VAN DIERENDONCK, Dirk (2000), Patients demands, lack of reciprocity, and burnout: A five-year longitudinal study among general practitioners. *Journal of Organizational Behavior* 21/4: 425-441.

BANDURA, Albert (1982), Self-efficacy mechanism in human agency. *American Psychologist* 37: 125-139.

BANDURA, Albert (1986), *Social Foundations of Thought and Action: A Social Cognitive Theory*. Englewood Cliffs, NJ: Prentice-Hall.

BANDURA, Albert (1988), Self-efficacy conception of anxiety. *Anxiety Research* 1: 77-98.

BANDURA, Albert (1997), *Self-Efficacy. The Exercise of Control*. New York, NY: Freeman.

BANDURA, Albert (1999), Social cognitive theory of personality. In: PERVIN, Lawrence A.; JOHN, Oliver P. (Eds.), *Handbook of Personality*. New York, NY: Guilford (2. Ed): 154-196.

BANDURA, Albert (2001), Social cognitive theory: An agentic perspective. *Annual Review of Psychology* 52: 1-26.

BARGELLINI, Annalisa; BARBIERI, Alberto; ROVESTI, Sergio; VIVOLI, Roberto; RONCAGLIA, Roberto; BORELLA, Paola (2000), Relation between immune variables and burnout in a sample of physicians. *Occupational and Environmental Medicine* 57/7: 453-457.

BARLEY, Stephen R.; KNIGHT, Deborah B. (1992), Towards a cultural theory of stress complaints. *Research in Organizational Behavior* 14:1-48.

BARNETT, Rosalind C.; BRENNAN, Robert T.; GAREIS, Karen C. (1999), A closer look at the measurement of burnout. *Journal of Applied Biobehavioral Research* 4/2: 65-78.

BARRETT, Linda; YATES, Patsy (2002), Oncology/haematology nurses: A study of job satisfaction, burnout, and intention to leave the specialty. *Australian Health Review. A Publication of the Australian Hospital Association* 25/3: 109-121.

BARUCH-FELDMAN, Caren; BRONDOLO, Elizabeth; BEN-DAYAN, Dena; SCHWARTZ, Joseph (2002), Sources of social support and burnout, job satisfaction, and productivity. *Journal of Occupational Health Psychology* 7/1: 84-93.

BASSETT, Hazel; LLOYD, Chris (2001), Occupational therapy in mental health: Managing stress and burnout. *British Journal of Occupational Therapy* 64/8: 406-411.

BATTLES, Haven Brill (2000), *Professional Self-Efficacy as a Moderator of the Relationship between Stress and Burnout among Pediatric HIV/AIDS*

Health Care Providers. Ann Arbor, MI: University Microfilms International.

BAUM, Andrew; REVENSON, Tracey A.; SINGER, Jerome (Eds.) (2001), *Handbook of Health Psychology*. Mahwah, NJ: Erlbaum.

BECKSTEAD, Jason W. (2002), Confirmatory factor analysis of the Maslach Burnout Inventory among Florida nurses. *International Journal of Nursing Studies* 39/8: 785-792.

BEEHR, Terry A.; GLASER, Katherine M.; CANALI, Kristophor G.; WALLWEY, Dee A. (2001), Back to basics: Re-examination of Demand-Control Theory of occupational stress. *Work & Stress* 15/2: 115-130.

BENBOW, Susan M. (1998), Burnout: Current knowledge and relevance to old age psychiatry. *International Journal of Geriatric Psychiatry* 13/8: 520-526.

BERGER, Brenda (2000), Prisoners of liberation: A psychoanalytic perspective on disenchantment and burnout among career women lawyers. *Journal of Clinical Psychology* 56/5: 665-673.

BEUTEL, Manfred E. (1989), Was schützt Gesundheit? Zum Forschungsstand und der Bedeutung von personalen Ressourcen in der Bewältigung von Alltagsbelastungen und Lebensereignissen. *Psychotherapie – Psychosomatik – Medizinische Psychologie* 39/12: 452-462.

BIBEAU, Gilles; DUSSAULT, Gilles; LAROUCHE, Leon-Maurice; LIPPEL, K.; SAUCIER, J.F.; VEZINA, M.; VIDAL, J.M. (1989), *Certains aspects culturels, diagnostiques et juridiques du burnout: pistes et repères opérationnels*. Montréal: Confédération des Syndicats Nationaux.

BIBOU-NAKOU, I.; STOGIANNIDOU, Ariana; KIOSSEOGLOU, G. (1999), The relation between teacher burnout and teachers' attributions and practices regarding school behaviour problems. *School Psychology International* 20/2: 209-217.

BJORKVIK, Jofrid; SANDAL, Gro Mjeldheim (2001), Ledelse pae helsa los? (Burnout and health complaints among managers). *Tidsskrift for Norsk Psykologforening* 38/12: 1119-1126.

BOGG, Jan; GIBBS, Trevor; BUNDRED, Peter (2001), Training, job demands and mental health of pre-registration house officers. *Medical Education* 35/6: 590-595.

BOLES, James S.; DEAN, Dwane H.; RICKS, Joe M.; SHORT, Jeremy C.; WANG, Guangping (2000), The dimensionality of the Maslach Burnout Inventory across small business owners and educators. *Journal of Vocational Behavior* 56/1: 12-34.

BONEBRIGHT, Cynthia A. (2001), *The Relationship of Workaholism with Stress, Burnout, and Productivity*. Ann Arbor, MI: University Microfilms International.

BONEBRIGHT, Cynthia A.; CLAY, Daniel L.; ANKENMANN, Robert D. (2000), The relationship of workaholism with work-life conflict, life satisfaction, and purpose in life. *Journal of Counseling Psychology* 47/4: 469-477

BOWDEN, Randall Glen (2000), *The Professoriate: Humor Coping, Job Stress, and Faculty Burnout.* Ann Arbor, MI: University Microfilms International.

BOZIKAS, V.; KIOSEOGLOU, V.; PALIALIA, M.; NIMATOUDIS, I.; IAKOVIDES, A.; KARAVATOS, A.; KAPRINIS, G. (2000), Burnout among hospital and community-based mental health staff. *Psychiatriki* 11/3: 204-211.

BREAUX, Cynthia Ann (1998), *Burnout in Mental Health Caregivers for Persons with HIV Disease: Coping Strategies, Appraised Controllability, and Perceived Coping Efficacy.* Ann Arbor, MI: University Microfilms International.

BRENNINKMEYER, Veerle; VAN YPEREN, Nico W. (1999), Diagnostiek van burnout met de Utrechtse Burnout Schaal. *Nederlands Tijdschrift voor de Psychologie en haar Grensgebieden* 54/2: 105-108.

BRENNINKMEYER, Veerle; VAN YPEREN, Nico W.; BUUNK, Bram P. (2001), Burnout and depression are not identical twins: is decline of superiority a distinguishing feature? *Personality and Individual Differences* 30/5: 873-880.

BRONDOLO, Elizabeth; MASHEB, Robin; STORES, Jacqueline; STOCKHAMMER, Tanya; TUNICK, Wendy; MELHADO, Elizabeth; KARLIN, William A.; SCHWARTZ, Joseph; HARBURG, Ernest; CONTRADA, Richard J. (1998), Anger-related traits and response to interpersonal conflict among New York City traffic agents. *Journal of Applied Social Psychology* 28/22: 2089-2118.

BROTHERIDGE, Céleste M.; GRANDEY, Alicia A. (2002), Emotional labor and burnout: Comparing two perspectives of „people work". *Journal of Vocational Behavior* 60/1: 17-39.

BROTHERIDGE, Céleste M.; LEE, Raymond T. (2002), Testing a conservation of resources model of the dynamics of emotional labor. *Journal of Occupational Health Psychology* 7/1: 57-67.

BROUWERS, André; EVERS, Will J.; TOMIC, Welko (2001), Self-efficacy in eliciting social support and burnout among secondary-school teachers. *Journal of Applied Social Psychology* 31/7: 1474-1491.

BROUWERS, André; TOMIC, Welko (1998), Ordeverstorend gedrag van leerlingen, waargenomen eigen competentie en burnout onder leraren. *Nederlands Tijdschrift voor de Psychologie* 53/5: 173-183.

BROUWERS, André; TOMIC, Welko (2000), A longitudinal study of teacher burnout and perceived self-efficacy in classroom management. *Teaching and Teacher Education* 16/2: 239-253.

BROWN, Larry K.; SCHULTZ, Janet R.; FORSBERG, Ann D.; KING, Gary; KOCIK, Susan M.; BUTLER, Regina B. (2002), Predictors of retention among

HIV/hemophilia health care professionals. *General Hospital Psychiatry* 24/1: 48-54.
BRYANT, Richard A.; HARVEY, Allison G. (2000), *Acute Stress Disorder: A Handbook of Theory, Assessment, and Treatment*. Washington, DC: American Psychological Association.
BUCHANAN, Gregory; SELIGMAN, Martin E. (1995), *Explanatory Style*. Hillsdale, NJ: Erlbaum.
BURISCH, Matthias (1989/1994, 2. unveränderte Aufl.), *Das Burnout-Syndrom. Theorie der inneren Erschöpfung*. Berlin und Heidelberg: Springer Verlag.
BURISCH, Matthias (1990), International project on the delineation of the burnout syndrome (Dobusy). *Projektrundbrief*.
BURISCH, Matthias (1993), In search of theory: Some ruminations on the nature and etiology of burnout. In: SCHAUFELI, Wilmar B.; MASLACH, Christina; MAREK, Tadeusz (Eds.), *Professional Burnout: Recent Developments in Theory and Research*. Washington, DC: Taylor & Francis: 75-93.
BURISCH, Matthias (2000), Was hilft gegen Burnout im Beruf? Von den Nonnen lernen. (Buchbesprechung). *Psychologie Heute* 4: 72-73.
BURISCH, Matthias (2002), A longitudinal study of burnout: the relative importance of dispositions and experiences. *Work & Stress* 16/1: 1-17.
BURISCH, Matthias (2003), Burnout and its Antecedents: A Process Typing Approach. Im Druck.
BURKE, Ronald J.; GREENGLASS, Esther R. (2001), Hospital restructuring, work-family conflict and psychological burnout among nursing staff. *Psychology & Health* 16/5: 583-594.
BURKE, Ronald J.; RICHARDSEN, Astrid M. (2001), Psychological burnout in organizations. Research and intervention. In: GOLEMBIEWSKI, Robert T. (Ed.), *Handbook of Organizational Behavior*. New York, NY: Marcel Dekker Inc.: 327-363.
BÜSSING, André; PERRAR, Klaus-M. (1992), Die Messung von Burnout. Untersuchung einer deutschen Fassung des Maslach Burnout Inventory (MBI-D). *Diagnostica* 38/4: 328-353.
BÜSSING, André; SCHMITT, Sabine (1998), Arbeitsbelastungen als Bedingungen von emotionaler Erschöpfung und Depersonalisation im Burnoutprozess. *Zeitschrift für Arbeits- und Organisationspsychologie* 42/2: 76-88.
BUSTINZA ARRIORTUA, A.; LOPEZ-HERCE CID, J.; CARRILLO ÁLVAREZ, A.; VIGIL ESCRIBANO, M.D.; DE LUCAS GARCÍA, N.; PANADERO CARLAVILLA, E. (2000), Situación de burnout de los pediatras intensivistas españoles. *Anales Españoles de Pediatría* 52/5: 418-423.
BUUNK, Bram P.; SCHAUFELI Wilmar B. (1993), Burnout: A perspective from social comparison theory. In: SCHAUFELI, Wilmar B.; MASLACH, Christina;

MAREK, Tadeusz (Eds.), *Professional Burnout: Recent Developments in Theory and Research*. Washington, DC: Taylor & Francis: 53-69.

BUUNK, Bram P.; SCHAUFELI Wilmar B. (1999), Reciprocity in interpersonal relationships: An evolutionary perspective on its importance for health and well-being. In: STROEBE, Wolfgang; HEWSTONE, Miles (Eds.), *European Review of Social Psychology 10*. Chichester: Wiley: 259-291.

BUUNK, Bram P.; YBEMA, Jan F.; GIBBONS, Frederick X.; IPENBURG, Marielouise (2001), The affective consequences of social comparison as related to professional burnout and social comparison orientation. *European Journal of Social Psychology* 31/4: 337-351.

BYRON, Ian; CURTIS, Allan (2002), Maintaining volunteer commitment to local watershed initiatives. *Environmental Management* 30/1: 59-67.

CABALLERO MARTÍN, M.; BERMEJO FERNÁNDEZ, F.; NIETO GÓMEZ, R.; CABALLERO MARTÍNEZ, F. (2001), Prevalencia y factores asociados al burnout en un área de salud. *Atención Primaria Sociedad Española de Medicina de Familia y Comunitaria* 27/5: 313-317.

CALVETE, Esther; VILLA, Aurelio (2000), Burnout y síntomas psicológicos: Modelo de medida y relaciones estructurales. *Ansiedad y Estrés* 6/1: 117-130.

CAM, Olcay (2001), The burnout in nursing academicians in Turkey. *International Journal of Nursing Studies* 38/2: 201-207.

CANTER, Mathilda B.; FREUDENBERGER, Lisa (2001), Obituary: Herbert J. Freudenberger (1926-1999). *American Psychologist* 56/12: 1171

CAPARISOS, John Andrew (1999), *Burnout in Greek Orthodox Priests of the Southeastern States (Mentors, Confessors)*. Ann Arbor, MI: University Microfilms International.

CEBRIA, Jordi; SEGURA, Jordi; CORBELLA, Sergi; SOS, Pilar; COMAS, Oriol; GARCÍA, Marga; RODRÍGUEZ, Carolina; PARDO, M. José; PÉREZ, J. (2001), Rasgos de personalidad y burnout en médicos de familia. *Atención Primaria Sociedad Española de Medicina de Familia y Comunitaria* 27/7: 459-468.

CHANG, Edward C. (2000), *Optimism and Pessimism*. Washington, DC: American Psychological Association.

CHANG, Edward C.; RAND, Kevin L.; STRUNK, Daniel R. (2000), Optimism and risk for job burnout among working college students: stress as a mediator. *Personality and Individual Differences* 29/2: 255-263.

CHEEK, J.K. (2002), *Utilizing Music Techniques to Treat Teacher Burnout: A School Counselor's Response to School Reform*. Ann Arbor, MI: University Microfilms International.

CHEN, S.M.; MCMURRAY, A. (2001), Burnout in intensive care nurses. *Journal of Nursing Research* 9/5: 152-164.

CHERNISS, Cary (1980a), *Professional Burnout in the Human Service Organizations*. New York, NY: Praeger.
CHERNISS, Cary (1980b), *Staff Burnout: Job Stress in the Human Services*. Beverly Hills: Sage.
CHERNISS, Cary (1989), Burnout in new professionals: A long-term follow-up study. *Journal of Health & Human Resources Administration* 12: 11-24.
CHERNISS, Cary (1992), Long-term consequences of burnout: An exploratory study. *Journal of Organizational Behavior* 13/1: 1-11.
CHERNISS, Cary (1993), Role of professional self-efficacy in the etiology and amelioration of burnout. In: SCHAUFELI, Wilmar B.; MASLACH, Christina; MAREK, Tadeusz (Eds.), *Professional Burnout: Recent Developments in Theory and Research*. Washington, DC: Taylor & Francis: 135-149.
CHERNISS, Cary (1995), *Beyond Burnout. Helping Teachers, Nurses, Therapists, and Lawyers Recover from Stress and Disillusionment*. New York and London: Routledge.
CHERNISS, Cary (1999), *Jenseits von Burnout und Praxisschock. Hilfen für Menschen in lehrenden, helfenden und beratenden Berufen*. Weinheim: Beltz.
CHERNISS, Cary; KRANTZ, David L. (1983), The ideological community as an antidote to burnout in the human services. In: FARBER, Barry A. (Ed.), *Stress and Burnout in the Human Service Professions*. New York, NY: Pergamon Press: 198-212.
CHEUK, Wai Hing; SWEARSE, Bridget; WONG, Kwok Sai; ROSEN, Sidney (1998), The linkage between spurned help and burnout among practicing nurses. *Current Psychology: Developmental, Learning, Personality, Social* 17/2-3: 188-196.
CHEUK, Wai Hing; WONG, Kwok Sai (1998), Depersonalization in kindergarten teachers in relation to rejection of help by fellow teachers and emotional support from family. *Psychological Reports* 83/3/Teil 1: 939-942.
CHIAROMONTE, Thomas Alan (1998), *Predictors of Emotional Exhaustion in Early Childhood Educators*. Ann Arbor, MI: University Microfilms International.
COLLINS, Vivian Alice (2000), *A Meta-Analysis of Burnout and Occupational Stress*. Ann Arbor, MI: University Microfilms International.
COOPER, Cary L.; DEWE, Philip J.; O'DRISCOLL, Michael P. (2001), *Organizational stress: A review and critique of theory, research, and applications*. Thousand Oaks, CA: Sage Publications.
COOPER, Cary L.; LIUKKONEN, Paula; CARTWRIGHT, Susan (1996), *Stress prevention in the workplace: Assessing the costs and benefits to organisations*. Dublin: European Foundation for the Improvement of Living and Working Conditions, Loughlinstown House.

CORCORAN, Kevin J.; BRYCE, A.K. (1983), Intervention in the experience of burnout: Effects of skill development. *Journal of Social Service Research* 7: 71-79.

CORDES, Cynthia L.; DOUGHERTY, Thomas W. (1993), A review and an integration of research on job burnout. *Academy of Management Review* 18/4: 621-656.

CORDES, Cynthia L.; DOUGHERTY, Thomas W.; BLUM, Michael (1997), Patterns of burnout among managers and professionals: a comparison of models. *Journal of Organizational Behavior* 18: 685-701.

CORRIGAN, Caroline Waters (1998), *The Relationship among Perfectionism, God Image, Religious Coping Style, and Vocational Burnout in Christian Clergy: An Empirical Investigation*. Ann Arbor, MI: University Microfilms International.

COSTA, Paul T. Jr; SOMERFIELD, Mark R.; MCCRAE, Robert R. (1996), Personality and coping: A reconceptualization. In: ZEIDNER, Moshe; ENDLER, Norman S. (Eds.), *Handbook of Coping. Theory, Research, Applications*. New York, NY: John Wiley & Sons: 44-61.

COTTER MENA, Kristin Marguerite (2001), *Impact of the Supervisory Relationship on Worker Job Satisfaction and Burnout*. Ann Arbor, MI: University Microfilms International.

CSIKSZENTMIHALYI, Mihaly (1990), *Flow. The Psychology of Optimal Experience*. New York, NY: Harper.

CSIKSZENTMIHALYI, Mihaly (1999), *Flow. Das Geheimnis des Glücks*. Stuttgart: Klett-Cotta.

DAINES, Patricia A. (2000), Personality hardiness: An essential attribute for the ICU nurse? *Dynamics* 11/4: 18-21.

DANIEL, Jozef; SCHULLER, Ivan Sarmany (2000), Burnout in teacher's profession: Age, years of practice and some disorders. *Studia Psychologica* 42/1-2: 33-41.

DE GEUS, A.C.; VAN SON, A.M.; LE BLANC, Pascale M.; SCHAUFELI, Wilmar B. (2000), *„Take Care!" Een teamgerichte interventie ter bevordering van welzijn op het werk*. Houten: Bohn Stafleu Van Loghum.

DE JONGE, Jan; BOSMA, Hans; PETER, Richard; SIEGRIST, Johannes (2000), Twee werkstress-modellen en psychische gezondheid. Het Job Demand-Control Model en het Effort-Reward Imbalance Model. *Gedrag & Gezondheit: Tijdschrift voor Psychologie & Gezondheid* 28/3: 106-122.

DE LANGE, Annet H.; KOMPIER, Michiel A.J.; DE JONGE, Jan; TARIS, Toon W.; HOUTMAN, Irene L.D. (2001), High quality longitudinal research and the Demand-Control-(Support) model. *Gedrag en Organisatie* 14/5: 254-272.

DE LANGE, Annet H.; TARIS, Toon W.; KOMPIER, Michiel A.J.; HOUTMAN, Irene L.D.; BONGERS, Paulien M. (2002), Effects of stable and changing demand-control histories on worker health. *Scandinavian Journal of Work, Environment & Health* 28/2: 94-108.

De Pew, C.L.; Gordon, M.; Yoder, L.H.; Goodwin, C.W. (1999), The relationship of burnout, stress, and hardiness in nurses in a military medical center: A replicated descriptive study. *Journal of Burn Care and Rehabilitation* 20/6: 515-522.

De Rijk, Angelique E.; Le Blanc, Pascale M.; Schaufeli, Wilmar B.; De Jonge, Jan (1998), Active coping and need for control and moderators of the job demand-control model: Effects on burnout. *Journal of Occupational & Organizational Psychology* 71/1: 1-18.

De Vries, Jolanda; Van Heck, Guus L. (2000), Persoonlijkheid en emotionele uitputting. Een overzicht van de literatur. *Gedrag & Gezondheid: Tijdschrift voor Psychologie & Gezondheid.* 28/3: 90-105.

De Vries, Thomas A.; Hoogstraten, Johan (2000), De samenhang tussen werkstress, coping en burn-out bij fysiotherapeuten. *Gedrag & Gezondheit: Tijdschrift voor Psychologie & Gezondheid* 28/2: 63-68.

Dekel, Rachel; Peled, Einat (2000), Staff burnout in Israeli battered women's shelters. *Journal of Social Service Research* 26/3: 65-76.

Demerouti, Evangelia (1999), *Burnout. Eine Folge konkreter Arbeitsbedingungen bei Dienstleistungs- und Produktionstätigkeiten.* (Studien zur Arbeits- und Organisationspsychologie; 17). Frankfurt/Main, Berlin und Bern: Peter Lang Verlag.

Demerouti, Evangelia (2000), Die Arbeit, nicht den Menschen verändern. Ein Burnout-Modell. *Psychoscope* 21/10: 11-13.

Demerouti, Evangelia; Bakker, Arnold B.; De Jonge, Jan; Janssen, Peter P.M.; Schaufeli, Wilmar B. (2001), Burnout and engagement at work as a function of demands and control. *Scandinavian Journal of Work, Environment & Health* 27/4: 279-286.

Demerouti, Evangelia; Bakker, Arnold B.; Nachreiner, Friedhelm; Schaufeli, Wilmar B. (2000), A model of burnout and life satisfaction amongst nurses. *Journal of Advanced Nursing* 32/2: 454-464.

Demerouti, Evangelia; Bakker, Arnold B.; Vardakou, Ioanna; Kantas, Aristotelis (2003), The convergent validity of two burnout instruments. A multitrait-multimethod analysis. *European Journal of Psychological Assessment* 19/1: 12-23.

Demerouti, Evangelia; Nachreiner, Friedhelm; Bakker, Arnold B.; Schaufeli, Wilmar B. (2001), The job demands-resources model of burnout. *Journal of Applied Psychology* 86/3: 499-512.

Densten, Iain L. (2001), Re-thinking burnout. *Journal of Organizational Behavior* 22/8: 833-847.

DI MATTEO, M. Robin; MARTIN, L.R., (2002), *Health Psychology*. Needham Heights, MA: Allyn + Bacon.

DIENER, Ed (2001a), Well-being (subjective), Psychology of. In: SMELSER, Neil J.; BALTES, Paul B. (Eds.), *International Encyclopedia of the Social & Behavioral Sciences* 24. Amsterdam: Elsevier: 16451-16454.

DIENER, Ed (2001b), Pleasures and subjective well-being. *European Journal of Personality* 15/2: 153-167.

DIENER, Ed; EUNKOOK, M. Suh; RICHARD, Lucas E.; SMITH, Heidi L. (1999), Subjective well-being: Three decades of progress. *Psychological Bulletin* 125/2: 276-302.

DILLING, Horst; FREYBERGER, Harald J. (1999), *Taschenführer zur ICD-10- Klassifikation psychischer Störungen*. Göttingen: H. Huber.

DLUGOS, Raymond F. (2000), *Psychotherapists Who Are Passionately Committed to Their Work: A Qualitative Study of Their Experiences*. Ann Arbor, MI: University Microfilms International.

DLUGOS, Raymond F.; FRIEDLANDER, Myrna L. (2001), Passionately committed psychotherapists: A qualitative study of their experience. *Professional Psychology: Research & Practice* 32/3: 298-304.

DORMANN, Christian; ZAPF, Dieter; ISIC, Amela (2002), Emotionale Arbeitsanforderungen und ihre Konsequenzen bei Call Center-Arbeitsplätzen. *Zeitschrift für Arbeits-und Organisationspsychologie* 46/4: 201-215.

DUNN, Stephen Ronald (2000), *An Empirical Investigation of a Revised Version of the Cherniss Model of Burnout among Psychiatric Nursing Staff*. Ann Arbor, MI: University Microfilms International.

DURAN DURAN, María Auxiliadora; EXTREMERA PACHECO, Natalio; REY PENA, Lourdes (2001), Burnout en profesionales de la enseñanza. Un estudio en educación primaria, secundaria y superior. *Revista de Psicología del Trabajo y de las Organizaciones* 17/1: 45-62.

DYER, Steve; QUINE, Lyn (1998), Predictors of job satisfaction and burnout among the direct care staff of a community learning disability service. *Journal of Applied Research in Intellectual Disabilities* 11/4: 320-332.

EBBINGHAUS, Margit (1986), *Erfassung von Burnout. Entwicklung und Überprüfung eines Meßinstrumentes für die Anwendung in verschiedenen Berufsbereichen*. Unveröffentlichte Diplomarbeit, Universität Oldenburg: Arbeits- und Organisationspsychologie.

EICHHORN, Christoph (2002), Erholungskompetenz durch Self-Coaching – Basis für berufliche Höchstleistung. *Wirtschaftspsychologie* 9/1: 54-59.

ELLOY, David F.; TERPENING, Willbann; KOHLS, John (2001), Causal model of burnout among self-managed work team members. *Journal of Psychology* 135/3: 321-334.

ENZMANN, Dirk (1996), *Gestreßt, erschöpft oder ausgebrannt? Einflüsse von Arbeitssituation, Empathie und Coping auf den Burnoutprozeß*. München: Profil.

ENZMANN, Dirk; SCHAUFELI, Wilmar B.; JANSSEN, Peter; ROZEMAN, Alfred (1998), Dimensionality and validity of the Burnout Measure. *Journal of Occupational and Organizational Psychology* 71/4: 331-351.

ERICKSON, Rebecca J.; RITTER, Christian (2001), Emotional labor, burnout, and inauthenticity: Does gender matter? *Social Psychology Quarterly* 64/2: 146-163.

ESCOT, C.; ARTERO, S.; GANDUBERT, C.; BOULENGER, J.P.; RITCHIE, K. (2001), Stress levels in nursing staff working in oncology. *Stress & Health: Journal of the International Society for the Investigation of Stress* 17/5: 273-279.

ETZION, Dalia; PINES, Ayala (1986), Sex and culture in burnout and coping among human service professionals: A social psychological perspective. *Journal of Cross-Cultural Psychology* 17/2: 191-209.

EVERS, Will J.G.; BROUWERS, André; TOMIC, Welko (2002), Burnout and self-efficacy: A study on teachers' beliefs when implementing an innovative educational system in the Netherlands. *British Journal of Educational Psychology* 72/2: 227-243.

EVERS, Will; TOMIC, Welko; BROUWERS, André (2001), Effects of aggressive behavior and perceived self-efficacy on burnout among staff of homes for the elderly. *Issues in Mental Health Nursing* 22/4: 439-454.

EVERS, Will; TOMIC, Welko; VAN ALPHEN, Herman (2001), Self-efficacy en burnout bij leraren in het Studiehuis. *Pedagogische Studien* 78/3: 169-183.

FARBER, Barry A. (Ed.) (1983), *Stress and Burnout in the Human Service Professions*. New York, NY: Pergamon Press.

FARBER, Barry A. (1999), Inconsequentiality – The key to understanding teacher burnout. In: VANDENBERGHE, Roland; HUBERMAN, A. Michael (Eds.), *Understanding and Preventing Teacher Burnout: A Sourcebook of International Research and Practice*. New York, NY: Cambridge University Press: 159-165.

FARBER, Barry A. (2000a), Introduction: Understanding and treating burnout in a changing culture. *Journal of Clinical Psychology* 56/5: 589-594.

FARBER, Barry A. (2000b), Treatment strategies for different types of teacher burnout. *Journal of Clinical Psychology* 56/5: 675-689.

FAY, Doris; SONNENTAG, Sabine; FRESE Michael (1998), Stressors, innovation, and personal initiative: Are stressors always detrimental? In: COOPER, Cary L. (Ed.), *Theories of Organizational Stress*. Oxford, Oxford University Press: 170-189.

FELDSTEIN, Sherry B. (2000), *The Relationship between Supervision and Burnout in School Counselors*. Ann Arbor, MI: University Microfilms International.

FELTON, J.S. (1998), Burnout as a clinical entity - its importance in health care workers. *Occupational Medicine* 48/4: 237-250.

FIGLEY, Charles R. (1995), *Compassion Fatigue: Coping with Secondary Traumatic Stress Disorder in Those Who Treat to Traumatized*. New York, NY: Brunner.

FISCHER, Harvey J. (1983), A psychoanalytic view of burnout. In: FARBER, Barry A., *Stress and Burnout in the Human Service Professions*. New York, NY: Pergamon Press: 40-45.

FISHER, Sandi (1999), *Hardiness and Job Fitness for the Intensive Family Preservation Specialist: A Correlational Study*. Ann Arbor, MI: University Microfilms International.

FOLKMAN, Susan (1997), Positive psychological states and coping with severe stress. *Social Science & Medicine* 45/8: 1207-1221.

FOLKMAN, Susan; MOSKOWITZ, Judith T. (2000), Positive affect and the other side of coping. *American Psychologist* 55/6: 647-654.

FORSTHUBER, Monika (2001), *Psychische Störungen als Ursache für Dienstunfähigkeit bei Lehrern: Neurasthenie, Dysthymie, Burnout und chronisches Müdigkeitssyndrom als Ursachen im Vergleich*. München: Medizinische Dissertation an der Ludwig-Maximilians-Universität.

FOUCAULT, Michel (1986), *Die Sorge um sich. Sexualität und Wahrheit III*. Frankfurt/Main: Suhrkamp.

FRANZINI, Louis R. (2001), Humor in therapy: The case for training therapists in its uses and risks. *Journal of General Psychology* 128/2: 170-193.

FREEDY, John R. (1990), *Stress Inoculation for Prevention of Burnout: A Conservation of Resources Approach*. Unpublished doctoral dissertation. Kent, OH: Kent State University.

FREEDY, John R.; HOBFOLL, Stevan E. (1994), Stress inoculation for reduction of burnout: A conservation of resources approach. *Anxiety, Stress, and Coping* 6: 311-325.

FREUDENBERGER, Herbert J. (1974), Staff burn-out. *Journal of Social Issues* 30/1: 159-165.

FREUDENBERGER, Herbert J. (1975), The staff burnout syndrome in alternative institutions. *Psychotherapy: Theory, Research, & Practice* 12: 72-83.

FREUDENBERGER, Herbert J. (1983), Burnout: Contemporary issues, trends, and concerns. In: FARBER, Barry A. (Ed.), *Stress and Burnout in the Human Service Professions*. New York, NY: Pergamon Press: 23-28.

Freudenberger, Herbert J.; Richelson Geraldine (1980), *Ausgebrannt. Die Krise der Erfolgreichen – Gefahren erkennen und vermeiden*. München: Kindler.

Friedman, Isaac A. (1998), Role pressures in school principals' work as predictors of burnout. *Megamot* 40/2: 218-243.

Friedman, Isaac A. (2000), Burnout in teachers: Shattered dreams of impeccable professional performance. *Journal of Clinical Psychology* 56/5: 595-606.

Gabassi, Pier Giorgio; Cervai, Sara; Rozbowsky, Patrizia; Semeraro, Arianna; Gregori, Dario (2002), Burnout syndrome in the helping professions. *Psychological Reports* 90/14: 309-314.

Gana, Kamel; Boblique, Celine (2000), Coping and burnout among police officers and teachers: Test of a model. *European Review of Applied Psychology/Revue Européenne de Psychologie Appliquée* 50/4: 423-430.

García Izquierdo, Mariano; Sáez Navarro, María Concepción; Llor Esteban, Bartolomé (2000), Burnout, satisfacción laboral y bienestar en personal sanitario de salud mental. *Revista de Psicología del Trabajo y de las Organizaciones* 16/2: 215-228.

García-Villamisar, Domingo; Muela, Carmen (2000), Relación empírica entre el burnout y los estilos de solución de problemas interpersonales en una muestra de terapeutas y preparadores laborales de adultos autistas integrados en un programa de empleo con apoyo. *Revista de Psicología Social Aplicada* 15/1: 77-85.

Garman, Andrew N.; Corrigan, Patrick W.; Morris, Scott (2002), Staff burnout and patient satisfaction: Evidence of relationships at the care unit level. *Journal of Occupational Health Psychology* 7/3: 235-241.

Gerhard, Frederick C. (2000), *The Relationship between Optimism and Burnout in Nursing Assistants*. Ann Arbor, MI: University Microfilms International.

Geysen, George III (2001), *Burnout in the Human Services with Developmentally Disabled Adults: An Investigation of the Role of Social Responsibility and Adult Attachment Style*. Ann Arbor, MI: University Microfilms International.

Gilbar, Ora (1998), Relationship between burnout and sense of coherence in health social workers. *Social Work in Health Care* 26/3: 39-49.

Gillespie, David F. (1981), Correlates for active and passive types of burnout. *Journal of Social Service Research* 4/2: 1-16.

Gil-Monte, Pedro R. (2002), Validez factorial de la adaptación al español del Maslach Burnout Inventory-General Survey. *Salud Pública de México* 44/1: 33-40.

GIL-MONTE, Pedro R.; PEIRO; José M. (2000), Un estudio comparativo sobre criterios normativos y diferenciales para el diagnóstico del síndrome de quemarse por el trabajo (burnout) según el MBI-HSS en España. *Revista de Psicología del Trabajo y de las Organizaciones* 16/2: 135-149.

GLASS, D.C.; MCKNIGHT, J.D. (1996), Perceived control, depressive symptomatology, and professional burnout: A review of the evidence. *Psychology and Health* 11: 23-48.

GLIDEWELL, Reba Sue Ellis (2000), *Burnout, Vicarious Traumatization, Coping Styles, and Empathy in Long–term Care Nursing Personnel*. Ann Arbor, MI: University Microfilms International.

GOELMAN, Hillel; GUO, Huan (1998), What we know and what we don't know about burnout among early childhood care providers. *Child & Youth Care Forum* 27/3: 175-199.

GOLEMBIEWSKI, Robert T. (Ed.) (2001), *Handbook of Organizational Behavior*. New York, NY: Marcel Dekker Inc.

GOLEMBIEWSKI, Robert T.; BOUDREAU, Robert A.; MUNZENRIDER, Robert F.; LUO, Huaping (1996), *Global Burnout: A Worldwide Pandemic Explored by the Phase Model*. Greenwich, CT: JAI Press Inc..

GOLEMBIEWSKI Robert T.; HILLES Richard; DALY Rick (1987), Some effects of multiple OD interventions on burnout and work site features. *The Journal of Applied Behavioral Science* 23/3: 295-313.

GOLEMBIEWSKI, Robert T.; MUNZENRIDER, Robert (1984), Active and passive reactions to psychological burnout? Toward greater specificity in a phase model. *Journal of Health and Human Resources Administration* 7: 264-289.

GOLEMBIEWSKI, Robert T.; MUNZENRIDER, Robert F.; STEVENSON, J.G. (1986), *Stress in Organizations: Toward a Phase Model of Burnout*. New York, NY: Praeger.

GORTER, Ronald C.; ALBRECHT, Gonnie; HOOGSTRATEN, Johan; EIJKMAN, Michiel A.J. (1999), Factorial validity of the Maslach Burnout Inventory – Dutch version (MBI-NL) among dentists. *Journal of Organizational Behavior* 20/2: 209-217.

GORTER, Ronald C.; EIJKMAN, Michiel A.J.; HOOGSTRATEN, Johan (2001), A career counseling program for dentists: Effects on burnout. *Patient Education & Counseling* 43/1: 23-30.

GRANDEY, Alicia A. (2000a), *The Effects of Emotional Labor: Employee Attitudes, Stress and Performance*. Ann Arbor, MI: University Microfilms International.

GRANDEY, Alicia A. (2000b), Emotion regulation in the workplace: A new way to conceptualize emotional labor. *Journal of Occupational Health Psychology* 5/1: 95-110.

GRASSI, Luigi; MAGNANI, Katia (2000), Psychiatric morbidity and burnout in the medical profession: An Italian study of general practitioners and hospital physicians. *Psychotherapy & Psychosomatics* 69/6: 329-334.

GRASSI, Luigi; MAGNANI, Katia; ERCOLANI, Mauro (1999), Attitudes towards euthanasia and physician assisted suicide among Italian primary care physicians. *Journal of Pain and Symptom Management* 17/3: 188-196.

GREENBLATT, Edith Lilian (2001), *A Paradox in Paradise: Depletion and Restoration of Personal Resources, Emotional Labor, and Burnout in an Idyllic Total Institution*. Ann Arbor, MI: University Microfilms International.

GREENE, Graham (1961), *A Burnt-Out Case*. London, Melbourne und Toronto: Heinemann.

GREENGLASS, Esther R. (1991), Burnout and gender: Theoretical and organizational implications. *Canadian Psychology* 32/4: 562-572.

GREENGLASS, Esther R.; BURKE, Ronald J.; KONARSKI, Roman (1998), Components of burnout, resources, and gender-related differences. *Journal of Applied Social Psychology* 28/12: 1088-1106.

GREENGLASS, Esther R.; BURKE, Ronald J.; ONDRACK, Mirka (1990), A gender-role perspective of coping and burnout. *Applied Psychology: An International Review* 39/1: 5-27.

GREENGLASS, Esther R.; BURKE, Ronald J.; FIKSENBAUM, Lisa (2001), Workload and burnout in nurses. *Journal of Community & Applied Social Psychology* 11/3: 211-215.

GREENGLASS, Esther R.; FIKSENBAUM, Lisa; BURKE, Ronald J. (1994), The relationship between social support and burnout over time in teachers. *Journal of Social Behavior and Personality* 9/2: 219-230.

GREENGLASS, Esther R.; FIKSENBAUM, Lisa; BURKE, Ronald J. (1996), Components of social support, buffering effects and burnout: Implications for psychological functioning. *Anxiety, Stress, and Coping* 9: 185-197.

GROSCH, William N.; OLSEN, David C. (2000), Clergy burnout: An integrative approach. *Journal of Clinical Psychology* 56/5: 619-632.

GUERITAULT-CHALVIN, Violaine; KALICHMAN, Seth C.; DEMI, A.; PETERSON, John L. (2000), Work-related stress and occupational burnout in AIDS care givers: Test of a coping model with nurses providing AIDS care. *AIDS Care* 12/2: 149-161.

GURSEL, Musa; MURAT SUNBUL, Ali; SARI, Hakan (2002), An analysis of burnout and job satisfaction between Turkish headteachers and teachers. *European Journal of Psychology of Education* 17/1: 35-45.

GUSSONE, Barbara; SCHIEPEK, Günter (2000), *Die „Sorge um sich". Burnout-Prävention und Lebenskunst in helfenden Berufen*. Tübingen: dgvt Verlag.

GUTHRIE, E.; BLACK, D.; BAGALKOTE, H.; SHAW, C.; CAMPBELL, M.; CREED, F. (1998), Psychological stress and burnout in medical students: A five-year prospective longitudinal study. *Journal of the Royal Society of Medicine* 91/5: 237-243.

HAAN, N. (1982), Assessment of coping, defense, and stress. In: GOLDBERGER, Leo; BREZNITZ, Shlomo (Eds.), *Handbook of Stress: Theoretical and Clinical Aspects*. New York, NY: Free Press: 254-269.

HACKER, Winfried; Reinhold, S. (1998), *Beanspruchungsscreening bei Humandienstleistungen (BHD-System)*. Frankfurt/Main.

HALL, Liz (2001), Burnout: Results of an empirical study of New Zealand nurses. *Contemporary Nurse. A Journal for the Australian Nursing Profession* 11/1: 71-83.

HAMMONS, Kim Hildebrand (2000), *An Analysis of Social Factors Which Mitigate Burnout in Hospital Social Workers Who Work With Terminally Ill Inpatient Populations*. Ann Arbor, MI: University Microfilms International.

HANSON, E.K.S.; GODAERT, G.L.R.; MAAS, C.J.M.; MEIJMAN, T.F. (2001), Vagal cardiac control throughout the day: The relative importance of effort-reward imbalance and within-day measurements of mood, demand and satisfaction. *Biological Psychology* 56/1: 23-44.

HASTINGS, Richard P.; BROWN, Tony (2002), Coping strategies and the impact of challenging behaviors on special educators' burnout. *Mental Retardation* 40/2: 148-156.

HATFIELD, Elaine; CACIOPPO, John T.; RAPSON, Richard L. (1994), *Emotional Contagion*. New York, NY: Cambridge University Press.

HELLESØY, Odd; GRØNHAUG, Kjell; KVITASTEIN, Olav (1998), Profiling the high hazards perceivers: An exploratory study. *Risk Analysis* 18/3: 253-259.

HELLESØY, Odd; GRØNHAUG, Kjell; KVITASTEIN, Olav (2000), Burnout: conceptual issues and empirical findings from a new research setting. *Scandinavian Journal of Management* 16/3: 233-247.

HELMSTETTER, Donald Warren (1999), *Stress Factors of Minnesota School Superintendents as Correlated with Leadership Styles and Personality Types*. Ann Arbor, MI: University Microfilms International.

HERSCHBACH, Peter (2002), Psychische Belastungen im ärztlichen Krankenhausalltag. In: BRÄHLER, Elmar; STRAUß, Bernhard (Eds.), *Handlungsfelder in der Psychosozialen Medizin*. Göttingen: Hogrefe: 77-94.

HIGGINS, N.C. (1986), Occupational stress and working women: The effectiveness of two stress reduction programs. *Journal of Vocational Behavior* 29: 66-78.

HILL RICE, Virginia (Ed.) (2000), *Handbook of Stress, Coping, and Health: Implications for Nursing Research, Theory and Practice*. Thousand Oaks, CA: Sage Publications

HILLHOUSE, Joel J.; ADLER, C.M.; WALTERS, D.N. (2000), A simple model of stress, burnout and symptomatology in medical residents: A longitudinal study. *Psychology, Health & Medicine* 5/1: 63-73.

HILLS, H.; NORVELL, N. (1991), An examination of hardiness and neuroticism as potential moderators of stress outcomes. *Behavioral Medicine* 17: 31-38.

HOBFOLL, Stevan E. (1988), *The Ecology of Stress*. Washington, DC: Hemisphere.

HOBFOLL, Stevan E. (1989), Conservation of resources: A new attempt at conceptualizing stress. *The American Psychologist* 44: 513-524.

HOBFOLL, Stevan E. (2001), The influence of culture, community, and the nested-self in the stress process: Advancing Conservation of Resources theory. *Applied Psychology: An International Review* 50/3: 337-370.

HOBFOLL, Stevan E.; FREEDY, John R. (1993), Conservation of resources: A general stress theory applied to burnout. In: SCHAUFELI, Wilmar B.; MASLACH, Christina; MAREK, Tadeusz (Eds.), *Professional Burnout: Recent Developments in Theory and Research*. Washington, DC: Taylor & Francis: 115-129.

HOBFOLL, Stevan E.; FREEDY, John R.; GREEN, Bonnie L.; SOLOMON, Susan D. (1996), Coping in reaction to extreme stress: The roles of resource loss and resource availability. In: ZEIDNER, Moshe; ENDLER, Norman S. (Eds.), *Handbook of Coping. Theory, Research, Applications*. New York, NY: John Wiley & Sons: 322-349.

HOBFOLL, Stevan E.; SHIROM, Arie (1993), Stress and burnout in the workplace: Conservation of resources. In: GOLEMBIEWSKI, Robert T., *Handbook of Organizational Behavior*. New York, NY: Marcel Dekker: 41-60.

HOCHSCHILD, Arlie Russell (1983) *The Managed Heart*. Berkeley: University of California Press.

HOFSTEDE, Geert (1980), *Culture's Consequences. International Differences in Work Related Values*. Beverly Hills, CA: Sage.

HOFSTEDE, Geert (1990), *Culture's Consequences. International Differences in Work-Related Values*. (Abridged Edition. (Cross-Cultural Research and Methodology Series, Vol. 5.) Newbury Park: CA: Sage Publications (6. Ed).

HOFSTEDE, Geert (1993), *Interkulturelle Zusammenarbeit. Kulturen - Organisationen - Management*. Wiesbaden: Gabler Verlag.

HOFSTEDE, Geert (1997), *Cultures and Organizations. Software of the Mind. Intercultural Cooperation and its importance for survival* (revised edition). New York/London: McGraw Hill.

HOFSTEDE, Geert (Ed.) (1998), *Masculinity and Femininity: The Taboo Dimension of National Cultures*. (Cross-Cultural Psychology Series; Volume 3). London: Sage Publications.

HOLADAY, Margot; LACKEY, Trey; BOUCHER, Michelle; GLIDEWELL, Reba S.E. (2001), Secondary stress, burnout, and the clergy. *American Journal of Pastoral Counseling* 4/1: 53-72.

HOLAHAN, Charles J.; MOOS, Rudolf H.; SCHAEFER, Jeanne A. (1996), Coping, stress resistance, and growth: Conceptualizing adaptive functioning. In: ZEIDNER, Moshe; ENDLER, Norman S. (Eds.), *Handbook of Coping. Theory, Research, Applications*. New York, NY: John Wiley & Sons: 24-43.

HOUKES, Inge; JANSSEN, Peter P.M.; DE JONGE, Jan; Bakker, Arnold B. (2003), Personality, work characteristics and employee well-being: A longitudinal analysis of additive and moderating effects. *Journal of Occupational Health Psychology* 8/1: 20-38.

HOUKES, Inge; JANSSEN, Peter P.M.; DE JONGE, Jan; NIJHUIS, Frans J.N. (2001a), Specific relationships between work characteristics and intrinsic work motivation, burnout and turnover intention: A multi-sample analysis. *European Journal of Work & Organizational Psychology* 10/1: 1-23.

HOUKES, Inge; JANSSEN, Peter P.M.; DE JONGE, Jan; NIJHUIS, Frans J.N. (2001b), Work and individual determinants of intrinsic work motivation, emotional exhaustion, and turnover intention: A multi-sample analysis. *International Journal of Stress Management* 8/4: 257-283.

HUANG, Pi-Yen (1999), *An Investigation of Stress and Burnout as Perceived by Professionals Who Are Working with Students with Emotional/Behavioral Disorder*. Ann Arbor, MI: University Microfilms International.

HUGHES, Eugene R. (2001), Deciding to leave but staying: Teacher Burnout, precursors, and turnover. *International Journal of Human Resource Management* 12/2: 288-298.

IACOVIDES, Apostolos; FOUNTOULAKIS, Konstantinos N.; MOYSIDOU, Charoula; IERODIAKONOU, Charalambos (1999), Burnout in nursing staff: Is there a relationship between depression and burnout? *International Journal of Psychiatry in Medicine* 29/4: 421-433.

IDEMUDIA, Sunday Erhabor; JEGEDE, Ayodele Samuel; MADU, Ntomchukwu Sylvester; AROWOLO, Folashade (2000), Type A behavior and burnout among bank manages in Nigeria. *Journal of Psychology in Africa; South of the Sahara, the Caribbean & Afro-Latin America* 10/2: 189-196.

IVERSON, Roderick D.; OLEKALNS, Mara; ERWIN, Peter J. (1998), Affectivity, organizational stressors, and absenteeism: A causal model of burnout and its consequences. *Journal of Vocational Behavior* 52/1: 1-23.

JACKSON, Susan E.; SCHWAB, Richard L.; SCHULER, Randall S. (1986), Toward an understanding of the burnout phenomenon. *Journal of Applied Psychology* 71/4: 630-640.

JAMAL, Muhammad (1999a), Job stress and employee well-being: A cross-cultural empirical study. *Stress Medicine* 15: 153-158.

JAMAL, Muhammad (1999b), Job stress, type-A behavior, and well-being: A cross-cultural examination. *International Journal of Stress Management* 6/1: 57-67.

JAMUNA, D.; RAMAMURTI, P.V. (2000), Burnout among the caregivers of disabled elderly: Effect of intervention. *Psychological Studies* 45/3: 150-155.

JANSSEN, Peter P.M.; BAKKER, Arnold B.; DE JONG, Ad (2001), A test and refinement of the demand-control-support model in the construction industry. *International Journal of Stress Management* 8/4: 315-332.

JANSSEN, Peter P.M.; NIJHUIS, F.J.N.; LOURIJSEN, E.C.M.P.; SCHAUFELI, Wilmar B. (1996), *Gezonder werken: minder verzuim! Handleiding voor integrale gezondheidsbevordering op het werk*. Amsterdam: Nederlands Instituut van Arbeidsomstandigheden.

JANSSEN, Peter P.M.; SCHAUFELI, Wilmar B.; HOUKES, Inge (1999), Work-related and individual determinants of three burnout dimensions. *Work & Stress* 13/1: 74-86.

JEANNEAU, Madeleine; ARMELIUS, Kerstin (2000), Self-image and burnout in psychiatric staff. *Journal of Psychiatric and Mental Health Nursing* 7/5: 399-406.

JEONG, Joseph (2000), *A Study of Burnout and Time Management among Korean-American Pastors*. Ann Arbor, MI: University Microfilms International.

JERUSALEM, Matthias; SCHWARZER, Ralf (1995), Generalized self-efficacy scale. In: WEINMAN, J.; WRIGHT, S.; JOHNSTON, M. (Eds.), *Measures in Health Psychology: A User's Portfolio*. Windsor: NFER-Nelson: 35-38.

JOHNS, Bernadette Rosina (1998), *The Relationship between Personality Hardiness and Burnout among Informal Caregivers of People with HIV and AIDS*. Ann Arbor, MI: University Microfilms International.

KAHILL, Sophia (1988), Symptoms of professional burnout: A review of the empirical evidence. *Canadian Psychology* 29/3: 284-297.

KAHN, R.L.; BYOSIERE, P. (1992), Stress in organizations. In: TRIANDIS, H.C.; DUNETTE, M.D.; HOUGH, J.M.R. (Eds.), *Handbook of Industrial and Organizational Psychology 4*. Palo Alto, CA: Consulting Psychologists Press: 571-650.

KALLIATH, Thomas J.; O'DRISCOLL, Michael P.; GILLESPIE, David F. (1998), The relationship between burnout and organizational commitment in two samples of health professionals. *Work & Stress* 12/2: 179-185.

KALLIATH, Thomas J.; O'DRISCOLL, Michael P.; GILLESPIE, David F.; BLUEDORN, Allen C. (2000), A test of the Maslach Burnout Inventory in three samples of healthcare professionals. *Work & Stress* 14/1: 35-50.

KALLUS, K. Wolfgang; KELLMANN, Michael (2000), Burnout in athletes and coaches. In HANIN, Yuri L. (Ed.), *Emotions in Sport*. Champaign, IL: Human Kinetics: 209-230.

KANUNGO, Rabindra N. (1982), Measurement of job and work involvement. *Journal of Applied Psychology* 67: 341-349.

KARASEK, Robert (1979), Job demands, job decision latitude and mental strain: Implications for job redesign. *Administrative Science Quarterly* 24, 285-308.

KARASEK, Robert; THEORELL, Töres (1990), *Healthy work: Stress, Productivity, and the Reconstruction of Working Life*. New York, NY: Basic Books.

KARGER, Howard J. (1981), Burnout as alienation. *Social Service Review* 55: 270-283.

KARLIDAG, Rifat; UENAL, Sueheyla; YOLOGLU, Saim (2000), Hekimlerde is doyumu ve tuekenmislik duezeyi (Job satisfaction and burnout levels of physicians). *Turk Psikiyatri Dergisi* 11/1: 49-57.

KELLNER, Mary Elizabeth (2001), *Emergency Medical Professionals Experiencing Healthcare Re-Structure: Coping, Empathy, and Spirituality in Relation to Work-Stress*. Ann Arbor, MI: University Microfilms International.

KELLY, George A. (1955), *The Psychology of Personal Constructs*. New York, NY: Norton.

KERNEN, Hans (1998), *Burnout-Prophylaxe im Management. Erfolgreiches individuelles und institutionelles Ressourcenmanagement*. Bern, Stuttgart, Wien: Verlag Paul Haupt (2., unveränderte Auflage).

KICKUL, Jill; POSIG, Margaret (2001), Supervisory emotional support and burnout: An explanation of reverse buffering effects. *Journal of Managerial Issues* 13/3: 328-344.

KILPATRICK, Anne Osborne (1986), *Burnout: An Empirical Assessment*. Unpublished doctoral dissertation. Athen: Universiy of Georgia

KILPATRICK, Anne Osborne (1989), Burnout correlates and validity of research designs in a large panel of studies. *Journal of Health and Human Resources* 12: 25-45.

KIRKCALDY, Bruce D.; ATHANASOU, James A.; TRIMPOP Rudiger (2000), The idiosyncratic construction of stress: examples from medical work settings. *Stress Medicine* 16/5: 315-326.

KIRSCH, Gregory G. (2001), *The Impact of Spirituality and Life Satisfaction on Burnout in the Diocesan Priest*. Ann Arbor, MI: University Microfilms International.

KJØRMO, Odd; HALVARI, H. (2002), Relation of burnout with lack of time for being with significant others, role conflict, cohesion, and self-confidence among Norwegian Olympic athletes. *Perceptual and Motor Skills* 94/3 Teil 1: 795-804.

KLARREICH, Sam (Ed.) (1998), *Handbook of Organizational Health Psychology: Programs to Make the Workplace Healthier*. Madison, CT: Psychosocial Press.

KLEIBER, Dieter; ENZMANN, Dirk (1990), *Burnout. Eine internationale Bibliographie. An International Bibliography*. Göttingen: Verlag für Psychologie; Dr. C. J. Hogrefe.

KLEIN, David J.; VERBEKE, Willem (1999), Autonomic feedback in stressful environments: How do individual differences in autonomic feedback relate to burnout, job performance, and job attitudes in salespeople? *Journal of Applied Psychology* 84/6: 911-924.

KOBASA, Suzanne C. (1979), Stressful life events, personality and health: An inquiry into hardiness. *Journal of Personality and Social Psychology* 37: 1-11.

KOBASA, Suzanne C. (1982), Commitment and coping in stress resistance among lawyers. *Journal of Personality and Social Psychology* 42: 168-177.

KOBASA, Suzanne C.; MADDI, Salvatore R.; KAHN, Stephen (1982), Hardiness and health: A prospective study. *Journal of Personality and Social Psychology* 42: 168-172.

KOLECK, M.; BRUCHON-SCHWEITZER, Marilou.; THIEBAUT, E.; DUMARTIN, N.; SIFAKIS, Y. (2000), Job stress, coping and burnout among French general practitioners. *European Review of Applied Psychology/Revue Européenne de Psychologie Appliquée* 50/3: 309-314.

KOOTTE, Anton Frans (2001), *Death Anxiety, Occupational Stress and Burnout in Hospice Social Workers*. Ann Arbor, MI: University Microfilms International.

KOP, Nicolien; EUWEMA, Martin C. (1999), Burnout and conflict-management among Dutch police officers. *Gedrag & Gezondheit: Tijdschrift voor Psychologie & Gezondheid* 27/1-2: 36-41.

KOP, Nicolien; EUWEMA, Martin C. (2001), Occupational stress and the use of force by Dutch police officers. *Criminal Justice and Behavior* 28/5: 631-652.

KOP, Nicolien; EUWEMA, Martin C.; SCHAUFELI, Wilmar (1999), Burnout, job stress and violent behaviour among Dutch police officers. *Work & Stress* 13/4: 326-340.

KOSKI, Michael Jerome (1998), *Burnout in Gay Men Caring for a Partner with Aids: The Relationship between Social Support, Coping with HIV, and Level of Intimacy*. Ann Arbor, MI: University Microfilms International.

KOUSTELIOS, Athanasios; KOUSTELIOS, Ioanna (2001), Job satisfaction and burnout in education. *Psychology: The Journal of the Hellenic Psychological Society* 8/1: 30-39.

KROHNE, Heinz Walter (2001), Stress and coping theories. In: SMELSER, Neil J.; BALTES, Paul B. (Eds.), *International Encyclopedia of the Social & Behavioral Sciences* 22. Amsterdam: Elsevier: 15163-15170.

KRUML, Susan M.; GEDDES, Deanna (2000), Catching fire without burning out: Is there an ideal way to perform emotion labor? In: ASHKANASY, Neal M.; HÄRTEL, Charmine E.; ZERBE, Wilfred J. (Eds.), *Emotions in the Workplace: Research, Theory, and Practice*. Westport, CT: Quorum Books/Greenwood Publishing: 177-188.

KULIK, Liat (2002), Marital equality and the quality of long-term marriage in later life. *Ageing & Society* 22/4: 459-481.

LACOURSIÈRE, Roy B. (2001), Burnout and substance user treatment: The phenomenon and the administrator-clinician's experience. *Substance Use and Misuse. Special Issue: Do Treatments and Other Interventions Work?* 36/13: 1839-1874.

LÄNGLE, Alfried (2000), Burnout – Existentielle Bedeutung und Möglichkeiten der Prävention. *Psychologie in Österreich* 20/2-3: 106-112.

LANGNER, Danielle Elizabeth (2002), *Burnout and Leadership Styles in Residential Mental Health Workers*. Ann Arbor, MI: University Microfilms International.

LASSK, Felicia G.; MARSHALL, Greg W.; CRAVENS, David W.; MONCRIEF, William C. (2001), Salesperson job involvement: A modern perspective and a new scale. *Journal of Personal Selling & Sales Management* 21/4: 291-302.

LAWLER, Edward E.; HALL, DouglasT. (1970), Relationships of job characteristics to job involvement, satisfaction and intrinsic motivation. *Journal of Applied Psychology* 54: 305-312.

LE BLANC, Pascale M.; BAKKER, Arnold B.; PEETERS, Maria C.W.; VAN HEESCH, Nicolette C.A.; SCHAUFELI, Wilmar B. (2001), Emotional job demands and burnout among oncology care providers. *Anxiety, Stress, and Coping* 14/3: 243-263.

LEE, Raymond T.; ASHFORTH, Blake E. (1993), A longitudinal study of burnout among supervisors and managers: Comparison between the Leiter and Maslach (1988) and Golembiewski et al. (1986) models. *Organizational Behavior and Human Decision Processes* 54: 369-398.

LEE, Raymond T.; ASHFORTH, Blake E. (1996), A meta-analytic examination of the correlates of the three dimensions of job burnout. *Journal of Applied Psychology* 81/2: 123-133.

LEFFERS, Fred C.; VERGUNST, Annemarie J.; KLEBER, Rolf J.; STROEBE, Margaret S.; HAK, Eelko (2000), Stress op het werk de baas. Resultaten van een stresshanteringstraining. *Gedrag & Gezondheid: Tijdschrift voor Psychologie & Gezondheid* 28/1: 12-22.

LEITER, Michael P. (1989), Conceptual implications of two models of burnout. *Group & Organization Studies* 14/1: 15-22.

LEITER, Michael P.; CLARK, David; DURUP, Josette (1994), Distinct models of burnout and commitment among men and women in the military. *Journal of Applied Behavioral Science* 30/1: 63-82.

LEITER, Michael P.; FRIZZELI, Cindy; HARVIE, Phyllis; CHURCHILL, Laura (2001), Abusive interactions and burnout: Examining occupation, gender and the mediating role of community. *Psychology and Health* 16/5: 547-563.

LEITER, Michael P.; HARVIE, Phyllis; FRIZZEL, Cindy (1998), The correspondence of patient satisfaction and nurse burnout. *Social Science & Medicine* 47/10: 1611-1617.

LEITER, Michael P.; MASLACH, Christina (1998), Burnout. In: FRIEDMAN, Howard S. (Ed.), *Encyclopedia of Mental Health 1*. San Diego, CA: Academic Press: 347-357.

LEITER, Michael P.; MASLACH, Christina (2001), Burnout and health. In: BAUM, Andrew; REVENSON, Tracey A.; SINGER, Jerome (Eds.), *Handbook of Health Psychology*. Mahwah, NJ: Erlbaum: 415-426.

LEON, Ana M.; ALTHOLZ, Judith A. S.; DZIEGIELEWSKI, Sophia F. (1999), Compassion fatique: Considerations for working with the elderly. *Journal of Gerontological Social Work* 32/1: 43-62

LERMAN, Yehuda; MELAMED, Samuel; SHRAGIN, Yuri; KUSHNIR, Talma; ROTGOLTZ, Yosef; SHIROM, Arie; ARONSON, Moshe (1999), Association between burnout at work and leukocyte adhesiveness/aggregation. *Psychosomatic Medicine* 61/6: 828-833.

LEVERT, Tanya; LUCAS, Marilyn; ORTLEPP, Karen (2000), Burnout in psychiatric nurses: Contributions of the work environment and a sense of coherence. *South African Journal of Psychology* 30/2: 36-43.

LEWIS, S.L.; CAMPBELL, M.A.; BECKTELL, P.J.; COOPER, C.L.; BONNER, P.N.; HUNT, W.C. (1992), Work stress burnout, and sense of coherence among dialysis nurses. *American Nephrology Nurses' Association Journal* 12: 545-553.

LIEF, Harold I.; FOX, Renée C. (1963), Training for „detached concern" in medical students. In: LIEF, Harold I.; LIEF, V.F.; LIEF, N.R. (Eds.), *The Psychological Basis of Medical Practice*. New York, NY: Harper & Row: 12-35.

LINEHAN, Marsha M.; COCHRAN, Bryan N.; MAR, Corinne M.; LEVENSKY, Eric R.; COMTOIS, Katherine Anne (2000), Therapeutic burnout among borderline personality disordered clients and their therapists: Development and evaluation of two adaptations of the Maslach Burnout Inventory. *Cognitive & Behavioral Practice* 7/3: 329-337.

LINZER, Mark; GERRITY, Martha; DOUGLAS, Jeffrey A.; MCMURRAY, Julia E.; WILLIAMS, Eric S.; KONRAD, Thomas R. (2002), Physician stress: Results from the physician worklife study. *Stress and Health: Journal of the International Society for the Investigation of Stress* 18/1: 37-42.

LINZER, Mark; MCMURRAY, Julia E.; VISSER, Mechteld R.M.; OORT, Frans J.; SMETS, Ellen; DE HAES, Hanneke C.J.M. (2002), Sex differences in physician burnout in the United States and The Netherlands. *Journal of the American Medical Women's Association* 57/4: 191-193.

LITTLE, Laura Bruce (2000), *Training in Dialectical Behavior Therapy as a Means of Reducing Therapist Burnout*. Ann Arbor, MI: University Microfilms International.

LLOYD, Chris; KING, Robert; CHENOWETH, Lesley (2002), Social work, stress and burnout: A review. *Journal of Mental Health* 11/3: 255-266.

LOSINSKAYA, Evgenij; WIED, Victor (2000), Individuelle und gesellschaftliche Ursachen für das Burnout-Syndrom. Ein internationaler Vergleich. *Dynamische Psychiatrie* 33/5-6: 443-448.

LOURIJSEN, E.; HOUTMAN, I.; KOMPIER, Michiel A.J.; GRÜNDEMANN, R. (1999), The Netherlands: A hospital, „Healthy working for health". In: KOMPIER, Michiel A.J.; COOPER, Cary L. (Eds.), *Preventing Stress, Improving Productivity. European Case Studies in the Workplace*. London: Routledge.

LOWMAN, Rodney L. (1993), *Counseling and Psychotherapy of Work Dysfunctions*. Washington, DC: American Psychological Association.

LOZINSKAIA, E.I. (2002), Study of stress parameters in the work of the clinical psychiatrist. *International Journal of Mental Health* 31/1: 93-98.

LUSHINGTON, Kurt; LUSCRI Giuseppa (2001), Are counseling students stressed? A cross-cultural comparison of burnout in Australian, Singaporean and Hong Kong counseling students. *Asian Journal of Counselling* 8/2: 209-232.

MADDEN-SZESZKO, Gloria Marie (2000), *Variables Contributing to Teacher Efficacy: An Examination of Burnout, Affect, Demographic Variables, and General Self-Efficacy*. Ann Arbor, MI: University Microfilms International.

MADDI, Salvatore R.; KAHN, Stephen; MADDI, Karen L. (1998), The effectiveness of hardiness training. *Consulting Psychology Journal: Practice & Research* 50/2: 78-86.

MAES, S.; VERHOEVEN, C.; KITTEL, F.; SCHOLTEN, H. (1998), Effects of a Dutch wellness-health program: The Brabantia project. *American Journal of Public Health* 88: 1037-1041.

MALACH-PINES, Ayala (1996), *Couple Burnout. Causes and Cures*. New York and London: Routledge.

MALACH-PINES, Ayala (2002), A psychoanalytic-existential approach to burnout: Demonstrated in the cases of a nurse, a teacher, and a manager. *Psychotherapy: Theory, Research, Practice, Training* 39/1: 103-113.

MALACH-PINES, Ayala; YAFE-YANAI, Oreniya (2001), Unconscious determinants of career choice and burnout: Theoretical model and counseling strategy. *Journal of Employment Counseling* 38/4: 170-184.

MALKINSON, R.; KUSHNIR, T.; WEISBERG, E. (1997), Stress management and burnout prevention in female blue-collar workers: Theoretical and practical implications. *International Journal of Stress Management* 4: 183-197.

MANASSERO MAS, María Antonia; GARCÍA BUADES, Esther; VÁZQUEZ ALONSO, Ángel; FERRER PÉREZ, Victoria A.; RAMIS PALMER, Carmen; GILI PLANAS, Margarita (2000), Análisis causal del burnout en la enseñanza. *Revista de Psicología del Trabajo y de las Organizaciones* 16/2: 173-195.

MANN, Thomas (1979), *Die Buddenbrooks. Verfall einer Familie.* Frankfurt/Main: Fischer.

MANZANO GARCÍA, Guadalupe; RAMOS CAMPOS, Francisco (2000), Enfermería hospitalaria y síndrome de burnout. *Revista de Psicología del Trabajo y de las Organizaciones* 16/2: 197-213.

MARSH, Verdell (1998), *Job Stress and Burnout Among Nurses: The Mediational Effect of Spiritual Well-Being and Hardiness.* Ann Arbor, MI: University Microfilms International.

MARTIN, Claudia; PEDRABISSI, Luigi; SANTINELLO, Massimo; VIDOTTO, Giulio (1998), Il processo di burning-out: Una ricerca longitudinale. *Giornale Italiano di Psicologia* 25/4: 801-822.

MARTIN, Jeffrey J.; KELLEY, Betty; EKLUND, Robert C. (1999), A model of stress and burnout in male high school athletic directors. *Journal of Sport & Exercise Psychology* 21/3: 280-294.

MASCLET, George; MINEURE, S. (1999), Relations entre burn-out et estime de soi chez les surveillants peitentiaires. *Encéphale* 25/5: 450-460.

MASLACH, Christina (1976), Burned-out. *Human Behavior* 5: 16-22.

MASLACH, Christina (1978a), The client role in staff burnout. *Journal of Social Issues* 34, 111-124.

MASLACH, Christina (1978b), Job burnout. How people cope. *Public Welfare* 36: 56-58.

MASLACH, Christina (1982a), Burnout: A social psychological analysis. In: JONES, John W. (Ed.), *The Burnout Syndrome: Current Research, Theory, Investigations.* Park Ridge, IL: London House Press: 30-53.

MASLACH, Christina (1982b), Understanding burnout: Definitional issues in analyzing a complex phenomenon. In: PAINE, Whiton S. (Ed.) *Job Stress and Burnout.* Beverly Hills, CA: Sage: 29-40.

MASLACH, Christina (1982c), *Burnout. The Cost of Caring.* Englewood Cliffs, NJ: Prentice-Hall.

MASLACH, Christina (1993), Burnout: A multidimensional perspetive. In: SCHAUFELI, Wilmar B.; MASLACH, Christina; MAREK, Tadeusz (Eds.), *Profes-*

sional Burnout: Recent Developments in Theory and Research. Washington, DC: Taylor & Francis: 19-32.

MASLACH, Christina (1998), A multidimensional theory of burnout. In: COOPER, Cary L. (Ed.), *Theories of Organizational Stress*. Oxford: Oxford University Press: 68-85.

MASLACH, Christina (2001a), What have we learned about burnout and health? *Psychology & Health* 16/5: 607-611.

MASLACH Christina (2001b), Burnout, Psychology of. In: SMELSER, Neil J.; BALTES, Paul (Eds.), *International Encyclopedia of the Social & Behavioral Sciences 2*. Amsterdam: Elsevier: 1415-1418.

MASLACH, Christina; GOLDBERG, Julie (1998), Prevention of burnout: New Perspectives. *Applied & Preventive Psychology* 7: 63-74.

MASLACH, Christina; JACKSON, Susan E. (1981a), The measurement of experienced burnout. *Journal of Occupational Behavior* 2: 99-113.

MASLACH, Christina; JACKSON, Susan E. (1981b*), The Maslach Burnout Inventory. Research Edition*. Palo Alto, CA: Consulting Psychologists Press.

MASLACH, Christina; JACKSON, Susan E. (1984), Burnout in organizational settings. In: OSKAMP, Stuart (Ed.), *Applied Social Psychology Annual* 5. Beverly Hills, CA: Sage: 133-154.

MASLACH, Christina; JACKSON, Susan E. (1986), *The Maslach Burnout Inventory. Manual* (2. Ed). Palo Alto, CA: Consulting Psychologists Press.

MASLACH, Christina; JACKSON, Susan E.; LEITER, Michael P. (1996), *Maslach Burnout Inventory Manual*. Palo Alto, CA: Consulting Psychologists Press Inc.

MASLACH, Christina; LEITER, Michael P. (1997), *The Truth about Burnout*. San Francisco, CA: Jossey-Bass Inc.

MASLACH, Christina; LEITER, Michael P. (2001), *Die Wahrheit über Burnout. Stress am Arbeitsplatz und was Sie dagegen tun können*. Wien: Springer Verlag.

MASLACH, Christina; SCHAUFELI, Wilmar B. (1993), Historical and conceptual development of burnout. In: SCHAUFELI, Wilmar B.; MASLACH, Christina; MAREK, Tadeusz (Eds.), *Professional Burnout: Recent Developments in Theory and Research*. Washington, DC: Taylor & Francis: 1-16.

MASLACH, Christina; SCHAUFELI, Wilmar B.; LEITER, Michael P. (2001), Job burnout. *Annual Review of Psychology* 52: 397-422.

MASTALERZ, Lucine H. (2000), *The Dynamics of Burnout in Catholic Elementary Principals*. Ann Arbor, MI: University Microfilms International.

MATHENY, Kenneth B.; GFROERER, Coleman Allen; HARRIS, Kristen (2000), Work stress, burnout, and coping at the turn of the century: An individual psychology perspective. *The Journal of Individual Psychology* 56/1: 74-87.

MATTHEWS, Gerald (2000), Stress and emotion: Physiology, cognition and health. In: GUPTA, Deepa S.; GUPTA, Rajinder M. (Eds.), *Psychology For Psychiatrists*. London: Whurr Publishers: 143-174.

MAURANGES, Aline (2002), Quelles réponses apporter au syndrome d'épuisement professionnel? *Soins. La Revue de Référence Infirmière* 670: 53-54.

MCCARTHY, Wanda C.; FRIEZE, Irene Hanson (1999), Negative aspects of therapy: Client perceptions of therapists' social influence, burnout, and quality of care. *Journal of Social Issues. Special Issue: Social Influence and Social Power: Using Theory for Understanding Social Issues* 55/1: 33-50.

MCCRANIE, Edward W.; BRANDSMA, Jeffrey M. (1988), Personality antecedents of burnout among middle-aged physicians. *Behavioral Medicine* 14/1: 30-36.

MCKINNEY-DHALENNE, Valerie Marie (2000), *Help Giving and Burnout: Processes of Boundary Maintenance in Helping Organizations*. Ann Arbor, MI: University Microfilms International.

MCMANUS, I.C.; WINDER, B.C.; GORDON, D. (2002), The causal links between stress and burnout in a longitudinal study of UK doctors. *Lancet* 359/9323: 2089-2090.

MEICHENBAUM, Donald H. (1985), *Stress inoculation training*. New York, NY: Pergamon Press.

MELAMED, Samuel; UGARTEN, Ursala; SHIROM, Arie; KAHANA, Luna; LERMAN, Yehuda; FROOM, Paul (1999), Chronic burnout, somatic arousal and elevated salivary cortisol levels. *Journal of Psychosomatic Research* 46/6: 591-598.

MESMER, Pamela Jane (2001), *Use of Humor as a Stress Coping Strategy by Para-Professional Youth Care Workers Employed in Residential Group Care Facilities*. Ann Arbor, MI: University Microfilms International.

MEYER, Ernst (Ed.) (1991), *Burnout und Streß. Praxismodelle zur Bewältigung*. Hohengehren: Schneider Verlag.

MEYERSON, Debra E. (1994), Interpretations of stress in institutions: The cultural production of ambiguity and burnout. *Administrative Science Quarterly* 39: 628-653.

MEYERSON, Debra E. (1998), Feeling stressed and burned out: A feminist reading and re-visioning of stress-based emotions within medicine and organization science. *Organization Science* 9/1: 103-110.

MILLER, Grant D. (2000), Implications of the wounded-healer paradigm for the use of self in therapy. In: BALDWIN, Michele (Ed.), *The Use of Self in Therapy* (2. Ed). Binghamton, NY: The Haworth Press Inc.: 243-261.

MILLS, Lane B.; HUEBNER, E. Scott (1998), A prospective study of personality characteristics, occupational stressors, and burnout among school psychology practitioners. *Journal of School Psychology. Special Issue: School Violence* 36/1: 103-120.

MIRANDA, María Fernanda (2000), *Relationship of Organizational Culture, Organizational Climate, and Burnout to Perceived Empowerment Among Workers in a Human Service Organization*. Ann Arbor, MI: University Microfilms International.

MIRVIS, David M.; GRANEY, Marshall J.; KILPATRICK, Anne Osborne (1999), Burnout among leaders of Department of Veterans Affairs medical centers: Contributing factors as determined by a longitudinal study. *Journal of Health and Human Services Administration* 21/3: 390-412.

MOORE, Jo Ellen (1998), *A Causal Attribution Approach to Work Exhaustion: the Relationship of Causal Locus, Controllability, and Stability to Job-Related Attitudes and Turnover Intention of the Work-Exhausted Employee*. Ann Arbor, MI: University Microfilms International.

MORENO JIMÉNEZ, Bernardo; GARROSA HERNÁNDEZ, Eva; GONZÁLEZ GUTIÉRREZ, José Luis (2000), La evaluación del estrés y el burnout del profesorado: el CBP-R. *Revista de Psicología del Trabajo y de las Organizaciones* 16/2: 151-171.

MORENO JIMÉNEZ, Bernardo; RODRÍGUEZ CARVAJAL, R.; ESCOBAR REDONDA, E. (2001), La evaluación del burnout profesional. Factorialización del MBI-GS. Un análisis preliminar. *Ansiedad y Estrés* 7/1: 69-77.

MORGAN, Jayne M.; KRONE, Kathleen J. (2001), Bending the rules of „professional" display: Emotional improvisation in caregiver performances. *Journal of Applied Communication Research* 29/4: 317-340.

MORGAN, Robert D.; VAN HAVEREN, Richard; PEARSON, Christy A. (2002), Correctional officer burnout: Further analyses. *Criminal Justice & Behavior* 29/2: 144-160.

MORITA, Tatsuya; AKECHI, Tatsuo; SUGAWARA, Yuriko; CHIHARA, Satoshi; UCHITOMI, Yosuke (2002), Practices and attitudes of Japanese oncologists and palliative care physicians concerning terminal sedation: A nationwide survey. *Journal of Clinical Oncology* 20/3: 758-764

MORRIS, J. Andrew; FELDMAN, Daniel C. (1996) The dimensions, antecedents, and consequences of emotional labor. *Academy of Management Journal* 21: 989-1010.

MORRIS, J. Andrew; FELDMAN, Daniel C. (1997), Managing emotions in the workplace. *Journal of Managerial Issues* 9: 257-274.

MUTCHLER, Kent Daryl (2000), *The Relationship of Personality Type to Perceived Levels of Job Burnout among Secondary Principals*. Ann Arbor, MI: University Microfilms International.

MYERS, Thomas A. (2000), *The Phase Model of Burnout and Organization Structure*. Ann Arbor, MI: University Microfilms International.

NAKAMURA, Hiroyuki; NAGASE, Hirofumi; YOSHIDA, Masami; OGINO, Keiki (1999), Natural killer (NK) cell activity and NK cell subsets in workers with a tendency of burnout. *Journal of Psychosomatic Research* 46/6: 569-578.

NANIN, José Eduardo (2001), *Burnout, Sense of Coherence, and Health Status in New York City HIV Service Providers*. Ann Arbor, MI: University Microfilms International.

NEUBACH, Barbara; SCHMIDT, Klaus-Helmut (2000), Gütekriterien einer deutschen Fassung des Maslach Burnout Inventory (MBI-D) - Eine Replikationsstudie bei Altenpflegekräften. *Zeitschrift für Arbeits- und Organisationspsychologie* 44/3: 140-144.

NILSSON, Imogene; AXELSSON, Karin; GUSTAFSON, Yngve; LUNDMAN, Berit; NORBERG, Astrid (2001), Well-being, sense of coherence, and burnout in stroke victims and spouses during the first few months after stroke. *Scandinavian Journal of Caring Sciences* 15/3: 203-214.

NINDL, Anton (2001), Zwischen existentieller Sinnerfüllung und Burnout. Eine empirische Studie aus existenzanalytischer Perspektive. *Existenzanalyse* 18/1: 15-23.

NOWACK, K.M. (1986), Type A, hardiness, and psychological distress. *Journal of Behavioral Medicine* 9/6: 537-548.

OCHSMANN, Randolph (2001), Sorge um Andere – Sorge um sich: Burn-out in der Altenpflege. *Existenz und Logos* 9/2: 206-210.

OLMEDO MONTES, Margarita; SANTED GERMÁN, Miguel Ángel; JIMÉNEZ TORNERO, R.; GÓMEZ CASTILLO, María D. (2001), El síndrome de burnout: Variables laborales, personales y psicopatológicas asociadas. *Psiquis: Revista de Psiquiatría, Psicología Medica y Psicosomatica* 22/3: 11-23.

OMDAHL, Becky L.; O'DONNELL, Carol (1999), Emotional contagion, empathic concern and communicative responsiveness as variables affecting nurses' stress and occupational commitment. *Journal of Advanced Nursing* 29/6: 1351-1359.

ORTLEPP, Karen; FRIEDMAN, Merle (2001), The relationship between Sense of Coherence and indicators of secondary traumatic stress in non-professional trauma counsellors. *South African Journal of Psychology* 31/2: 38-45.

OSSEBAARD, Hans C. (2000), Stress reduction by technology? An experimental study into the effects of brainmachines on burnout and state anxiety. *Applied Psychophysiology & Biofeedback* 25/2: 93-101.

PARKER, James D.A.; ENDLER, Norman, S. (1996), Coping and defense: A historical overview. In: ZEIDNER, Moshe; ENDLER, Norman S. (Eds.) (1996), *Handbook of Coping. Theory, Research, Applications*. New York, NY: John Wiley & Sons: 3-23.

PAYNE, N. (2001), Occupational stressors and coping as determinants of burnout in female hospice nurses. *Journal of Advanced Nursing* 33/3: 396-405.

PEETERS, Maria C.W.; LE BLANC, Pascale M. (2001), Towards a match between job demands and sources of social support: A study among oncology care providers. *European Journal of Work & Organizational Psychology* 10/1: 53-72.

PEIRO, José M.; GONZÁLEZ-ROMÁ, Vincente; TORDERA, Nuria; MAÑAS, Miguel A. (2001), Does role stress predict burnout over time among health care professionals? *Psychology and Health* 16/5: 511-525.

PERA, G.; SERRA-PRAT, M. (2002), Prevalencia del sindrome del quemado y estudio de los factores asociados en los trabajadores de un hospital comarcal. *Gaceta Sanitaria* 16/6: 480-486.

PERSING, Jenifer Marion (2000), *An Exploration of the Effect of Spirituality on Psychologist Burnout*. Ann Arbor, MI: University Microfilms International.

PETER, Richard (2002), Berufliche Gratifikationskrisen und Gesundheit. *Psychotherapeut* 47/6: 386-398.

PETERSON, Christopher (2000), The future of optimism. *American Psychologist* 55/1: 44-55.

PETERSON, Michael; WILSON, John F. (2002), The Culture-Work-Health model and work stress. *American Journal of Health Behavior* 26/1: 16-24.

PFENNIG, B.; HÜSCH, M. (1994), *Determinanten und Korrelate des Burnout-Syndroms: Eine meta-analytische Betrachtung*. (Dissertation) Berlin: Freie Universität Berlin, Psychologisches Institut.

PFENNIGHAUS, Dietmar (2000), *Desillusionierung im Beruf: Ein Konstrukt in der Burnout-Forschung*. Marburg: Tectum-Verlag.

PICKETT, Gail Y. (1999), Therapists in distress: *An Integrative Look at Burnout, Secondary Traumatic Stress and Vicarious Traumatization*. Ann Arbor, MI: University Microfilms International.

PIERCE, C.M.; MOLLOY, G.N. (1990), Psychological and biographical differences between secondary school teachers experiencing high and low levels of burnout. *British Journal of Educational Psychology* 60: 37-51.

PINES, Ayala M. (1987), Marriage Burnout: A new conceptual framework for working with couples. *Psychotherapy in Private Practice* 5/2: 31-44.

PINES, Ayala M. (1993), Burnout: An existential perspective. In: SCHAUFELI, Wilmar B.; MASLACH, Christina; MAREK Tadeusz (Eds.), *Professional burnout: Recent Developments in Theory and Research*. Washington, DC: Taylor & Francis: 33-51.

PINES, Ayala Malach (2000), Treating career burnout: A psychodynamic existential perspective. *Journal of Clinical Psychology* 56/5: 633-642.

PINES, Ayala Malach (2002), Teacher burnout: a psychodynamic existential perspective. *Teachers & Teaching: Theory & Practice* 8/2: 121-140.

PINES, Ayala M.; ARONSON, Elliot (1988), *Career Burnout: Causes and Cures*. New York, NY: The Free Press.

PINES, Ayala M.; ARONSON, Elliot; KAFRY, Ditsa (1981), *Burnout. From Tedium to Personal Growth*. New York, NY: The Free Press.

PORTENOY, Russell K.; COYLE, Nessa; KASH, Kathryn M.; BRESCIA, Frank; SCANLON, Colleen; O'HARE, Daniel; MISBIN, Robert I.; HOLLAND, Jimmie; FOLEY, Kathleen M. (1997), Determinants of the willingness to endorse assisted suicide. *Psychosomatics* 38/3: 277-287.

PORTER, Susan Augustine (2000), *Teacher Burnout: A Quasiexperimental Study of Psychoeducational Group Interventions*. Ann Arbor, MI: University Microfilms International.

POSIG, Margaret.; KICKUL, Jill. (2003), Extending our understanding of burnout : Test of an integrated model in nonservice occupations. *Journal of Occupational Health Psychology* 8/1: 3-19.

PRICE, Melissa S.; WEISS, Maureen R. (2000), Relationships among coach burnout, coach behaviors, and athletes' psychological responses. *Sport Psychologist* 14/4: 391-409.

PRIETO ALBINO, Luis; ROBLES AGÜERO, E.; SALAZAR MARTÍNEZ, L.M.; DANIEL VEGA, E. (2002), Burnout en médicos de atención primaria de la provincia de Cáceres. *Atención Primaria* 29/5: 294-302.

PROSSER, D.; JOHNSON, Sonia.; KUIPERS, E.; DUNN, G.; SZMUKLER, G.; REID, Y.; BEBBINTON, Paul; THORNICROFT, G. (1999), Mental health, "burnout" and job satisfaction in a longitudinal study of mental health staff. *Social Psychiatry & Psychiatric Epidemiology* 34/6: 295-300.

PRÜßNER, Jens C.; HELLHAMMER, Dirk H.; KIRSCHBAUM, Clemens (1999), Burnout, perceived stress, and cortisol responses to awakening. *Psychosomatic Medicine* 61/2: 197-204.

RABIN, Stanley; SAFFER, Mark; WEISBERG, Esther; KORNITZER-ENAV, Teena; PELED, Israela; RIBAK, Joseph (2000), A multifaceted mental health training program in reducing burnout among occupational social workers. *Israel Journal of Psychiatry & Related Sciences* 37/1: 12-19.

RAEDEKE, Thomas D.; LUNNEY, Kevin; VENABLES, Kirk (2002), Understanding athlete burnout: Coach perspectives. *Journal of Sport Behavior* 25/2: 181-206.

RAEDEKE, Thomas D.; SMITH, Alan L. (2001), Development and preliminary validation of an athlete burnout measure. *Journal of Sport & Exercise Psychology* 23/4: 281-306.

RAFFERTY, Yvonne; FRIEND, Ronald; LANDSBERGIS, Paul A. (2001), The association between job skill discretion, decision authority and burnout. *Work & Stress* 15/1: 73-85.

RAINER, Jackson P. (2000), Compassion fatique: When caregiving begins to hurt. In: VANDECREEK, Leon; JACKSON, Thomas L. (Eds.), *Innovations in Clinical Practice: A Source Book*. Sarasota, FL.: Professional Resource Press/Professional Resource Exchange Inc.: 441-453.

RASHIDZADEH, Mohammad Ali (2002), Burnout among Iranian school principals. *Psychological Reports* 90/1: 61-64.

RAVIOLA, Giuseppe; MACHOKI, M'Imunya; MWAIKAMBO, Esther; DELVECCHIO GOOD, Mary Jo (2002), HIV, disease plague, demoralization and „burnout": Resident experience of the medical profession in Nairobi, Kenya. *Culture, Medicine & Psychiatry* 26/1: 55-86.

REID, Jean Barbara (1999), *The Relationships among Personality Type, Coping Resources, and Burnout in Female Elementary Teachers*. Ann Arbor, MI: University Microfilms International.

REID, Y.; JOHNSON, S.; MORANT, N.; KUIPERS, E.; SZMUKLER, G.; BEBBINGTON, P.; THORNICROFT, G.; PROSSER, D. (1999), Improving support for mental health staff: A qualitative study. *Social Psychiatry& Psychiatric Epidemiology* 34/6: 309-315.

REIME, Birgit; STEINER, Irene (2001), Ausgebrannt oder depressiv? Eine empirische Studie zur Konstruktvalidität von Burnout in Abgrenzung zur Depression. *Psychotherapie, Psychosomatik, Medizinische Psychologie* 51/8: 304-307.

RENJILIAN, David A.; BAUM, Rose E.; LANDRY, Stacy L. (1998), Psychotherapist burnout: Can college students see the signs? *Journal of College Student Psychotherapy* 13/1: 39-48.

RENJILIAN, David A.; STITES, Jennifer, (2002), Perception of therapist burnout by college students with and without prior counseling experience. *Journal of College Student Psychotherapy* 17/1: 7-18.

RÉVEILLÈRE, Christian; PHAM, Thierry; MASCLET, George; NANDRINO, Jean-Louis; BEAUNE, Daniel (2000), Relations entre burn out et personnalité chez des soignants en unité de soins palliatifs. *Annales Medico-Psychologiques* 158/9: 716-722.

RHEE, Heung Bae (2000), *Pastoral Burnout: Survey of Jesus Korea Sungkyul Churches*. Ann Arbor, MI: University Microfilms International.

RICHMAN, Diana R. (1998), How to prevent job burnout in the workplace. In: KLARREICH, Sam (Ed.), *Handbook of Organizational Health Psychology: Programs To Make The Workplace Healthier*. Madison, CT: Psychological Press: 101-124.

RIOLLI-SALTZMAN, Laura; SAVICKI, Victor (2001a), The impact of culture on human resource management approaches for creating resilient organizations. *Manuskript*.

RIOLLI-SALTZMAN, Laura; SAVICKI, Victor (2001b), Optimism and coping as moderators of the relationship between chronic stress and burnout. *Manuskript.*

RIOLLI-SALTZMAN, Laura; SAVICKI, Victor (2001c), Optimism and coping as moderators of the relationship between work environment and burnout and performance. *Manuskript.*

RIOLLI-SALTZMAN, Laura; SAVICKI, Victor (2002), Resilience in the face of catastrophe: Optimism, personality and coping in the Kosovo crisis. *Journal of Applied Social Psychology* 32: 1604-1627.

RIOLLI-SALTZMAN, Laura; SAVICKI, Victor (2003), Y2K and information services: Stress, performance and burnout. *Psychological Reports*, im Druck.

RODGERSON, Thomas E.; PIEDMONT, Ralph L. (1998), Assessing the incremental validity of the religious problem-solving scale in the prediction of clergy burnout. *Journal for the Scientific Study of Religion* 37/3: 517-527.

RODRIGUEZ, Isabel; BRAVO, M. Jesus; PEIRO, José M.; SCHAUFELI, Wilmar B. (2001), The Demands-Control-Support model, locus of control and job dissatisfaction: A longitudinal study. *Work & Stress* 15/2: 97-114.

ROOK, Marion (1998), *Theorie und Empirie in der Burnout-Forschung: Eine wissenschaftstheoretische und inhaltliche Standortbestimmung*. Hamburg: Verlag Dr. Kovač.

RÖSING, Ina (1990), *Der Blitz: Drohung und Berufung. Glaube und Ritual in den Anden Boliviens*. München: Trickster.

RÖSING, Ina (2003), *Trance, Besessenheit und Amnesie. Bei den Schamanen der Changpa-Nomaden im ladakhischen Changthang*. Gnas: Weishaupt Verlag.

ROSS, Randall R.; ALTMAIER, Elisabeth M. (1994), *Intervention in Occupational Stress. A Handbook of Counselling for Stress at Work*. London: Sage Publications

ROSS, Michael W.; GREENFIELD, S.A.; BENNETT, L. (1999), Predictors of dropout and burnout in AIDS volunteers: A longitudinal study. *AIDS Care. Special Issue: Psychological and Socio-Medical Aspects of AIDS/HIV* 11/6: 723-731.

ROWE, M. Michelle (1999), Teaching health-care providers coping: Results of a two-year study. *Journal of Behavioral Medicine* 22/5: 511-527.

ROWE, M. Michelle (2000), Skills training in the long-term management of stress and occupational burnout. *Current Psychology: Developmental, Learning, Personality, Social* 19/3: 215-228.

ROYSAMB, Espen; STRYPE, Jon (2002), Optimism and pessimism: Underlying structure and dimensionality. *Journal of Social & Clinical Psychology* 21/1: 1-19.

RUTTAN, Karl Don (1998), *New Identity Through Faith Affirmation*. Ann Arbor, MI: University Microfilms International.

RYLAND, Elizabeth K.; GREENFELD, Sue (1991), Work stress and well-being: An investigation of Antonovsky's sense of coherence model. In: PERREWÉ, Pamela L. (Ed.), *Handbook on Job Stress*. A Special Issue of the Journal of Social Behavior and Personality 6/7: 39-54.

SALANOVA, Marisa; GRAU, Rosa M.; CIFRE, Eva; LLORENS, Susana (2000), Computer training, frequency of usage and burnout: The moderating role of computer self-efficacy. *Computers in Human Behavior* 16/6: 575-590.

SALANOVA, Marisa; PEIRO, José M.; SCHAUFELI, Wilmar B. (2002), Self-efficacy specificity and burnout among information technology workers: An extension of the job demand-control model. *European Journal of Work and Organizational Psychology* 11/1: 1-25.

SALANOVA, Marisa; SCHAUFELI, Wilmar B.; LLORENS, Susana; PEIRO, José M.; GRAU, Rosa (2000), Desde el "burnout" al "engagement": una nueva perspectiva? *Revista de Psicología del Trabajo y de las Organizaciones* 16/2:117-134.

SALMELA-ARO, Katariina; NAEAETAENEN, Petri; NURMI, Jari-Erik; DESJARDINS, Sophie (2000), L'examen des projets personnels au cours d'une psychothérapie destine aux personnes souffrant d'épuisement professionnel. *Revue Québécoise de Psychologie* 21/2: 191-218.

SALYERS, Michelle Pensec (1999), *Predictors and Consequences of Staff Burnout: A Longitudinal Study of Assertive Community Treatment Case Managers*. Ann Arbor, MI: University Microfilms International.

SAND, Gilbert Allen (1998), *Social Support Networks and Coping Resources Decrease Burnout Levels in Boundary Spanners*. Ann Arbor, MI: University Microfilms International.

SAND, Gilbert; MIYAZAKI, Anthony D. (2000), The impact of social support on salesperson burnout and burnout components. *Psychology & Marketing* 17/1: 13-26.

SANDHU, Kamaljeet; DAS, Ira (1998), Effect of work culture upon stress, strain and coping strategies of managers. *Journal of the Indian Academy of Applied Psychology* 24/1-2: 15-18.

SARGENT, Leisa D.; TERRY, Deborah J. (2000), The moderating role of social support in Karasek's job strain model. *Work & Stress* 14/3: 245-261.

SASS, Henning; WITTCHEN, Hans-Ulrich; ZAUDIG, Michael; HOUBEN, Isabel (1998), *Diagnostische Kriterien des Diagnostischen und Statistischen Manuals Psychischer Störungen DSM-IV*. Göttingen/Bern/Toronto: Hogrefe - Verlag für Psychologie.

SAVICKI, Victor (1999a), Cultural work values for supervisors and managers: A cross-cultural look at child and youth care agencies. *Child & Youth Care Forum* 28/4: 239-255.

SAVICKI, Victor (1999b), Stress, Burnout und Bewältigungsstrategien in der Jugendhilfe: Ein interkultureller Vergleich. *Forum Erziehungshilfen* 5: 232-238.

SAVICKI, Victor (2002), *Burnout Across Thirteen Cultures. Stress and Coping in Child and Youth Care Workers*. Westport, CT: Praeger.

SCHAARSCHMIDT, Uwe; FISCHER, Andreas W. (2001), *Bewältigungsmuster im Beruf. Persönlichkeitsunterschiede in der Auseinandersetzung mit der Arbeitsbelastung*. Göttingen: Vandenhoeck & Ruprecht.

SCHAUFELI, Wilmar B. (2001) Job stress, coping with. In SMELSER, Niel J.; BALTES, Paul B. (Eds.) *International Encyclopedia of the Social & Behavioral Sciences 12. Amsterdam: Elsevier: 7983-7987.*

SCHAUFELI, Wilmar B.; BAKKER, Arnold B. (2001), Werk en welbevinden: Naar een positieve benadering in de Arbeids- en Gezondheidspsychologie. *Gedrag & Organisatie*: 229-253.

SCHAUFELI, Wilmar B.; BAKKER, Arnold B.; HOOGDUIN, Kees; SCHAAP, Cas; KLADLER, Atilla (2001), On the clinical validity of the Maslach Burnout Inventory and the Burnout Measure. *Psychology and Health* 16/5: 565-582.

SCHAUFELI, Wilmar B.; BUUNK, Bram P. (1996), Professional burnout. In: SCHABRACQ, Marc J.; WINNUBST, Jacques A.M.; COOPER, Cary L. (Eds.), *Handbook of Work and Health Psychology*. Chichester: John Wiley & Sons Ltd.: 311-346.

SCHAUFELI, Wilmar B.; ENZMANN, Dirk (1998), *The Burnout Companion to Study and Practice. A Critical Analysis*. London: Taylor & Francis.

SCHAUFELI, Wilmar B.; GREENGLASS, Esther R. (2001), Introduction to special issue on burnout and health. *Psychology and Health* 16/5: 501-510.

SCHAUFELI, Wilmar B.; KOMPIER, Michiel A.J. (2001), Managing job stress in the Netherlands. *International Journal of Distress Management* 8: 15-34.

SCHAUFELI, Wilmar B.; MARTINEZ, Isabel M.; MARQUES PINTO, Alexandra; SALANOVA, Marisa.; BAKKER, Arnold B. (2002), Burnout and engagement in university students: A cross-national study. *Journal of Cross-Cultural Psychology* 33/5: 464-481.

SCHAUFELI, Wilmar B.; MASLACH, Christina; MAREK, Tadeusz (Eds.) (1993*), Professional Burnout: Recent Developments in Theory and Research*. Washington, DC: Taylor & Francis.

SCHAUFELI, Wilmar B.; PEETERS, Maria C.W. (2000), Job stress and burnout among correctional officers: A literature review. *International Jounal of Stress Management* 7/1: 19-48.

SCHAUFELI, Wilmar B.; SALANOVA, Marisa; GONZÁLEZ-ROMÁ, Vicente; BAKKER, Arnold B. (2002), The measurement of engagement and burnout: A two sample confirmatory factor analytic approach. *Journal of Happiness Studies* 3/1: 71-92.

SCHAUFELI, Wilmar B.; TARIS, Toon W.; LE BLANC, Pascale M.; PEETERS, Maria C.W.; BAKKER, Arnold B.; DE JONGE, Jan (2001), Maakt arbeid gezond? Op zoek naar de bevlogen werkenemer. *De Psycholoog* 36: 422-428.

SCHAUFELI, Wilmar B.; VAN DIERENDONCK, Dirk (1993), The construct validity of two burnout measures. *Journal of Organizational Behavior* 14, 631-647.

SCHAUFELI, Wilmar B.; VAN DIERENDONCK, Dirk (2000), *Utrechtse Burnout Schaal Handleiding*. Lisse: Swets & Zeitlinger.

SCHEIER, Michael F.; CARVER Charles S. (1985), Optimism, coping, and health: Assessment and implication of generalized outcome expectancies. *Health Psychology* 4: 219-247.

SCHEIER, Michael F.; CARVER Charles S. (1987), Dispositional optimism and physical well-being: The influence of generalized outcome expectancies on health. *Journal of Personality* 55: 169-210.

SCHEIER, Michael F.; CARVER Charles S. (1992), Effects of optimism on psychological and physical well-being: Theoretical overview and empirical update. *Cognitive Therapy and Research* 16: 201-228.

SCHEIER, Michael F.; CARVER Charles S. (1993), On the power of positive thinking: The benefits of being optimistic. *Current Directions in Psychological Science* 2: 26-30.

SCHEIER, Michael F.; CARVER Charles S.; BRIDGES, Michael W. (1994) Distinguishing optimism from neuroticism (and trait anxiety, self-mastery, and self-esteem): A reevaluation of the life orientation test. *Journal of Personality and Social Psychology* 67: 1063-1078.

SCHEIN, Edgar (1992), Coming of a new awareness of organizational culture. In: SALAMAN, Graeme; CAMERON, Sheila; HAMBLIN, Heather; ILES, Paul; MABEY, Chr.; THOMPSON, K. (Eds.), *Human Resource Strategies*. London: Sage Publications: 237-253.

SCHEIN, Edgar (1999), *The Corporate Culture Survival Guide*. San Francisco, CA: Jossey-Bass.

SCHLIERMANN, Rainer; HAGENAH, Jörg; HÖRMANN, Georg (2002), Habituelle Stressbewältigung und Burnout von Fussballtrainern. *Psychologie und Sport* 9/2: 71-79.

SCHMID, Wilhelm (1992), *Auf der Suche nach einer neuen Lebenskunst. Die Frage nach dem Grund und die Neubegründung der Ethik bei Foucault.* Frankfurt/Main: Suhrkamp.

SCHMITZ, Edgar (1998), Brennt wirklich aus, wer entflammt war? Eine LISREL-Analyse zum Burnout-Prozess bei Sozialberufen. *Psychologie in Erziehung und Unterricht* 45/2: 129-142.

SCHMITZ, Edgar; LEIDL, Josef (1999) Brennt wirklich aus, wer entflammt war? Studie 2: Eine LISREL-Analyse zum Burnout-Prozeß bei Lehrpersonen. *Psychologie in Erziehung und Unterricht* 46: 302-310.

SCHMITZ, Gerdamarie S. (2000), Kann Selbstwirksamkeiterwartung Lehrer vor Burnout schützen? Eine Längsschnittstudie in zehn Bundesländern. *Psychologie in Erziehung und Unterricht* 48/1: 49-67.
SCHMITZ, Gerdamarie S. (2002), Bedeutung der Selbstwirksamkeitserwartung für emotional kompetentes Verhalten. In: VON SALISCH, Maria (Ed.). *Emotionale Kompetenz entwickeln. Grundlagen in Kindheit und Jugend.* Stuttgart, Kohlhammer: 207-225.
SCHMITZ, Gerdamarie S.; SCHWARZER, Ralf (2000), Selbstwirksamkeitserwartung von Lehrern: Längsschnittbefunde mit einem neuen Instrument. *Zeitschrift für Pädagogische Psychologie* 14/1: 12-25.
SCHMITZ, Norbert; NEUMANN, Willi; OPPERMANN, Roman (2000), Stress, burnout and locus of control in German nurses. *International Journal of Nursing Studies* 37/2: 95-99.
SCHMUCK, Peter; SHELDON, Ken (Eds.) (2001), *Life Goals and Well-Being. Towards a Positive Psychology of Human Striving.* Seattle: Hogrefe & Huber Publishers.
SCHNEIDER, Sandra L. (2001), In search of realistic optimism: Meaning, knowledge, and warm fuzziness. *American Psychologist* 56/3: 250-263.
SCHNORPFEIL, Pia; NOLL, Alexander; WIRTZ, Petra; SCHULZE, Renate; EHLERT, Ulrike; FREY, Karl; FISCHER, Joachim E. (2002), Assessment of exhaustion and related risk factors in employees in the manufacturing industry – a cross-sectional study. *International Archives of Occupational and Environmental Health* 75/8: 535-540.
SCHRÖDER, Christina; SCHMUTZER, Gabriele; SCHRÖDER, Harry (2000), Belastetheit und Belastungsbedingungen von onkologischen Palliativpflegekräften im zeitlichen Verlauf und im Vergleich mit konventioneller onkologischer Pflege. *Zeitschrift für Psychosomatische Medizin und Psychoanalyse* 46/1: 18-34.
SCHÜßLER, Gerhard (1993), *Bewältigung chronischer Krankheiten. Konzepte und Ergebnisse.* (Monographie zur „Zeitschrift für Psychosomatische Medizin und Psychoanalyse Nr. 15) Göttingen: Vandenhoeck & Ruprecht.
SCHUTTE, Nico; TOPPINEN, Salla; KALIMO, Raija; SCHAUFELI, Wilmar B. (2000), The factorial validity of the Maslach Burnout Inventory-General Survey (MBI-GS) across occupational groups and nations. *Journal of Occupational and Organizational Psychology* 73/1: 53-66.
SCHWAB, Reinhold; LIESE, Gundi (2000), Burnout und Persönlichkeit bei Psychotherapeutinnen und Psychotherapeuten. Ein Vergleich zwischen Gesprächspsychotherapeuten und Verhaltenstherapeuten. *Gesprachspsychotherapie und Personzentrierte Beratung* 31/1:45-51.

SCHWARZER, Ralf (1993), *Measurement of Perceived Self-Efficacy: Psychometric Scales for Cross-Cultural Research*. Berlin: Der Präsident der Freien Universität.

SCHWARZER, Ralf (1994), Optimistische Kompetenzerwartung: Zur Erfassung einer personellen Bewältigungsressource. *Diagnostica* 40: 105-123.

SCHWARZER, Ralf (1999), General perceived self-efficacy in 14 cultures. *www.userpage.fu-berlin.de/~health/world14.htm*.

SCHWARZER, Ralf; JERUSALEM, Matthias (Eds.) (1999), *Skalen zur Erfassung von Lehrer- und Schülermerkmalen. Dokumentation der psychometrischen Verfahren im Rahmen der Wissenschaftlichen Begleitung des Modellversuchs Selbstwirksame Schulen*. Berlin: Freie Universität Berlin.

SCHWARZER, Ralf; SCHMITZ, Gerdamarie S. (1999), Kollektive Selbstwirksamkeitserwartung von Lehrern: Eine Längsschnittstudie in zehn Bundesländern. *Zeitschrift für Sozialpsychologie* 30/4: 262-274.

SCHWARZER, Ralf; SCHMITZ, Gerdamarie S.; TANG, Catherine (2000), Teacher burnout in Hong Kong and Germany: A cross-cultural validation of the Maslach Burnout Inventory. *Anxiety, Stress, and Coping* 13/3: 309-326.

SCIACCHITANO, M.; GOLDSTEIN, M.B.; DIPLACIDO, J. (2001), Stress, burnout and hardiness in R.T.s. *Radiologic Technology* 72/4: 321-328.

SEARS, Samuel F. Jr.; URIZAR, Guido G. Jr.; EVANS, Garret D. (2000), Examining a stress-coping model of burnout and depression in extension agents. *Journal of Occupational Health Psychology* 5/1: 56-62.

SELIGMAN, Martin E.P.; CSIKSZENTMIHALYI, Mihaly (2000), Positive Psychology: An Introduction. *American Psychologist* 55/1: 5-14.

SEYMOUR, John W., (2001), *The Relationship between Professional Burnout and Counselor Self-Efficacy in Practicing Members of the Association for Play Therapy*. Ann Arbor, MI: University Microfilms International.

SHEPLER, Richard Neil (2001), *A Study of the Conservation of Resources Theory as Applied to Burnout in a Sample of Community-Based Service Providers*. Ann Arbor, MI: University Microfilms International.

SHIREY, Ervin L. Jr. (2001), *The Use of Support Systems by Pastors of the International Pentecostal Holiness Church as a Means of Maintaining Spiritual Well-Being and Coping with Burnout*. Ann Arbor, MI: University Microfilms International.

SIEGRIST, Johannes (1996), Adverse health effects of high effort-low reward conditions. *Journal of Occupational Health Psychology* 1: 27-41.

SIEGRIST, Johannes (2001), Stress at work. In: SMELSER, Niel J.; BALTES, Paul B. (Eds.), *International Encyclopedia of the Social & Behavioral Sciences* 22. Amsterdam: Elsevier: 15175-15179.

SIMS, Kathleen Marie Eichner (2000), *Hardiness and Spiritual Well-Being as Moderators of Burnout in Professional Nurses*. Ann Arbor, MI: University Microfilms International.

SINGH, Surendra N.; MISHRA, Sanjay; KIM, Dongwook (1998), Research-related burnout among faculty in higher education. *Psychological Reports* 83/2: 463-473.

SKOVHOLT, Thomas M. (2001), *The Resilient Practitioner: Burnout Prevention and Self-Care Strategies for Counselors, Therapists, Teachers, and Health Professionals*. Boston, MA: Allyn & Bacon.

SLIVAR, Branko (2001), The syndrome of burnout, self-image, and anxiety with grammar school students. *Psiholoska Obzorja/Horizons of Psychology* 10/2: 21-32.

SMELSER, Neil J.; BALTES, Paul B. (Eds.) (2001), *International Encyclopedia of the Social & Behavioral Sciences* 24. Amsterdam: Elsevier

SMITH, Deanne; TZINER, Aharon (1998), Moderating effects of affective disposition and social support on the relationship between person-environment fit and strain. *Psychological Reports* 82/3 (Teil 1): 963-983

SMITH, Elizabeth Ann Herrington (1999), *Teacher Burnout as Related to Explanatory Style*. Ann Arbor, MI : University Microfilms International.

SNYDER, C. Richard (1994a), *The Psychology of Hope: You Can Get There From Here*. New York, NY: The Free Press.

SNYDER, C. Richard (1994b), Hope and optimism. In: RAMACHANDRAN, Vangipuram S. (Ed.), *Encyclopedia of Human Behavior*. San Diego, CA: Academic Press: 535-542.

SNYDER, C. Richard (1995), Conceptualizing, measuring, and nurturing hope. *Journal of Counseling and Development* 73: 355-360.

SNYDER, C. Richard (Ed.) (2000), *Handbook of Hope: Theory, Measures and Application*. San Diego, CA: Academic Press.

SNYDER, C. Richard; LOPEZ, Shane J. (Eds.) (2002), *Handbook of Positive Psychology*. London: Oxford University Press.

SNYDER, C. Richard; SYMPSON, Susie C.; MICHAEL, Scott T.; CHEAVENS, Jen (2000), The optimism and hope constructs: Variants on a positive expectancy theme. In: CHANG, Edward C. (Ed.), *Optimism and pessimism. Implications for Theory, Research, and Practice*. Washington, DC: American Psychological Association.

SÖDERFELDT, Marie; AXTELIUS, Björn; BEJEROT, Eva (2001), Demands and control in human service work: An interaction analysis. In: DE JONGE, Jan; VLERICK, Peter; BÜSSING, André; SCHAUFELI, Wilmar B. (Eds.), *Organizational Psychology and Health Care at the Start of a New Millennium*. München und Mering: Rainer Hampp Verlag: 55-67.

SÖDERFELDT, Marie; SÖDERFELDT, Björn; OHLSON, Carl-Göran; THEORELL, Töres; JONES, Ian (2000), The impact of sense of coherence and high-demand/low-control job environment on self-reported health, burnout and psychophysiological stress indicators. *Work and Stress* 14/1: 1-15.

SOLANO RUIZ, Carmen; HERNANDEZ VIDAL, Pedro Ángel; VIZCAYA MORENO, María Flores; REIG FERRER, Abilio (2002), Síndrome de burnout en profesionales de enfermería de cuidados críticos. *Enfermería Intensiva* 13/1: 9-16.

SOMERFIELD, Mark R.; MCCRAE, Robert R. (2000), Stress and coping research: Methodological challenges, theoretical advances, and clinical applications. *American Psychologist* 55/6: 620-625.

SONNENTAG, Sabine (2001a), Well-being and burnout in the workplace, Psychology of. In: SMELSER, Neil J.; BALTES, Paul B. (Eds.), *International Encyclopedia of the Social & Behavioral Sciences* 24. Amsterdam: Elsevier: 16445-16447.

SONNENTAG, Sabine (2001b), Work, recovery activities, and individual well-being: A diary study. *Journal of Occupational Health Psychology* 6/3: 196-210.

SPARKS, Kate; FARAGHER, Brian; COOPER, Cary L. (2001), Well-being and occupational health in the 21st century workplace. *Journal of Occupational & Organizational Psychology* 74/4: 489-509.

SPIEGEL-RÖSING, Ina (1971), *Gleichgewichtstendenz und Selbstaufwertungsmotiv. Beitrag zur Selbstkritik des Sozialpsychologischen Forschungsprozesses*. Bern, Frankfurt/Main: Lang.

SPIEGEL-RÖSING, Ina; SCHWIDETZKY, Ilse (1982), *Maus und Schlange. Untersuchungen zur Lage der deutschen Anthropologie*. München: Oldenbourg Verlag.

SPITTAL, Matthew J.; SIEGART, Richard J.; WALKEY, Frank H. (2002), The spheres of control scale: The identification of a clear replicable three-factor structure. *Personality & Individual Differences* 31/1: 121-131.

STANTON-RICH, Howard M.; ISO-AHOLA, Seppo E. (1998), Burnout and leisure. *Journal of Applied Social Psychology* 28/21: 1931-1950.

STARRIN, Bengt; LARSSON, Gerry; STYRBORN, Sven (1990), A review and critique of psychological approaches to the burn-out phenomenon. *Scandinavian Journal of Caring Sciences* 4/2: 83-91.

STRAUB, Richard O. (2002), *Health Psychology*. New York, NY: Worth Publishers.

STRAUSS-BLASCHE, Gerhard; EKMEKCIOGLU, Cem; Marktl, Wolfgang (2002), Moderating effects of vacation on reactions to work and domestic stress. *Leisure Sciences* 24/2: 237-249.

TALBOT, Laura A.; LUMDEN, D. Barry (2000), On the association between humor and burnout. *Humor: International Journal of Humor Research* 13/4: 419-428.

TAN, Doreen S.K.; AKHTAR, Syed (1998), Organizational commitment and experienced burnout: An exploratory study from a Chinese cultural perspective. *The International Journal of Organizational Analysis* 6/4: 310-333.

TANG, Catherine So-kum (1998), Assessment of burnout for Chinese human service professionals: A study of factorial validity and invariance. *Journal of Clinical Psychology* 54/1: 55-58.

TANG, Catherine So-Kum.; AU, Wing-Tung; SCHWARZER, Ralf; SCHMITZ, Gerdamarie S. (2001), Mental health outcomes of job stress among Chinese teachers: role of stress resource factors and burnout. *Journal of Organizational Behavior* 22/8: 887-901.

TARIS, Toon W.; PEETERS, Maria C.W.; LE BLANC, Pascale M.; SCHREURS, Paul J.G.; SCHAUFELI, Wilmar B. (2001), From inequity to burnout: The role of job stress. *Journal of Occupational Health Psychology* 6/4: 303-323.

TARIS, Toon W.; SCHREURS, Paul J.G.; SCHAUFELI, Wilmar B. (1999), Construct validity of the Maslach Burnout Inventory-General Survey: A two-sample examination of its factor structure and correlates. *Work & Stress* 13/3: 223-237.

TARIS, Toon W.; STOFFELSEN, Jeroen M.; BAKKER, Arnold B.; SCHAUFELI, Wilmar B.; VAN DIERENDONCK, Dirk (2002), Verschillen in Burnoutrisico tussen functies en individuen: Wat is de rol van regelmogelijkheden? *Gedrag & Gezondheid: Tijdschrift voor Psychologie & Gezondheid* 30/1: 17-29.

TATAR, Moshe; YAHAV, Vered (1999), Secondary school pupils's perceptions of burnout among teachers. *British Journal of Educational Psychology* 69/4: 457-468.

THOMAS, Jay C.; HERSEN, Michel (2002), *Handbook of Mental Health in the Workplace*. Thousand Oaks: Sage Publication.

THOMPSON, Neil; STRADLING, Steve; MURPHY Michael; O'NEILL, Paul (1996), Stress and organizational culture. *British Journal of Social Work* 26/5: 647-665.

TOPPINEN-TANNER, Salla; KALIMO, Raija; MUTANEN, Pertti (2002), The process of burnout in white-collar and blue-collar jobs: Eight-year prospective study of exhaustion. *Journal of Organizational Behavior* 23/5: 555-570.

TORRE, Eugenio; ZEPPEGNO, Patrizia; IMPERATORI, Fredrica; PANELLA, Massimiliano; ARTIOLI, Paola; GUAIANA, Giuseppe (2000), Burnout, caratteristiche individuali, tipo psicologico: Una ricerca. *Rivista di Psichiatria* 35/4:171-176.

TORRE, Eugenio; ZEPPEGNO, Patrizia; USAI, C.; TORRE, Eugenio M.; ARTIOLI, Paola; GUAIANA, Giuseppe; OLGIATI, P (2001), Il burn-out: Aspetti quantitativi e caratteristiche di personalita: Una ricerca. *Minerva Psichiatrica* 42/2: 83-89.

TRUCHOT, Didier; DEREGARD, Marie (2001), Perceived inequity, communal orientation and burnout: The role of helping models. *Work & Stress* 15/4: 347-356.

TRUCHOT, Didier; KEIRSEBILK, L.; MEYER, S. (2000), Communal orientation may not buffer burnout. *Psychological Reports* 86: 872-878.

TSELEBIS, Athanassios; MOULOU, Aikaterini; ILIAS, Ionnais (2001), Burnout versus depression and sense of coherence: Study of Greek nursing staff. *Nursing & Health Sciences* 3/2: 69-71.

TUMMERS, Gladys E.R.; LANDEWEERD, Jan A.; VAN MERODE, Godefridus G. (2002), Work organization, work characteristics, and their psychological effects on nurses in the Netherlands. *International Journal of Stress Management* 9/3: 183-206.

TURNIPSEED, David L. (1998), Anxiety and Burnout in The Health Care Work Environment. *Psychological Reports* 82/2: 627-642.

VACHON, Mary L. S. (2000), Burnout and symptoms of stress in staff working in palliative care. In: CHOCHINOV, Harvey M.; BREITBART, William (Eds.), *Handbook of Psychiatry in Palliative Medicine*. London: Oxford University Press: 303-319.

VAN DER DOEF, M.; MAES, S. (2002), Teacher-specific quality of work versus general quality of work assessment: A comparison of their validity regarding burnout, (psycho) somatic well-being and job satisfaction. *Anxiety, Stress, and Coping* 15/4: 327-344.

VAN DER KLINK, Jac J.L.; BLONK, Roland W.B.; SCHENE, Aart H.; VAN DIJK, Frank J.H. (2001), The benefits of interventions for work-related stress. *American Journal of Public Health* 91/2: 270-276.

VAN DER ZEE, Karen I.; BAKKER, Arnold B.; BUUNK, Bram P. (2001), Burnout and reactions to social comparison information among volunteer caregivers. *Anxiety, Stress, and Coping* 14/4: 391-410.

VAN DIERENDONCK, Dirk; SCHAUFELI, Wilmar B.; BUUNK, Bram P. (1996), Inequity among human service professionals: Measurement and relation to burnout. *Basic and Social Applied Psychology* 18/4: 429-451.

VAN DIERENDONCK, Dirk; SCHAUFELI, Wilmar B.; BUUNK, Bram P. (1998), The evaluation of an individual burnout intervention program: The role of inequity and social support. *Journal of Applied Psychology* 83/3: 392-407.

VAN DIERENDONCK, Dirk; SCHAUFELI, Wilmar B.; BUUNK, Bram P. (2001a), Towards a process model of burnout: Results from a secondary analysis. *European Journal of Work and Organizational Psychology* 10/1: 41-52.

VAN DIERENDONCK, Dirk; SCHAUFELI, Wilmar B.; BUUNK, Bram P. (2001b), „Towards a process model of burnout: Results from a secondary analysis“: Erratum. *European Journal of Work & Organizational Psychology* 10/2: 222.

VAN DIERENDONCK, Dirk; SCHAUFELI, Wilmar B.; BUUNK, Bram P. (2001c), Burnout and inequity among human service professionals: A longitudinal study. *Journal of Occupational Health Psychology* 6/1: 43-52.

VAN EMMERIK, IJ. Hetty; EUWEMA, Martin C. (2001), At risk of burnout: Gender and faculty differences within academia. In: DE JONGE, Jan; VLERICK, Peter; BÜSSING, André; SCHAUFELI, Wilmar B. (Eds.), *Organizational Psychology and Health Care at the Start of a New Millennium*. München und Mering: Rainer Hampp Verlag: 123-138.

VAN GORP, Karin; SCHAUFELI, Wilmar B. (1996), *Een gezonde geest in een gezonde organisatie: Een aanzet tot burnout-interventie in de ambulante GGZ*. Den Haag: Vuga.

VAN HORN, Joan E.; SCHAUFELI, Wilmar B. (2001) Lack of reciprocity among Dutch teachers: Validation of reciprocity indices and their relation to stress and well-being. *Work & Stress* 15/3:191-213.

VAN HORN, Joan E.; SCHAUFELI, Wilmar B.; ENZMANN, Dirk (1999), Teacher burnout and lack of reciprocity. *Journal of Applied Social Psychology* 29/1: 91-108.

VAN YPEREN, Nico W. (1996), Communal orientation and the burnout syndrome among nurses: A replication and extension. *Journal of Applied Social Psychology* 26: 338-354.

VAN YPEREN, Nico W. (1998), Informational support, equity and burnout: The moderating effect of self-efficacy. *Journal of Occupational & Organizational Psychology* 71/1: 29-33.

VAN YPEREN, Nico W.; BAVING, Hester H. (1999), Burnoutsymptomen bij verpleegkundigen: De relatie met werklast, regelruimte en sociale steun. *Gedrag & Gezondheit: Tijdschrift voor Psychologie & Gezondheid* 27/4:174-187.

VAN YPEREN, Nico W.; BUUNK, Bram P.; SCHAUFELI, Wilmar B. (1992), Communal orientation and the burnout syndrome among nurses. *Journal of Applied Social Psychology* 22: 173-189.

VANDENBERGHE, Roland; HUBERMAN, A. Michael (Eds.) (1999), *Understanding and Preventing Teacher Burnout. A Sourcebook of International Research and Practice*. Cambridge: Cambridge University Press.

VANHEULE, Stijn (2001), Burnout and psychoanalysis: A Freudo-Lacanian point of view. *Journal for the Psychoanalysis of Culture & Society* 6/2: 265-270.

VIRGINIA, Stephen Gerard (1998a), *Burnout and Depression among Roman Catholic Secular, Religious, and Monastic Clergy*. Ann Arbor, MI: University Microfilms International.

VIRGINIA, Stephen Gerard (1998b), Burnout and depression among roman catholic secular, religious, and monastic clergy. *Pastoral Psychology* 47/1: 49-67.

VLAHOS, Alexis James (1998), *Interpersonal, individual, and situational factors associated with burnout in student-athletes*. Ann Arbor, MI: University Microfilms International.

VLERICK, Peter (2001), Personality correlates of burnout: A cross-validation study. In: DE JONGE, Jan; VLERICK, Peter; BÜSSING, André; SCHAUFELI, Wilmar B. (Eds.), *Organizational Psychology and Health Care at the Start of a New Millennium*. München und Mering: Rainer Hampp Verlag: 139-155.

VON EMSTER, Gregory R.; HARRISON, Albert A. (1998), Role ambiguity, spheres of control, burnout, and work-related attitudes of teleservice professionals. *Journal of Social Behavior & Personality* 13/2: 375-385.

VREDENBURGH, Larry Dale; CARLOZZI, Alfred F.; STEIN, Lawrence B. (1999), Burnout in counseling psychologists: Type of practice setting and pertinent demographics. *Counselling Psychology Quarterly* 12/3: 293-302.

WALSH, Belinda; WALSH, Sue (2001), Is mental health work psychologically hazardous for staff ? A critical review of the literature. *Journal of Mental Health* (UK) 10/2: 121-129.

WALSTER, Elaine; WALSTER, G. William; BERSCHEID, Ellen (1978), *Equity: Theory and Research*. Boston, MA: Allyn and Bacon.

WEBER, Andreas; JAEKEL-REINHARD, A. (2000), Burnout syndrome: a disease of modern societies? *Occupational Medicine Oxford* 50/7: 512-517.

WEBER, Andreas; WELTLE, Dieter; LEDERER, Peter (2002), Zur Problematik krankheitsbedingter Frühpensionierungen von Gymnasiallehrkräften. *Versicherungsmedizin* 54/2: 75-83.

WEISS, Mary Jane (2002), Hardiness and social support as predictors of stress in mothers of typical children, children with autism, and children with mental retardation. *Autism* 6/1: 115-130.

WELTGESUNDHEITSORGANISATION (1999), *ICD-10 Internationale Klassifikation der Krankheiten, 10. Revision*. Genf: Weltgesundheitsorganisation.

WESTMAN, Mina (2001), Stress and strain crossover. *Human Relations* 54/6: 717-752.

WESTMAN, Mina; EDEN, Dov (1997), Effects of a respite from work on burnout: Vacation relief and fade-out. *Journal of Applied Psychology* 82: 516-527.

WESTMAN, Mina; ETZION, Dalia (1995), Crossover of stress, strain and resources from one spouse to another. *Journal of Organizational Behavior* 16, 169-181.

WESTMAN, Mina; ETZION, Dalia (1999), The crossover of strain from school principals to teachers and vice versa. *Journal of Occupational Health Psychology* 4/3: 269-278.

WESTMAN, Mina; ETZION, Dalia (2001), The impact of vacation and job stress on burnout and absenteeism. *Psychology & Health* 16/5: 595-606.

WESTMAN, Mina; ETZION, Dalia; DANON, Esti (2001), Job insecurity and crossover of burnout in married couples. *Journal of Organizational Behavior* 22/5: 467-481.

WHITEHEAD, Anna; RYBA, Ken; O'DRISCOLL, Michael (2000), Burnout among New Zealand primary school teachers. *New Zealand Journal of Psychology* 29/2: 52-60.

WILLIAMS, Jacqueline S. (2001), *Creativity, Connectedness, and the Spirit of Teaching: Factors that Contribute to Renewal and Longevity of Exemplary Teachers*. Ann Arbor, MI: University Microfilms International

WINEFIELD, Helen R.; FARMER, E.; DENSON, Linley (1998), Work stress management for women general practitioners: An evaluation. *Psychology, Health & Medicine* 3/2: 163-170.

WINTERHOFF-SPURK, Peter (2002), *Organisationspsychologie. Eine Einführung*. Stuttgart: Kohlhammer.

WORLD HEALTH ORGANIZATION (1992), *The International Statistical Classification of Diseases and Related Health Problems (ICD-10)*. Genf: World Health Organization.

WRIGHT, Thomas A.; CROPANZANO, Russell (1998), Emotional exhaustion as a predictor of job performance and voluntary turnover. *Journal of Applied Psychology* 83/3: 486-493.

WYNKOOP, Timothy F. (2002), Stress and burnout in crisis intervention. In: HENDRICKS, James E.; BYERS, Bryan D. (Eds.), *Crisis Intervention in Criminal Justice/Social Service* (3. Ed.). Springfield, Ill.: Charles C. Thomas.

YALOM, Irvin D.; LIEBERMAN, M.A. (1991), Bereavement and heightened existential awareness. *Psychiatry* 54, 334-345.

YAMAN, Hakan; UNGAN, Mehmet (2001), Tuekenmislik: Aile hekimligi asistan hekimleri uezerinde bir Inceleme (Burnout in young physicians: A study on family medicine residents). *Turk Psikoloji Dergisi* 17/49: 37-46.

YBEMA, Jan F.; KUIJER, Roeline G.; BUUNK, Bram P.; DEJONG, G.M.; SANDERMAN, R. (2001), Depression and perceptions of inequity among couples facing cancer. *Personality and Social Psychology Bulletin* 27: 3-13.

YBEMA, Jan F.; KUIJER, Roeline G.; HAGEDOORN, Mariët; BUUNK, Bram P. (2002), Caregiver burnout among intimate partners of patients with a severe illness: An equity perspective. *Personal Relationships* 9/1: 73-88.

YIU, Chun; AU, Wing Tung; TANG, Catherine So-kum (2001), Burnout and duration of service among Chinese voluntary workers. *Asian Journal of Social Psychology* 4/2: 103-111.

YOU, Jae Ho; LEE, Soo Jung; LEE, Hoon Koo (1998), The influence of an individual's emotional characteristics on work-related burnout experience: The emotional intelligence as a mediator to experience burnout feeling. *Korean Journal of Industrial & Organizational Psychology* 11/1: 23-52.

YOUSEF, Darwish A. (2002), Job satisfaction as a mediator of the relationship between job stressors and affective, continuance and normative commitment: A path analytical approach. *International Journal of Stress Management* 9/2: 99-112.

YUEN, Man-Tak (2002), *Efficacy Beliefs in Counseling and Guidance among Guidance Teachers in Hong Kong (China)*. Ann Arbor, MI: University Microfilms International.

ZAPF, Dieter (2002), Emotion work and psychological well-being. A review of the literature and some conceptual considerations. *Human Resource Management Review* 12/2: 237-268.

ZAPF, Dieter; SEIFERT, Claudia; SCHMUTTE, Barbara; MERTINI, Heidrun; HOLZ, Melanie (2001), Emotion work and job stressors and their effects on burnout. *Psychology and Health* 16/5: 527-545.

ZAPF, Dieter; VOGT, C.; SEIFERT, Claudia; MERTINI, Heidrun; ISIC A. (1999), Emotion work as a source of stress. The concept and development of an instrument. *European Journal of Work and Organizational Psychology* 8: 371-400.

ZEIDNER, Moshe; ENDLER, Norman S. (Eds.) (1996), *Handbook of Coping. Theory, Research, Applications*. New York, NY: John Wiley & Sons.

ZELLARS, Kelly L.; HOCHWARTER, Wayne A.; PERREWÉ, Pamela L.; MILES, Angela K.; KIEWITZ, Christian (2001), Beyond self-efficacy: Interactive effects of role conflict and perceived collective efficacy. *Journal of Managerial Issues* 13/4: 483-499.

ZELLARS, Kelly L.; PERREWÉ, Pamela L. (2001), Affective personality and the content of emotional social support: Coping in organizations. *Journal of Applied Psychology* 86/3: 459-467.

ZELLARS, Kelly L.; PERREWÉ, Pamela L.; HOCHWARTER, Wayne A. (1999), Mitigating Burnout among high-NA employees in health care: What can organizations do? *Journal of Applied Social Psychology* 29/11: 2250-2271.

ZELLARS, Kelly L.; PERREWÉ, Pamela L.; HOCHWARTER, Wayne A. (2000), Burnout in health care: The role of the five factors of personality. *Journal of Applied Social Psychology* 30/8: 1570-1598.

ZERBE, Wilfred J. (2000), Emotional dissonance and employee well-being. In: ASHKANASY, Neal M.; HÄRTEL, Charmine E.; ZERBE, Wilfred J. (Eds.), *Emotions in the Workplace: Research, Theory, and Practice*. Westport, CT: Quorum Books/Greenwood Publishing: 189-214.

ZIMBARDO, Philip G. (1970), The human choice: Individuation, reason, and order versus deindividuation, impulse, and chaos. In: ARNOLD W.J.; LEVINE David (Eds.) *Nebraska Symposium on Motivation, 1969*. Lincoln: University of Nebraska Press: 237-307.

ZONDAG, Hessel J. (2001), Involved, loyal, alienated and detached. The commitment of pastors. *Pastoral Psychology* 49/4: 311-323.

AUTOREN-INDEX

SACH-INDEX

ORTS- UND NATIONEN-INDEX

Adjektivische Angaben (englisch, niederländisch usw.) sind unter dem jeweiligen Landesnamen aufgeführt.

BERUFS- UND BERUFSFELD-INDEX